郑宾于文存

ZHENGBINYU WENCUN

郑宾于·著

熊飞宇·编

广西师范大学出版社
GUANGXI NORMAL UNIVERSITY PRESS
·桂林·

图书在版编目（CIP）数据

郑宾于文存 / 郑宾于著；熊飞宇编．—桂林：广西师范大学出版社，2014.12
ISBN 978-7-5495-5954-1

Ⅰ．①郑… Ⅱ．①郑…②熊… Ⅲ．①郑宾于（1898～1986）—文集 Ⅳ．①C53

中国版本图书馆 CIP 数据核字（2014）第 241172 号

广西师范大学出版社出版发行
（广西桂林市中华路 22 号　邮政编码：541001
网址：http://www.bbtpress.com）
出版人：何林夏
全国新华书店经销
桂林漓江印刷厂印刷
（广西桂林市西清路 9 号　邮政编码：541001）
开本：880 mm × 1 240 mm　1/32
印张：10.5　插页：2　字数：245 千字
2014 年 12 月第 1 版　2014 年 12 月第 1 次印刷
定价：30.00 元

华社展览会之人物：

郑宾于及其夫人张季青女士（局部）

（拍摄者　黄伯惠）

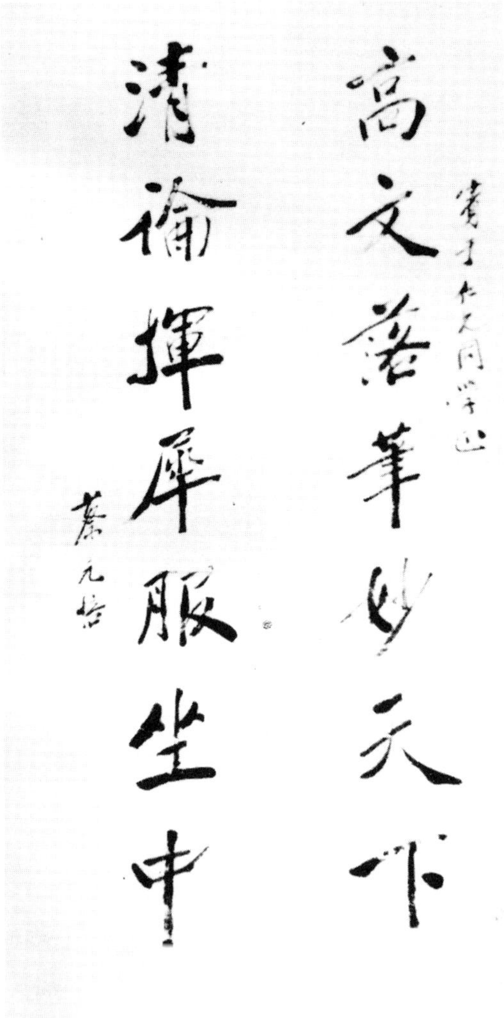

蔡元培赠郑宾于的题字

（图片由《龙门阵》杂志提供）

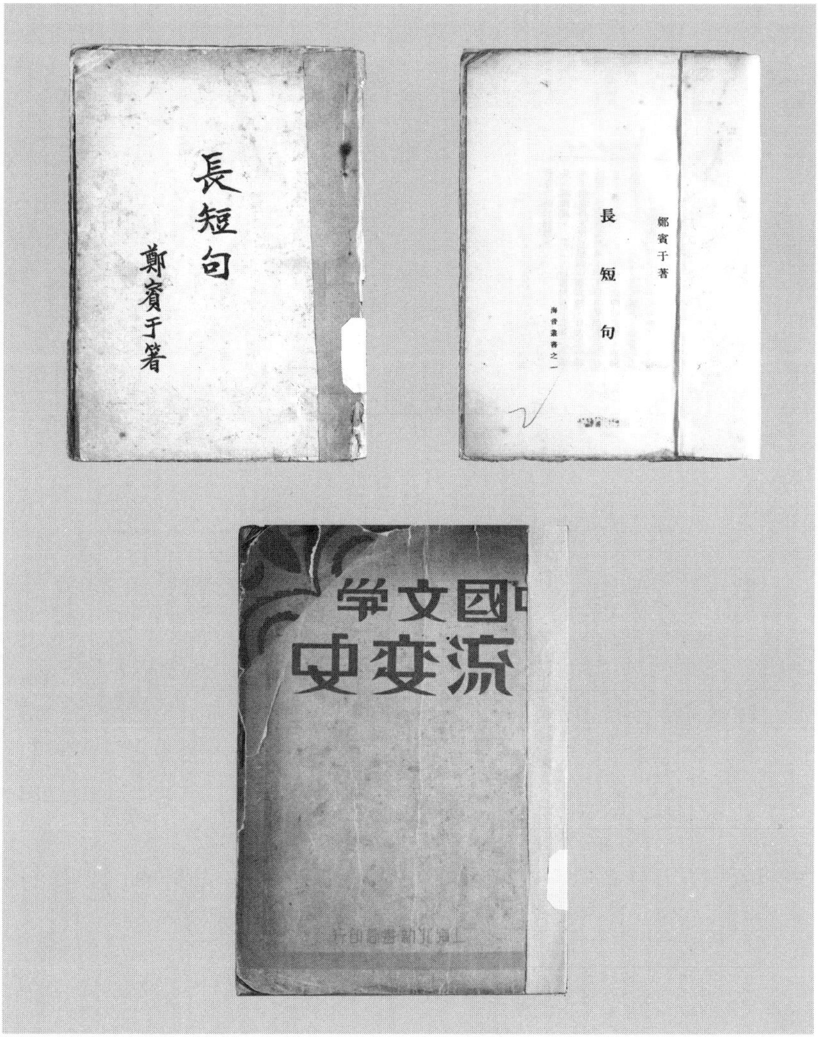

郑宾于著述，现藏重庆图书馆

（拍摄者 张 丁）

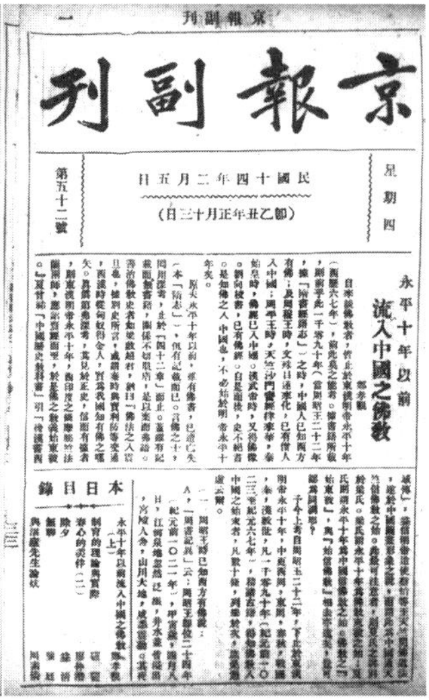

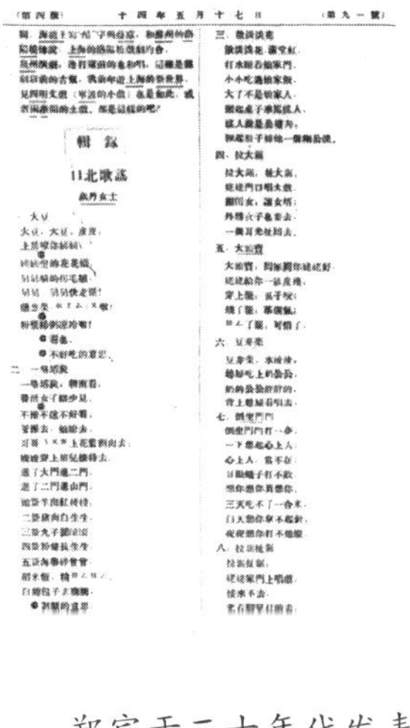

郑宾于二十年代发表的文章，署名“郑孝观”或“郑宾于”

（资料影印件来源：民国时期期刊全文数据库，http://www.cnbksy.com/shlib_tsdc/index.do）

不该被湮没的现代学者：郑宾于生平略考（代序）

熊飞宇

民国时期的学者郑宾于，因《中国文学流变史》而享一时盛誉，至今引述不断。然其生平事迹，长期以来，并无详明的记载。目前有关郑宾于的介绍，具有代表性的观点，主要有二：

一是《鲁迅全集》的《集外集拾遗·致郑孝观》，文后注释云："郑孝观（1898—?），后改名宾于，四川（现重庆）酉阳人①。北京大学研究所国学门毕业，曾任北京中俄大学讲师。"②

二是陈玉堂编著的《中国近现代人物名号大辞典》，其中有条目："郑宾于，四川酉阳人。字孝观。北京大学国文

---

①据酉阳黎洪（县档案局/馆局/馆长、县委党史研究室主任）博文《我所有的清代到民国时期酉阳文人的作品》云："郑宾于小河人"。小河指酉阳土家族苗族自治县的小河镇。编者曾就此致函黎局长，2014年1月24日得其回邮："熊先生你好！你在2013年12月29日的来函收悉。非常感谢你对酉阳人文的关心和厚爱！来函所及我县郑宾于之生平史料，我现在也还未能找到其翔实的东西。之前我曾拜读你的大作《郑宾于生平考略》，也做过一些了解，从我县原地方志办公室主任冉敬林老先生口中得知，郑曾任川大教师，冉到其家中做过客。在网上找到些零星的资料：郑做过四川文史馆馆员，生于1898年，卒于1986年。其他还未有所知。……酉阳县委党史研究室黎洪顿首。"

②鲁迅：《致郑孝观》，《鲁迅全集》（第7卷），人民文学出版社2005年版，第243—244页。

系研究生。先后在北京中俄大学、福建协和大学教授中国文学史。1927年在福建时曾与鲁迅通信。1929年秋，应作家李劼人之邀，赴成都大学任教。1930年至1933年，先后由北新书局出版了《中国文学流变史》上、中、下三册，其下册实可作为一本单独的宋代词史。”①

不过，上述两说，均有不当之处。单就郑宾于的名号而言，便是言人人殊。据《育德中学同学录（1909—1929）》，郑孝观为姓名；别号：宾于；籍贯：四川酉阳；职务：国文教员②。1925年10月27日，郑宾于曾致信顾颉刚，末署“弟郑孝观宾于在保定上”③。既然“郑孝观宾于”并用，按中国人名字的使用惯例，则郑孝观为本名，宾于为字，故陈玉堂的说法，有倒错之嫌。至于将原名和现名并置，更是鲜有其例，故《全集》注释也有难解之处。在此基础上，似可认为：郑孝观，字宾于，后以字行。

一

郑宾于，初毕业于成都高师，④ 1923年进入北京大学国文系旁听，1924年考入北京大学研究所国学门。同期录取的还有张辅铨、孙少仙、黄继文三人。⑤《国立北京大学研究所国学门报告》（1924年1月1日至1924年5月31日）的《关于研究生之事务报告》，分列五种情形：（一）本届缴成绩者三人（民国十二年六月起至民国十三年五月止）；（二）自定缴成绩之日期已过尚未缴成绩者七人；（三）未研究完毕者九人（即未满其自定缴成绩之日期者）；（四）未定缴成绩日期者四人；（五）正在审

---

① 陈玉堂：《中国近现代人物名号大辞典》（全编增订本），浙江古籍出版社2005年版，第841页。

② 中国人民政治协商会议河北省保定市委员会文史资料委员会：《保定文史资料选辑》（第12辑）《百年名校育德中学》，编者1994年印，第321页。

③ 顾颉刚：《孟姜女故事研究集》，上海古籍出版社1984年版，第263页。

④ 四川大学校史编写组：《四川大学史稿》，四川大学出版社1985年版，第151页。

⑤ 据《北京大学日刊》记载，1922—1931年，北京大学研究所国学门先后录取72名研究生。其间，1919—1921年，1928—1930年缺招。

查者四人。郑孝观属于第三类，其研究题目为《〈说文解字〉羡异考》，“自定十五年五月三十一日缴成绩”。照此推算，郑孝观从国学门毕业的时间，当在1926年5月31日之后。

北大学习期间，郑宾于曾先后参加歌谣研究会、风俗调查会和方言研究会。1920年12月19日北京大学歌谣研究会成立，由沈兼士、周作人任主任，征集中国近世歌谣。1921年北大研究所成立国学门，歌谣研究会并入其中。因征集材料不够，歌谣研究会决定创办《歌谣周刊》，继续广泛征集各地歌谣，并展开对歌谣的研究。1922年12月17日，《歌谣周刊》创刊。1925年6月28日停刊，并入《北京大学研究所国学门周刊》。郑宾于为《歌谣周刊》供稿甚多。第16号“来件”云：“1923年4月17日，收到郑宾于四川酉阳歌谣九则”①。第81号“来件”亦云：“1924年11月12日，收到郑宾于四川酉阳歌谣二则。”② 是则郑宾于为《歌谣周刊》提供酉阳歌谣共11则，但后来实际刊发12则。另有第97号“来件”还登记：“1925年5月20日，收到郑宾于转直隶磁县张文焯歌谣四则，又直隶阜平王嘉斌歌谣五则，又直隶阜平赵云霄歌谣九则。”③ 郑宾于曾有《致〈歌谣〉编辑》一札刊载，还应董作宾先生约请，于1924年4月23日，写成《歌谣中的婚姻观》，发表于6月1日的《歌谣周刊》，作为“婚姻专号之二”的首篇。作者认为，文中所引四川歌谣，是“乡间山民——由儿童以至成年——意象的婚姻观念”的自然流露，尤其是“酉阳南部一小角山民婚姻观的写真”，而其中的“不安于位”和“见异思迁”，也“狠合着张竞生先生的‘美的人生观’和‘爱情定则’”。

1923年1月30日，歌谣研究会决定扩大收集范围，除歌谣外，还要收集并研究神话、传说、童话故事、风俗、方言等资料。1923年5月24日，哲学系教授张竞生任北京大学风俗调查会主席。不久，歌谣研究会、

① 载《歌谣周刊》第16号，“十二年四月廿九日”出版，第7版。
② 载《歌谣周刊》第81号，“十四年三月八日”出版，第7版。
③ 载《歌谣周刊》第97号，“十四年六月二十八日”出版，第7版。

风俗调查会又组织和发动会员进行妙峰山、东岳庙、白云观和财神殿的民俗调查。顾颉刚、容肇祖、郑宾于、常惠、台静农、钟敬文、沈作乾等，均是风俗调查事务员。

随着歌谣搜集、整理的开展和研究的深入，方言、方音等问题也开始进入《歌谣周刊》的讨论范围。1924年1月26日，北京大学研究所国学门方音方言调查会正式成立，出席会议者32人，计有：罗庸、常惠、宁恕、王森然、何尤、张鹏翘、魏建功、夏曾佑、沈士远、沈兼士、钱玄同、周作人、郑奠、马裕藻、朱希祖、林语堂、林之棠、黎锦熙、杨遇夫、容庚、容肇祖、刘声绎、王荣桂、周梅羹、吴克礼、毛坤、张煦、尚献生、郑孝观、孙少仙、王有德、今西龙（日本），林语堂被推举为主席。1924年5月17日，该会第二次常会通过简章，改名为“北京大学研究所国学门方言研究会”（简称“北大方言研究会”），决定其英文名称为“*Society for Linguistic Research of China*”。

郑宾于曾任教于保定育德中学。学校位于保定裕华路北侧、保定行署招待处大院内。清光绪三十二年（1906），同盟会河北支部主盟人陈幼云，联络十三名同志，以讷公祠小学校址建育德中学，使其成为河北同盟会的总机关。1917至1920年，育德中学建立留法勤工俭学高级预备班，共办4期，毕业生213人，其中93人留法。学生来自全国17个省。刘少奇、李维汉、孙犁等，曾在此就读。1921年，邓中夏来保定直隶高等师范任教，在他的组织领导下，育德中学很快建立社会主义青年团，并于1923年春，建立中国共产党支部，成为当时保定革命活动的领导中心。这一时期，郑宾于密集为文。1925年，郑宾于在《歌谣周刊》第91号，发表《在保定刘守真庙会得的一首唱歌》，其后再接再厉，对“刘爷”的事迹进一步考证。4月26日，写成《刘爷与刘爷庙》，刊于《北京大学研究所国学门月刊》1926年第1卷第2期。10月10日，又为中国历史上“徜恍迷离”的人物杨朱，考撰出《杨朱传略》。针对蔡孑民认为杨朱即庄周，唐钺又谓杨朱与阳子居不是一人的问题，郑宾于独主崔述之说，最后断定杨朱“姓杨（或作阳）名朱，字子居（或作子取）”，并断定其为秦人。文章于25日改定后，在《北京大学研究所国学门月刊》1925年第5期发表。1926年商务印书馆出版的唐钺《国故新探》，将其作为附录收入。后罗根泽编辑《古史辨》第四册，该册为“诸子丛考”，排列次序为儒、墨、道、法，分上下编。其中下编也收录郑宾于此文，1933年朴社出版。另外，保定莲花池在清光绪七年（1881）曾建六幢亭，收藏辽幢两座、金幢一座和元幢三座，体例比较复杂。1925年11月30日，郑宾于再作《保定莲花池六幢考》，分“幢之总说”“六幢”和“馀说”三部分。《北京大学研究所国学门月刊》1926年第1卷第1期登出。

对孟姜女的故事，郑宾于也颇感兴趣，并时有所得。1925年5月1日，作《〈畿辅通志〉中的孟姜女》；7月23日，继作《孟姜女在〈元曲选〉中的传说》，就正于顾颉刚，且有“冰鱼附言”，“冰鱼”与“宾于”谐音。此为《北京大学研究所国学门月刊》“孟姜女故事的研究”之十一。9月27日，又作《〈广列女传〉中的杞植妻和杞梁妻》；10月27日，再作《〈哭泉孟姜女祠记〉及其他》。其中，《孟姜女在〈元曲选〉中的传说》，收入《孟姜女故事研究集》第二册，1929年出版；其余三篇，署名“郑孝观”，收入第三册，1928年出版。专集由顾颉刚编著，共三辑，国立广州中山大学语言历史学研究所出版，列入“民俗学会丛书”。后经王煦华整理，1984年2月，由上海古籍出版社合集再版。方法上，研究集结合历史文献与民间口头传说，进行历史和地理的比较，对中国的民间传说与神话研究影响深远。

此后，郑宾于曾在北京中俄大学任教。该校缘于苏俄政府所放弃的庚子赔款，由张西曼在1925年创办，地点在东总布胡同。1926年3月7日正式成立，同年8月28日，由外交部收回校址。10月，全体学生并入国立政法大学，但部分师生转入国立武昌中山大学。中俄大学的存在时间既短，故郑宾于也只是匆匆而过，旋又转赴福建协和大学。

福建协和大学系基督教福建六个差会于1911年3月25日联合倡办，

1916年2月16日正式开办，其英文名为“*Fukien Union College*”，1918年更名为“*Fukien Christian University*”。1949年8月，作为教会学校，其历史终结。学校开办之初，聘定“洋师八名”，“精于汉文”之师即国文教授两名，知名者有郭绍虞（1922—1924年间任教）、叶圣陶（1923—1924年间任教）、陈锡襄（1924—1927年间任教）、董作宾（1925—1926年间任教）、郑宾于（1926—1927年间任教）等①。对郑宾于到校的时间，陈锡襄有过追叙：“来时虽说是春季”，但“已在阳历五月左右”，“因为那时北京正闹国奉之争”。② 郑宾于在福州，颇勤于笔耕。1926年9月5日，作《论“三百篇”后的风诗问题》，探讨战国时代风诗的有无和存亡。考究起来，其中显而易见的南方风诗，当是《九歌》《招魂》《大招》等数篇，不过已经屈大夫们笔削。后郑宾于读宋季赵德所编《诗辨说》，以为颇可资助己说，乃摘述大意，于10月23日，成《读〈诗辨说〉——写在“三百篇后的风诗问题”之后》。两文的刊期都是《北京大学研究所国学门月刊》1926年第1卷第3期。关于公孙龙，历来有两说，一是名家的公孙龙，见《史记·孟子荀卿列传》；二是孔仲尼的弟子，见《仲尼弟子列传》。郑宾于颇疑后说，遂细核《吕氏春秋》等书，作《公孙龙考》，文末识曰：“十五年十月六日，力疾作于福州协和大学”，又见刊于《北京大学研究所国学门月刊》1926年第1卷第4期。

值得一提的是“淫书”事件。1924年，胡仲持翻译司托泼夫人（Marie Stopes，1880-1958）的《结婚的爱》（*Married Love*），朴社出版；

① 汪毅夫：《闽台区域社会研究》，鹭江出版社2004年版，第243页。

② 陈锡襄：《闽学会的经过》，《国立第一中山大学语言历史学研究所周刊》1927年第7期，第168页。陈锡襄（1898—1975），福州人。早年留学英国。1919年，曾领导福州学生声援北京“五四”运动，任福建学生联合会评议长。后毕业于北京大学研究所国学门。据《国立北京大学研究所国学门报告》（民国十三年一月一日至十三年五月三十一日）中“关于研究生之事务报告”之“（三）未研究完毕者九人（即未满其自定缴成绩之日期者）”，可知陈锡襄的研究题目是“中国伦理学史”，并“自定十三年十月二十六日缴成绩”。1927年从福建协和大学到广州中山大学任教并从事民俗研究。1937年，任国民福建银行总经理。曾任国民中央政府粮食司司长，并出任国民政府驻联合国粮农组织代表，国民政府立法委员。逝世前为上海社会科学院研究员。

1925年6月，章衣萍的书信体短篇小说集《情书一束》，由北新书局初版；1926年4月，张竞生编写《性史第一集》，"性育社"印行。三书被批评者"等量齐观"，引起轩然大波。郑宾于乃奋起捍卫，于1926年10月14日，作《论"淫书"》，指出："《情书一束》是描写有一等青年男女所抱的人生观是那样的一种态度，《性史》在讲求要用怎样的科学和艺术方法来完成人类的性交的欲求，《结婚的爱》是要使人类用极精美而且适当的科学方法去处理他们的交媾和节欲。"三者"并不是在宣淫"，也"并不是在奖励淫行为"，其"共通的一点"，"是要人们了解这两足动物的真实生活和改良人类"①。作者还将此抄付张竞生先生并得其回复。

1927年1月，顾颉刚、容肇祖、潘家洵来福州，购买图书和风俗物品，并商谈厦门大学的国学研究院和协和大学的国学系，合组为更大规模的"闽学会"。阴历正月六七左右，陈锡襄和郑宾于应邀去厦门，假座厦门青年会，决议办法六条。但无果而终。同年2月，蔡元培亦在厦门，应郑宾于之请，书赠一联："高文落笔妙天下，清论挥犀服坐中。"联语集自欧阳修《送前巫山宰吴殿臣》诗，抬头则曰："宾于仁兄同学正"②。此间郑宾于与鲁迅也有书信往返，据《鲁迅日记》，1927年1月10日上午，"得郑孝观信，六日福州发，午后复"。2月24日下午，再"得郑宾于信"。时福建协和大学有文学社团，主要成员为陈尔康、叶水意、李拓之、林๒新、卢世延、林颂柽和黄贤俊，后命名为"野火社"。其中林๒新曾先后得到郑宾于、陈锡襄两教授的器重。1979年7月，黄贤俊在回忆这段生活时，将"郑宾于"误作"郑宾宇"③。

离开福州之后，郑宾于在上海有过短暂的旅居。1928年3月，由郑宾于领衔，旅沪川人杨富民、程愚、宋德璋、范春膏、陈肇琪、魏崇元、

---

① 散木：《还有吴曙天》，《书屋》2005年第6期。

② 景常春：《近现代名人对联辑注》，南京大学出版社1989年版，第317页。

③ 黄贤俊：《忆野火社的朋友们》，《行云流水》，福建人民出版社1983年版，第60页。

李世覆、魏子兴等41人，联名向南京国民政府大学院①呈文，沥陈四川地区各高等学校的现状，特别谈到专门学校（院）的重复、经费困难，以及教学质量方面的问题，要求“依照中央所颁大学区规程并参酌地方情形”，加以整顿，另组国立四川大学，为全省“中枢机关，综揽大学全部事务。其余各校得就原地改组或斟酌省并”，以集中人力、物力、财力，办名副其实的国立大学。1928年8月，大学院以训令280号核转四川省教育厅，认为郑宾于等“所陈各节，似尚切实可行”，要求教育厅“即便从速筹划，呈候核办”②。此次呈文，最终促成国立成都大学、国立成都师范大学、公立四川大学合并，另组国立四川大学，并于1931年11月9日正式宣告成立。三校的整合，是川大历史的转捩点。

郑宾于大约在1928年即已受聘于成都师大。《图画时报》1928年第443期曾刊登郑宾于的照片一帧，下有文字说明:“成都师大文学教授郑宾于君及夫人张季青女士”，并言“张女士善画”。此照片为“华社展览会之人物”之一，黄伯惠③摄。1928年初，郎静山、陈万里、黄振玉、胡伯翔、唐僧、张珍侯、黄伯惠等，联络各报社和摄影同仁，决定成立摄影团体，由胡伯翔提议定名为“中华摄影学社”，简称华社，以山东路静山广告社为通讯机关。华社成立不久，即于1928年3月9日至11日，在上

① 即教育部，存在时间为1927年9月17日至1928年8月14日。时大学院院长为蔡元培，蔡、郑之间的师生关系，其作用不容小视。

② 四川大学校史编写组:《四川大学史稿》，四川大学出版社1985年版，第151页。

③ 据《上海新闻志·人物》，黄伯惠（1894—?），苏嘉定（今属上海市）人。多财善贾。早年游学美、德、日、英诸国，考察印刷工艺，对印刷、摄影、制版业务颇为精通。民国十年（1921）从美国回国。民国十三年（1924）以4万巨款从狄楚青手里购买上海《时报》全部产业，向国外订购新式印报机，采用印写版印刷图片。民国十六年（1927）夏在中国第一次使用三色套印报纸，使《时报》印刷质量居国内领先地位。该报着重报道体育、社会新闻，以耸人听闻、消遣娱乐为主，造成黄色新闻泛滥。抗日战争爆发后上海沦陷，《时报》接受日军检查，继续出版，民国二十八年（1939）9月1日停刊。停刊后，黄伯惠与他人合办地产公司，将时报馆改名福湖大楼零星出租，印刷机器则为日伪霸占用以出版《平报》。抗日战争胜利后，这批机器作为敌产被国民党接收，改办《正言报》，黄伯惠多次要求国民党政府发还，未能如愿。民国三十六年（1947）黄因房屋纠纷与债务问题遭到狙击，仅受微伤，并未致命，后隐于市，不知所终。

海浙江路25号时报馆三楼，举办第一届摄影作品展览。同年11月9日至12日，又在原地举行第二届展览，黄伯惠首次参加。第三届则自1929年12月6日至9日展出，第四届即最后一届，其举办时间为1930年12月19日至23日①。郑宾于及夫人的合影，据其发表时间，当在第二届展出。

不过，至1929年秋②，郑宾于才返川。此后，其行迹则多见于成都。《吴虞日记》有载。8月26日，郑宾于即去吴虞处拜访，谈及鲁迅与顾颉刚水火不容之事③。9月1日，吴虞过张表方，“介绍郑宾于，表方言有地位时再议”④。张澜时任成都大学校长。也许是因为呈文之事，吴虞的荐用，并未得到对方的积极回应。⑤ 幸运的是，“十九年春，应李劼人之请，为之接胫于成都大学”⑥。但其处境却煞是艰难。由于李炳英、李亚衡和李培甫的排挤，郑宾于很快便离开“师大”和“成都公学”。⑦ 此后，遂辗转于建国中学、“法大”“女师”和宾萌公学。⑧ 1932年7月至9月间，

① 陈申、徐希景：《中国摄影艺术史》，生活·读书·新知三联书店2011年版，第219—225页。

② 郑宾于：《序》，《中国文学流变史》（下），北新书局1936年版，第3页。今观《〈中国文学流变史〉（中）第一页》，系郑宾于1929年5月7日作于上海善钟路，再参照《吴虞日记》的记载，郑宾于8月26日就拜访过吴虞，则其回川的时间，当在此之间。不过，该年8月8日即已立秋，故以“秋”称之。

③ 吴虞：《吴虞日记》（下），四川人民出版社1986年版，第468页。

④ 吴虞：《吴虞日记》（下），四川人民出版社1986年版，第469页。

⑤ 王东杰：《国家与学术的地方互动：四川大学国立化进程（1925—1939）》，生活·读书·新知三联书店2005年版，第75页。

⑥ 郑宾于：《序》，《中国文学流变史》（下），北新书局1936年版，第3页。

⑦ 吴虞：《吴虞日记》（下），四川人民出版社1986年版，第497—498页。其时为1930年3月31日。“师大”指国立成都师范大学，1927年秋由成都高师升格而成。初由龚道耕（向农）代理校长，1928年改由杨伯谦接任，1929年换为周光鲁代理，1930年由宋绍曾担任。中文系主任为庞石帚。成都公学，民国九年秋季开办，其址在西胜街。创办者刘明扬、熊禹治、朱之洪（或说吴玉章、刘星垣、廖学章、杨伯谦）等。1935年7月改名“私立成公中学”，高初中合办。

⑧ 吴虞：《吴虞日记》（下），四川人民出版社1986年版，第549—550页。“法大”指四川公立法政专门学校。1927年公立四川大学组建成立，该校即成其法政学院。“女师”当指成都女子师范，其址在文庙后街。初为淑行女塾，陆慎言、陈罗溦1904年创办。1908年改为淑行女子师范学堂。约在1911年，又改为四川省城女子师范学堂。1914年正式更名为四川省立第一女子师范学校（其时第二女师在重庆）。1935年，再次更名为“四川省立成都女子师范学校”，并延用至1949年。宾萌公学，见《代序》第12页注①。

郑宾于曾“出游平沪”①，似是求职，但未果。从《吴虞日记》，还可见出郑宾于生活的点滴（参见附录，此处不赘）。另外，1934 年，四川教育界暨各界民众反对邮政加价，有呈文，郑宾于列名其中②。

建国中学，由国民党24军军长刘文辉兴办。以东胜街原私立岷江大学为校址，坐落在城南武侯祠对面。男女合校。小说《红岩》的作者罗广斌，《红岩》中刘思扬的原型刘国志，以及张露萍，均毕业于此校。解放后，改为成都十五中，现又改为西北中学高中部。时任校长姚勤如③。但郑宾于授课的效果，似乎并不理想。1931 年 3 月 4 日，姚勤如去吴虞处，“请七号命题考插班生，云郑宾于讲学术论著，浅陋无发明，学生不欢迎。”④ 该期即未下聘。后复聘之。同年 12 月 27 日，因姚勤如约稿，郑宾于检得《秦风与豳风》以付，是夜并“记于成都支叽石公园，傍之澹庐”。此文在《建国中学校刊》1931 年第 1 期刊出。郑宾于在建中任教，断断续续，多有反复，幸赖吴虞转圜。⑤ 1936 年，成都统一评论社编印《中学生活指导》，系“统一小丛书”第三种。蒋志澄题署。内收《答三十七位中学生的来信并致青年读者》（张云伏）、《中学生读法及其基本读物》、《中学生生活方法》（蔡天亲）、《中学生的健康术》（刘瑀璜）、《学校生活时代的爱因斯坦》（张克林）、《青年的娱乐生活》（郭维屏）六篇，俱为当时名家所写。其中《中学生读法及其基本读物》又分九个方面：1. 国文（郑宾于）；2. 英语（李唯建）；3. 数学（饶泰让）；4. 物理（胡卫于）；5. 化学（邓功著）；6. 博物（秦惕庵）；7. 地理（彭

---

① 吴虞：《吴虞日记》（下），四川人民出版社 1986 年版，第 628 页。

② 张世鋆编：《书邮加价抗议纪略》，上海市书业同业公会 1934 年版，第 88 页。

③ 姚勤如，生卒年、字、号均不详。四川江油人（一说江西人，不可考）。北京师范大学教育系（一说北京大学）毕业。1928 年 11 月 1 日，在为《厚黑学》作序时，称作者为“吾师李宗吾先生”。历任四川万县中学及重庆联中校长。1931 年私立建国中学创办时，受聘为校长。1938 年因事离职。其后曾自创成都立达中学校并任校长。又曾任中华民国国民政府制宪国民大会代表，宪政实施促进委员会研究委员等职。

④ 吴虞：《吴虞日记》（下），四川人民出版社 1986 年版，第 548 页。

⑤ 如 1932 年暑期，郑宾于出游期间，曾致信吴虞，代询姚勤如是否可为之“留钟点”（《吴虞日记》（下）第 646 页）。

倪）；8. 历史（叶德生）；9. 公民（欧阳熙）。所涉及的内容和方面，足堪为今日教育的借镜。郑宾于一文作于1936年5月2日。

郑宾于还"为建中第四届毕业同学录作"《论我国民族文化之"不长进"与"线装书"》，分两部分刊《统一评论》第2卷第4期和第6期。前者在1936年6月21日出版，后者在1936年7月11日出版。文末有编者按：该文的"绪论和结语，都是专对建中毕业生说话，因为篇幅所限，致未登出"。《统一评论》，张云伏①主编，成都美信印书局曾担任印刷。初为旬刊，从第2卷第5期起，改为周报，逢星期六出版。政治性刊物，推崇三民主义。主要报道各地时事、政治、经济、边疆问题，同时对古代人物、事件进行学术研究。主要撰稿人：郑啸庠、艾芜、剑生、任时光。

二

郑宾于是"中国文学专家"②，其著述，除上述单篇外，当以《中国文学流变史》为代表。与之相关者有四。一是《长短句》，北京海音书局出版，专题叙述长短句的演变史，实为《中国文学流变史》的前期工作。

---

① 张云伏，生年不详。据《吴虞日记》（下），1941年7月22日，"张云伏本日去世"（第860页）。其著述颇丰，有：《国际运动史》（神州国光社，1920），《国际社会运动史》（新建设书店，1929），《俄国新经济政策》（新建设书店，1929），《英国政府及政治》（阿格著，张云伏译，神州国光社，1931），《地方自治大纲》（华侨图书印刷公司，1934），《欧美公务员制》（商务印书馆，1935），《中苏问题》（商务印书馆，1937），《长期抗战论》（统一出版社，1937），《惊涛骇浪中的中国》（统一出版社，1938），《欧战后各国经济问题概论》（上海法学院），《中国战时的政治》（中央陆军军官学校第三分校）。

② 陈锡襄：《闽学会的经过》，第169页。关于郑宾于的学术贡献，另有一说，称其为"神话之源"的提出者，但未找到文本印证。

二是《中国文学流变史》，铅印本，系郑宾于在向志学院①的讲义，存国家图书馆。三是《中国文学史概要》（不分卷），李劼人、郑宾于编，民国成都大学排印本，藏成图。四是《中国文学史大纲》，1933 年成都甫澄中学石印线装书，题署郑宾于著。2002 年 10 月 27 日，冉云飞在成都草堂寺文物旧书市场，以 10 元之价，购得一册。《吴虞和他生活的民国时代》附其书影②。郑宾于另有《人间的批评》一书，曾在 1931 年 8 月 16 日和 1933 年 2 月 15 日，两次专请吴虞题写封面③。然此书目前尚不得而知。

《长短句》，系“中国文学流变史稿之一”，1926 年 5 月付印，8 月出版。其主旨，在“纵论长短句的渊源”及其“历朝的变迁之迹”④。关于本书的出版，郑宾于在 1926 年 4 月 20 日，于“天津河北大马路悦来旅馆”，作《刊印单篇长短句自序》，道其原委和由来。《长短句》既是“割取”成文，并非单独的述作，作者初意，本不打算将其先期面世。1925 年，时郑宾于在保定育德中学，同事谢采江、沈子韵两先生和学生李锡璋读后却极力怂恿出版。又值育德中学同学甄永安、张毓堃诸君的海音书社成立，索稿付印。郑宾于念及《中国文学流变史》的工程过于浩大，全书出版必在数年以后，故不复自晦，慨然应允。“前者在京时久欲

① 向志学院，不详。讲义未亲见，疑是“尚志学院”，且可寻到佐证。尚志学院，其前身为四川客籍学堂，1913 年停办。1923 年，各省旅川同乡会决定恢复学堂。为扩大生源，减少办学经费负担，其所招学生，不再限于外省子弟，并将客籍学堂改名为“乐群公学”。继而为突出特点，又改称“宾萌公学”，对入学的外省子弟只收一半学费。首任校长李小谷。开办之初，恽代英等曾到校任教，传播革命思想。由于四川军阀连年混战，各省同乡会的会产相继丧失，公学办学经费无着，1930 年被迫结束，交国民党二十九军田颂尧部参谋长马瑶生接收（贾大泉主编《四川历史辞典》，四川教育出版社 1993 年版，第 297 页）。马瑶生，即马传芝，湖南人，时兼四川省儒教会会长。又公学在玉皇观街，位于二十九军的防区之内。因该军的宗派团体叫尚志社，故名之为“尚志学院”。1933 年 9 月改名“私立尚志中学”。1934 年停办。郑宾于既曾在宾萌公学兼课，则此处很有可能是尚志学院。同时，也可判断讲义刻印的时间，当在 1930 年至 1934 年。

② 冉云飞：《吴虞和他生活的民国时代》，山东人民出版社 2009 年版，第 82 页。

③ 据《吴虞日记》（下），此书似交康纪鸿出版，则其出版者为美信印刷公司，地址在成都和尚街（第 573、607、686 页）。

④ 郑宾于：《长短句》，海音书局 1926 年版，第 114 页。

成一序文，因为在国立北京中俄大学校授课忙碌之故而未果。今兹南下，留滞天津，旅次寂寥”，乃展纸拭笔写成。到达福州之后，郑宾于旋即致信潘梓年索序。潘梓年（1893—1972），江苏宜兴人。哲学家，逻辑学家，“中共第一报人”。1923年毕业于北京大学哲学系，任育德中学国文教员，与郑宾于相知。1926年5月21日，《序》成于“北京银闸大楼”。另，谢采江，河北定兴人，1895年生，“文革”中辞世。曾用笔名子汲、子兮①。甄永安（1905—1980），号柳风，河北大名人。海音文学社为谢采江和张秀中共同发起，1925年正式成立于保定，同年11月迁址北京，存在时间达四年之久。其主要成员有：甄永安、张朝宪、叙三、吕云章、李梨、马纪刚、甄择西、郭光华等。主办刊物有《微声旬刊》，编印“海音文艺丛书”26种。《长短句》（郑宾于论文集）为第6种。② 张秀中在《海音社的书》中，“报告”说：“海音社是个研究文艺的团体，于本年（指1926年——引者注）初，在北京沙滩三十二号成立书局”，已出版的《长短句》，“讲诗怎么变成词的，长短句在文学史上尚不曾有人特别提出来讲说”。“现郑先生任福州协和大学国文学系教授”③。《小说月报》也有介绍：“《长短句》，郑宾于著，是他在著作中的《中国文学流变史》的一部份”。④ 阮真在论及中国古代文艺的教学方法时，曾指出：“本学程以学生自行阅读欣赏为主，教者只须于每种文体，略说源流派别，及各家作品之特色与价值。文字上有须注释考证之处，可另编讲义，令学生自阅之。如是项读本不易编辑，可暂取蒋善国《中国文艺从选》《中国诗选》，

① 申春：《谢采江其人其事》，北京鲁迅博物馆鲁迅研究室编《鲁迅研究资料》第22辑，中国文联出版公司1989年版，第267页。

② 申春：《海音文学社始末》，《新文学史料》1993年第3期，第178—183页。

③ 《出版之声》，《北新周刊》1926年第9期，第28—29页。共介绍六种：（一）《莫泊桑的诗》，张秀中译，柳风校。（二）《长短句》。（三）《漫云》，吕沄沁著。（四）《欧儿拉》，莫泊桑著，张秀中译。（五）《爱的浪费》，子兮著。（六）《野火》，谢采江第一部诗集。

④ 记者：《文坛杂讯》，《小说月报》1926年第17卷第9期，第1页。所介绍的“海音丛书”有四种：一《莫泊桑的诗》，张秀中译；二《欧儿拉》，莫泊桑的短篇小说，张秀中译；三《漫云》，吕沄沁著，是诗歌小说杂文的合集；四《长短句》。

胡适《词选》，郑振铎《中国短篇小说集》，鲁迅《唐宋传奇集》，郑宾于辑《长短句》，吴增祺辑《历代名人小简》，某书局《历代白话文范》，诸书用之”。①《长短句》的价值，由此可见。

《中国文学流变史》共三卷，由上海北新书局在1930年10月、1931年5月、1933年11月分别初版。1991年，上海书店曾据北新书局1936年版影印，上中一册，下部独立成册，为“民国丛书”第三编“文学类”之52、53。该年9月，中州古籍出版社也再版此著，所据版本与上海书店同②。其书写，苦费时日。观其《前论》，是在1926年2月作于国立北京中俄大学。第一册之《题语》，分作两段。上段是“1928年4月7日”“于上海”所作，允称“自序”。12月7日，再作补写。地点不变。“十八年夏天，流寓沪上，于生活奔竞中，始将前面两册，足成付印”。回成都后，因接续李劼人的“文学史讲义”，不得不再奋笔直书，将第三册完竣，并于次日，即“1932年2月16日”，“记于成都之澹庐”。但《中国文学流变史》力求简略，对《三百篇》未有详细的论列，作者在教学中，也有感于此，后又乘兴就便，补苴多篇。上述《秦风与豳风》即是其一。

对郑宾于的《中国文学流变史》，较早作出评述者是浦江清③。1932年8月1日，《大公报·文学副刊》第239期，发表《郑振铎〈中国文学史〉》，署名“君练”（为浦江清笔名）。文章以为：“关于中国文学史之著作，数年来所出虽多，惬心满意之作实少。最早当推已故之黄慕西氏在

① 阮真：《中学国文各学程教学研究》，民智书局1930年版，第141页。阮真（1896—1965），别号乐真。浙江绍兴人。长期潜心研究中学国文教学。1936年，曾提纲挈领，精心结撰《中学国文教学法》。是书为其代表作。并大力提倡创办师范大学（张玉春主编《百年暨南人物志》，暨南大学出版社2006年版，第296页）。

② 关于《中国文学流变史》的版次，据《台湾出版中国文学史书目提要：1949—1994》（黄文吉编撰，黄惠菁等撰稿，万卷楼图书有限公司1996年版，第355页），情况如下：“上海北新书局3册，1296页。上册：1930年10月初版，1931年5月二刷，1936年8月三刷；中册：1931年5月初版，1936年8月二刷；下册：1933年11月初版，1936年8月二刷”；又“郑州，中州古籍出版社1296页，1991年9月初版”。

③ 不过，关注此书者，却早已有人。据《金毓黻学术年谱》（《学术研究丛刊》增刊，1987年5月，第53页）记载，1931年3月30日，金毓黻曾“阅郑宾于《中国文学流变史》”。

东吴大学所编讲义，始具文学史之规模，以骈文出之，文词隽妙。然议论固有独见，考证非其所长。谢无量君之作范围太广，抄书太多，病在芜杂。刘师培氏之中古一卷，亦仅辑材料，不成史书。曾毅所编，笃守旧见，略于民间作品，未睹各体文学之源泉。胡适君所论，虽偏重白话，而考证议论皆精，惜前后均缺，未成全书。谭正璧书，道径未误，而疵谬百出。最近所出，如陆侃如、冯沅君之诗史，郑宾于之中国文学流变史，自是进步之作，但亦正在继续编著中，未成全书也”。①

罗根泽则从社会思潮立论。1934 年 4 月 15 日，他在北平写成《郑宾于著中国文学流变史》，以此为起点，对近二十多年的文学史编著，展开系统的介绍和批评。在他看来，五四之前，泰半是用观念论的退化史观与载道的文学观来从事著述，如谢无量和曾毅；五四之后，转而用观念论的进化史观与缘情的文学观，如陆侃如、冯沅君的《中国诗史》，以及郑振铎的《插图本中国文学史》；同时，辩证的唯物史观与普罗文学观，影响于文学史编著者，则有贺凯的《中国文学史纲要》和谭洪的《中国文学史纲》。郑著值得表彰的几点在于：编制方面，采用纪事本末体和归纳方法；叙述方面，注重文学的源流与派别；观念方面，打倒传统的退化史观，改用进化史观。不过，倘要“索瘢西子之面”，其“以淫荡为正经”，则有矫枉过正之嫌②。

1947 年 1 月，谭丕模的《中国文学史纲》由文化供应社出版。书中对郑宾于的《中国文学流变史》也有所批评，认为:“郑氏能注意到‘时代下的社会情形’，能注意到‘作者所处的环境与生活’，这是比较进步的方法。但是‘时代下的社会情形’和‘作者所处的环境与生活’，又以什么作为其决定的东西，郑氏没有追问到。况且他自己所规定的条件，也就没有十分做到。”“郑氏又以为‘文学变迁却不能同政治一样的符合’，

① 浦汉明编:《浦江清文史杂文集》，清华大学出版社 1993 年版，第 130 页。

② 罗根泽:《郑宾于著中国文学流变史》，《图书评论》1934 年第 2 卷第 10 期，第 25—29 页。

这个意见我们不敢苟同。因为文学既系政治生活的反映，又是政治生活的指导，其发展速度，与政治同一步伐。中国文学发展到清末，既反映满清政治的腐败，复致力于排满政治的鼓吹，这就是文学受政治决定的例证，世界上那里有超越政治的文学呢？”“郑氏说：‘文学是基本于感情的，有思想（无论好或坏），有体裁，有想像，有趣味，有艺术的组织，有美的欣赏。’那是不可厚非的；至于说：‘文学有普遍性与永久性的特长’，那又有语病了。须知文学作品，因为要受时代效力的限制而没有永久性。”“同样地，文学作品因为受现实生活差异的规范而没有普遍性。”“由于这一观念的错误，在他的文学史中，竟把汉赋悉在割爱之列，他认为汉赋是没有普遍性和永久性的。固然汉赋是少数王侯的专有享乐品，然而又自有它的历史性。在汉代，王权集中，天子至高无上，必然地有摹古的，享乐的，歌颂功德的汉赋产生出来。严格地说起来，世界上绝对没有超时间和超空间的作品。”①

俄国汉学家费德林（Н. Т. Федоренко，1912-2000）也曾指出：20世纪20至30年代，许多中国文学研究者的著述，存在这样一些弱点，即在“研究本国的文学史时，往往局限于依照陈规旧套，形式主义地叙述作家的生平或家谱、作家的种种生活琐事、作家亲友关系中的细微末节，但却极不重视对作家的创作进行文艺学的分析，而有关文学发展的问题，还有不同文学体裁和风格产生的渊源和原因的问题，艺术创作与社会物质生活和精神生活环境的相互关系等问题则完全被置诸脑后”；“这方面特别有代表性的就是郑宾于所著的《中国文学流变史》”；它“从不同文学体裁和风格的产生和更替的角度”，“去看待文学创作的发展”；“作者在该书的头一页上便强调说，取代古代歌谣的是散文诗的体裁——赋，接着是唐朝格律严谨的诗——律诗，其后是宋朝节奏和谐的诗——词，再就是

① 李何林：《读〈中国文学史〉》，《文艺春秋》1947年第4卷第6期，第128页。文章作于1947年5月24日。该文同时发表于《台湾文化》第2卷第5期第21—24页，1947年8月1日出版，署名“李竹年”。“竹年”系李何林本名。《台湾文化》，月刊，编辑人：杨云萍，发行人：王白渊，发行所：台湾文化协进会，台北市中山堂四楼。

元朝的戏剧作品——曲”；散文方面，“文学形式的更替情况则是：古代风格的散文、各式各样的美文学，末了是小说，即故事体散文”，“每种文学体裁又都与特定的朝代相适应”，如“诗的体裁”，“发展到唐朝为止”，“词是在宋朝，曲的形成是在元朝（13—14 世纪）、明朝（14—17 世纪）和清朝（17—20 世纪），如此等等”。由此可见，“郑宾于把中国文学的发展史仅仅看成是随着各朝各代统治更迭而出现的创作形式的变化，从而忽略了文学的内容、文学艺术创作的某种思想倾向及作品的社会和历史意义”①。

今人中，对《中国文学流变史》再三致敬者，则是蜀中才子伍立杨。“近数十年新编写的文学史，不啻数千部，研究人员较百年前上千倍增加，然视前人著作，仍是望尘莫及”。所谓“前人著作”，伍立杨首举“郑宾于先生的《中国文学流变史》”。在他看来，该书“其实是紧缩到诗词歌赋的历史，全书一千多页的篇幅，才从上古讲到南宋，可谓一部狭义的中国文学史。他在这条特定的文学之河腾挪翻覆，仿佛手执金箍棒的孙悟空大闹天宫，巨细靡遗，全书写得质实绵密，是拿着显微镜默察到底的文体细分。文体流变的轨迹清楚细如毫发，作者 1925 年动笔，写了七年才写完，甫出版就不胫而走”。有感于此，伍立杨叹曰：“在前贤文学史的精准、精确、精切、精妙、精彩的相形之下，今人的伧俗的面目更显可憎”②。

三

2011 年 11 月，笔者就掌握的资料，写成《〈中国文学流变史〉作者郑宾于生平考略》，发表于《重庆文理学院学报（社会科学版）》2012

① 赵永穆编选：《费德林集》，奉真、董青子等译，天津人民出版社 1995 年版，第 6—7 页。

② 伍立杨：《中国六千部文学史写作“垃圾化”》，《羊城晚报》2008 年 12 月 6 日 B5 版。

年第3期。文中提到：民国学者郑宾于，虽曾因《中国文学流变史》见记于史册，但其生平事迹，却是云山罩雾；并感慨：这样一位学者，却在1936年之后，杳然不知所终，思之不觉抚然、怆然。不料，至2012年9月10日，便有读者作出回应，宣称1949年成都解放后，郑宾于曾在列五中学任教语文。1953年，该读者高中毕业时，郑宾于曾赠送墨宝两幅，一幅是其自撰诗，一幅是抄写的前人词作，至今珍藏。从中可以看出，1944年，郑宾于曾在雅安。①

20世纪50年代，郑宾于的文章，目前可查考的有两篇。1956年10月，时值鲁迅先生逝世二十周年，郑宾于作《我和鲁迅先生的一段文字因缘》，刊《草地》增刊。至1958年，大跃进运动发轫，中共四川省委开始"有计划地号召各地从事民间歌谣的收集、整理、出版，以示提倡鼓励"。5月10日，郑宾于撰文表示拥护。其文名曰《民间歌谣与诗歌文学的关系》，刊《草地》第6期。《草地》为四川省文联主办的文艺月刊，1956年7月创刊，1959年9月终刊。

2012年2月3日，四川省人民政府参事室、四川省人民政府文史研究馆的"参事馆员之窗"，始有"郑宾于馆员"，其内容如下："郑宾于(1898—1986)，四川酉阳人，1959年入馆。北京师大毕业。曾任中俄大学、福州协和大学教授。成都师大、四川大学、成都大学教师。"2013年2月23日，该词条为百度百科引用②。不过，称其毕业于北京师大，显然有误，但据此可大略知道郑宾于的下落。然而，自1959年至1986年之间，有关郑宾于的生平，尚是一段空白，有待填补和丰富。编者也曾就此多次致函成都和酉阳的友人，希望能与郑宾于先生的亲属取得联系，但一直未能如愿。

① http：//www. doc88. com/2013-01-21. 其中郑宾于自作之诗，已录入文集。所抄诗词，则实难辨读。

② 百度百科，http：//baike. baidu. com/2013-02-23.

关于本书的整理，除字体繁简的转化，以及个别标点符号的完善之外，其余均保持原貌。至于原文中出现的错别字、衍文和脱落的文字等，则通过注释加以说明。

至于文章的编排，对内容紧密相关者，先做适当的归并。在此范围内，则以发表的先后为序。

2014年3月11日于重庆

目　录

孟姜女故事研究

风诗研究

文学史研究

文字因缘

教育教学

附录

民歌与民俗

酉阳①民歌采集

（一）

大路不平石板镶，
半盘萝卜半盘姜；
萝卜那有姜辣嘴，
家葱没得野葱香。

（二）

天上青云又起斑，
金竹林内砍钓竿；
砍起钓竿无钓线，
一对鲤鱼飘下滩。

（三）

一个小伙会唱歌，
尅尅妥齐后颈窝；
扫帚把做羊毛笔，
稾卷当作人之初。

（四）

清早起来去赶场，
走到半路土地堂。
土地面前一碗水，
不知那碗凉不凉。②

（五）

月亮出来像把梳，
不想如时想当初；[(1)]
想起当初一句话，
竟到如时丢不下。

原注：（1）如时，现在。

（六）

细料斗篷红纸胎，[(1)(2)]
二人做事做得乖；[(3)]
吃酒场中莫答话，
神仙下凡都难猜。

原注：（1）斗篷，斗笠。（2）胎，里子。（3）俗谓巧，曰乖。

① 酉阳土家族苗族自治县，重庆市东南，地处渝、鄂、湘、黔四省（市）边区的结合部。
② 上四首，以《酉阳四首》为题，载《歌谣周刊》第 11 号，第 2—3 版，1923 年 3 月 25 日出版。

（七）

隔河看洗油菜苔，
抓把油菜甩过来；
你要油菜你拿去，
你要玩耍二回来。

（八）

远看情姐白皓皓，
□①蓝衫子青围腰；
好看不在围腰上，
好玩好耍半中腰。

原注：上四首民歌，乃酉阳之东南，南，西南通行者；盖地近贵州沿河县，被其浸淫特甚，故非酉阳全境所通行也②。

一颗豆子

一颗豆子圆又圆，
推成豆腐卖成钱；
人人说我生意小，
小小生意赚大钱。

柑子皮

柑子皮，桂花香，
金华打洒③送姨娘；
姨娘不吃金华酒，
要吃姊妹转回乡。
妹呀妹！
这回去了那回来？
叫鸡生蛋马生角，(1)
石头开花你才来。

原注（1）叫鸡，俗呼雄鸡曰叫鸡，以其能司晨故。

（以上二首通行酉阳）④

① 此字原缺，据郑宾于《歌谣中的婚姻观》，当是“毛”。

② 上四首，亦以《酉阳四首》为题，载《歌谣周刊》第14号，第4—5版，1923年4月15日出版。

③ “洒”当为“酒”。

④ 上两首，载《歌谣周刊》第29号，第4版，1923年10月21日出版。

月亮光光

月亮光光，
姊妹烧香，
烧是王大姊，
请是满姑娘。
满姑娘出来拜一拜，
黄狗咬到金腰带，
白狗咬到绣花鞋。
绣花鞋上一只鹅，
飞去飞来接家婆；
家婆不吃油炒饭，
要吃河脚水鸭蛋，(1)
打在锅里团团转，
氽在碗头稀巴滥。

原注（1）脚河①，俗言犹河下也。

一把菜子

一把菜子黑黝黝，
将来种在田以头；(1)
种待明年二三月，
菜子开花结成球。
菜子收得无用处，
将来卖与打油人，
打起油来无用处，
将来卖与姐梳头。
大姐梳个盘龙髻，
二姐梳个插花楼，
只有三姐梳得巧，
梳个狮子滚绣球。
绣球滚在黄河内，
塞断黄河水倒流，
一遭遇着东流水，
永流东海不回头。

原注（1）以头，方言谓内也，中也，田以头即田之内田之中也。

(以上二首通行酉阳)②

① “脚河”当为“河脚”。
② 上两首，载《歌谣周刊》第29号，第6—7版，1923年10月21日出版。

致《歌谣》编辑[1]

《歌谣》编辑先生：

《歌谣》第十一期《民歌选录》里载舒大桢[2]湖南晃县[3]民歌一首[4]，颇与我所知道的四川酉阳的一首民歌相合。不过我所知道的是问答体的歌谣，不仅是“七言式”的四句完事，所以我把它钞呈左右一览。或者由这种问答体的歌谣中，尽能察之民间风俗生活的一斑，也未可知。管见区区，未识以为何如？

其一

山歌好唱口难开。
林檎[5]好吃树难栽。
大米好吃田难办。
鲜鱼好吃网难抬。

---

① 原载《歌谣周刊》第15号“来稿照登”，第4—5版，1923年4月22日出版。题目系编者自拟。

② 舒大桢（1900—1985），湖南锦和人。化名苏怡，自幼聪颖好学，酷爱文学艺术、习武，懂拳脚功夫。1922年秋，考入北京大学。

③ 晃县，旧县名。1913年由晃州厅改置，治晃城（今湖南省新晃侗族自治县东南旧晃城）。1929年迁太平坪，即今县驻地新晃镇。1956年撤销，与芷江县部分地区合并，设置新晃侗族自治县。

④ 此民歌载第三版，原文为“山歌好唱口难开，林檎好吃树难栽；白米好吃田难作；鲜鱼好吃网难开”。其中第三句的分号当作逗号，第四句“网难开”与第一句“口难开”有雷同之嫌，参照下文，或作“网难抬”。

⑤ 林檎，又名花红、海棠或沙果。

其二（问）

甚么人说，山歌好唱口难开？

甚么人说，林檎好吃树难栽？

甚么人说，大米好吃田难办？

甚么人说，鲜鱼好吃网难抬？

其三（答）

歌师傅说，山歌好唱口难开。

栽花娘说，林檎好吃树难栽。

庄家老说，大米好吃田难办。

打鱼郎说，鲜鱼好吃网难抬。

（注）乡俗呼农夫为庄家老。渔人曰打鱼郎。

其四（问）

那里得见歌师傅？

那里得见栽花娘？

那里得见庄家老？

那里得见打鱼郎？

其五（答）

山林得见歌师傅。

花园得见栽花娘。

田中得见庄家老。

河下得见打鱼郎。

其六（问）

歌师傅穿的甚么衣甚么鞋？
栽[1]花娘穿的甚么衣甚么鞋？
庄家老穿的甚么衣甚么鞋？
打鱼郎穿的甚么衣甚么鞋？

其七（答）

笼鞋蹋袜歌师傅。
鞋尖脚小栽花娘。
捞脚扎手庄家老。
伸头缩颈打鱼郎。

（注）蹋读如杀音ㄙㄚ，伸音读痴ㄔ

看他写这四种人，各有各的住处，各有各的职业，衣服举动也是丝毫不相同的。各种东西的酸甜苦辣，要习于其事者始能审知，这话才真不错呢！

又有一首与这相类似的歌谣，兹并写出来比较一比较：

山歌好唱难起头，
木匠难修转角楼，
石匠难打石狮子，
铁匠难打铁绣球。

（注）转读上声

① “栽”当为“栽”，下同。

此外又有妇女的歌谣一则，鄙意是认为狠①能描写一般妇女心理的，特地附载此处，以俟审订。

人家老工像条龙，
我的老工像毛虫。
那年那月毛虫死，
斑鸠跳进画眉笼。

（注）老工，妻叫夫曰老工

郑宾于

① “狠”现作“很”。下同。

歌谣中的婚姻观[①]

董作宾[②]先生要我在这《歌谣周刊》的“婚姻专号”上作一篇文章，当他前星期告诉我的时候，我那惭愧的心跑开脑后，所以便欣然地达声[③]应是；但是到了现在，终没有写得出一字来！昨天董先生又向我索了一遍，我虽然悔我前日之失言，不该冒昧应命；但因为要顾全我一时的高兴起见，也只好惭愧地摇动秃笔，见笑大方！

在未有入题之先，要郑重声明的是：我从有生以到现在，对于“婚姻”两字的观念很薄弱，脑子中之所以有它，乃是由书本中间翻来，并没有“身体力行”地去领略过；所以这“婚姻”一个名词，只知其然而不知其所以然。

要知道“所以然”，便识得婚姻生活的旨趣；要经过这婚姻生活的人，栽[④]真能领略其中的风味与神秘，裁[⑤]有在这“婚姻专号”上文章的资格，因为他所说的话句句实在，能言吾之所不能言。

像我这样的人，只有不得其门而入的资格。放开眼尽量地瞻望，沉着脑细细地体贴，毕竟识不得此中珍宝！怎么配在这“婚

① 原载《歌谣周刊》第57号第1—3版，1924年6月1日出版。署名“郑宾于”。

② 董作宾（1895—1963），原名作仁，字彦堂，号平庐。河南南阳人。“甲骨四堂”之一。1923年，入北京大学研究所国学门，习甲骨文。1925年毕业，先后任教于福州协和大学和河南中州大学。1927年，赴广州中山大学任教。在此期间，与郑宾于多有交集。

③ “达声”疑是“连声”之误。

④ “栽”当作“裁”。

⑤ “裁”今作“才”，下同。

姻专号”里作文章呢？戴东原说“阎百诗善读书，百诗读一句书，能识其正面背面”。我很想强充一个善读书的解人，能够识得“婚姻”的正面背面，[①] 把那书本上的“婚姻”用到我的精神上来流通流通，谁知竟是一件不可能底事啊！

做到这一步，简直和王阳明“格竹子”是一个样！于是裁知道阎百诗之识得书句底正面背面，是“文字”上的，不是“生活”上的，这句话并不是我强诬古人。

所可侥幸而足以自豪的是：根据歌谣来谈“婚姻”，自己还不甚大负责，遂尔生出下面的文章来。

二人力大顶破天，
一女田中得半边，
我王头上双生角，
千连田来土连田。

看官听说：上来四句谜语，原是“夫妻义重”四字，大概一般放牛的，采樵的，田夫野老，都常常念着，几呼[②]把他化作歌谣了。他们的心目中都承认夫妻是以“义”结合的，所以“重义”。又每逢人家娶亲的时候，若是他们看着抬起花轿经过，孩子们，大的，小的，长的，短的，便大声地唱道：

ㄌㄧ（哩）ㄌㄧ（哩）喇喇，
帮我抬来！

① 原文为分号，改用逗号为宜。
② “几呼”当作“几乎”。

孩子们这样的唱着表现出狠高兴很[①]愉快的样子，仿佛真能领略那两性间秘密意味似的。从这一点上，我们便可知道人们当未成年时候，或许是当小孩子的时候，已经是很有婚姻的观念了。下面的歌谣，也是表婚姻思想的。

金竹椏，苦竹椏，
对门对户打亲家；
张家儿子会写字，
李家姑娘会ㄊㄧㄠ花；
大姐ㄊㄧㄠ的灵芝草，
二姐ㄊㄧㄠ的牡丹花；
只（ㄔㄧ阳平）有三姐不会ㄊㄧㄠ，
天天坐起纺棉花，
纺一首，哭一声，
叫你哥哥去砍柴，
柴又远，水又深，
说你哥哥没（ㄇㄟ入声）良心！

（此歌在四川通行狠宽，词句繁简各有不同）

这明明是他们思想结构后生出来底产物，你看那会写字的张家儿子便配着了会ㄊㄧㄠ花的李家女子；不会ㄊㄧㄠ花的李家女子，独独碰倒[②]那没良心的张家男子。山民的脑筋简单，硬齐齐整整地一对一对的将他配上；这样来，便满足他们的思想和欲望，便

① 当时多用“狠”字，“很”亦无误。
② “碰倒”宜作“碰到”。

得了精神上底许多安慰与温存。更进一步，因安慰温存之不足，便想“身受其赐”，大有“亲尝之”的妄想。

油煎豆腐里面黄，
你当舅子我当男；
你当舅子有酒吃，
我当男来有ㄆ丨ㄖ；
那个小伙白又白，
戴起帽子好送客。

乡间的山民思想果然幼稚，脑筋果然简单。因为接亲的时候，定有送亲的人，尤其是舅子送亲，所以他们歌谣中说只要有了舅子和送客，这件终身大事便算完全落成，竟不知“而其事乃有大谬不然者”！但又必须这样地，他们的心灵欲望，才算达到。

果然的，他们也常常用歌谣，来表示他们的爱情之经过和趋避；爱情原是日积月累的互相爱慕“相悦以解”而生出来的东西，所以他们那歌谣里面说：

一把扇子里面花，
情姐爱我我爱他；
情姐爱我花扇子，
我爱情姐肚皮ㄆㄚ（此字是软的意思）。

因为有了这种爱情，随时在心里含蓄着，形之于歌谣，便俨然与《国风》中的《出其东门》《有女同车》《南有乔木》和孔先生在阿谷之隧使子贡与处子往还的事媲美。你看——

一

远看情姐白皓皓，

毛蓝衫子青围腰；

好看不在围腰上，

好玩好耍半中腰。

（《歌谣周刊》十四号拙采）

二

远看情姐颤摇摇，

一把指拇像棉条；

白日拿来庖饭吃，

夜晚拿来ㄇㄢ红苕。

（ㄇㄢ喂也。红苕，即北京之白薯。）

三

隔河看洗油菜苔，

抓把油菜甩过来；

你要油菜你拿去，

你要玩耍二回来。（一说好玩好耍二回来。）

四

天不平来地不平，

那面山上好妇人。

五

老乌（ㄨㄚ）飞起翅又元，
一翅飞过葫豆田，
看倒葫豆不得吃，
看倒大姐不得日。

人们在这男女杂处的山中生活着，每日上坡锄草，捡柴，种豆，牧畜，常常一块儿工作，一天一天，一年一年，彼此之间便发生了亲密而诚挚的爱情，甚而至于有肉欲的秘密行动，下列底歌谣，即其一证。

细料斗蓬①红纸胎，
二人做事做得乖；
吃酒场中莫答话，
神仙下凡都难猜。
（见《歌谣》十四号拙采）

我承认的确他们是真的恋爱，真能秘密。据我这“门外汉”的观察和猜想，他们总不能因爱而结婚，使那“婚姻”实现。三家村的教书匠常常念着“取妻②如之何，必告父母”“父母之命，媒妁之言”一类话头；所以那“怨女”“旷夫”，就是在那极不开通的乡村中，也不知道枉死“斯文”多少？因为这“父母之命的

①“斗蓬”当作“斗篷”。
②“取妻”当作“娶妻”。

制度式”是男不知女，女不知男；等到那结婚时候男子虽然是才子，而女子却不是佳人；女子虽是有貌，男子却又无才。日复一日，年复一年，男子对于女子不满意，便向外要求；女子对于男子不满意，便想另寻快乐。这两性间萦迴[①]的情绪，同时爆发，在男子方面的，如——

大路不平石板镶，
半盘萝卜半盘姜；
萝卜那有姜辣嘴，
家葱那有野葱香。
（《歌谣》十一号拙采）

这是说“父母之命”的妇人，没有自己自由选择配偶的好；亦由之乎萝卜没有姜的味辣，家葱没有野葱的气香，是一个样的。鄙意以为简直是一首“赋而兴又比也”的好诗，如何忽略得！

其在女子方面的：

人家老工像条龙，（“工”，当是“公”误。）
我的老工像毛虫；
那年那月毛虫死，
斑鸠跳进画眉笼。
（《歌谣》十五号拙采）

这歌谣中所说的情形，是美女子对于丑男子的真实表现，也可证明女子的心地狠狠毒。自古相传下来的《青竹蛇儿口诗》，

① “萦迴”当是“萦回”。

我于是乎不得不承认他的实在价值有一半或十分之七八。但是从这两首歌谣中可以知道他们俩“不安于位”“见异思迁”，原来是狠合着张竞生先生的《美的人生观》和《爱情定则》呢。

上来所说，是乡间山民——由儿童以至成年——意象的婚姻观念，自然而然的流露出来，尤其是四川酉阳南部一小角山民婚姻观的写真。他们这种意象的或理想的爱的婚姻思想，是绝对的纯粹洁白，没带有势力、金钱、虚誉一类龌龊不堪的劣性，完全是爱情的活动。因为有了这个精神，所以也常常埋伏着打破旧式底婚姻产业。以故男子想找姜的辣和野葱的香，而女子因为男子之不满人意，便想由斑鸠的地位跳到较高的画眉笼中去过美满一点的生活，使那为父母的目击这种事情，自知改悔！

但他们也常常唱着因世情波折而至于失恋的歌谣来：

月亮出来像把梳，
不想如时想当初；
想起当初一句话，
竟到如时丢不下。

看他的歌词言近而旨远，没有一点怨恨情人的意思，只流露着自己的心灵不舍的情况。这种纯白不杂的精神结合，精神分离，是难得啊！

我写了许多废话，对于《歌谣》的“婚姻专号”自知搔不着痒处。但因我已经声明是门外汉，虽然说了外行话，也是免不了而且是应有的。至于有几首歌谣，带点猥亵的词儿，原出歌谣的本身价值。我不避免他的原故：一则是要保存平民文学的本来面目；一则是要应《歌谣周刊》“猥亵粗鄙”的聘。

因《歌谣周刊》出世以来，猥亵歌谣，竟不可见；周作人先生虽在《歌谣增刊》上为文以揭示之，而猥亵歌谣竟不果来。特存其词，用示先河云尔。

四月二十三日。

在保定刘守真庙会中得的一首唱歌[①]

距保定城南约四五里许，有一个刘守真庙，据说他是金时十大名医之一，自他死后，人们为之立庙奉祠，每年三月十五日（旧历），居民咸集其地烧香祈福，演戏致庆，遂成庙会，此会约可开半月之久，乃始停闭。我因为是初到保定，遇着这种胜会来临，焉有不去瞻仰之理！因于三月十六日下午一时许，同刘君广义、樊君志尊去看看俗传之所谓刘爷庙者，究竟是个什么花样。事前也曾有人暗示我以此地之闹热，所以我是高高兴兴地由校里出发，刘、樊二君是育德中学多年的学生，道路甚熟，换句话说，简直是我请的向导一样，方向的责任，我的身上可一点也没有，因为完全被他二人拿去了。于是依着他们的行径往南走去，穿过保定公园，越南门沿河而下里余，遂以六十枚铜子的力买一小舟，徐流而下。予自来北方，有四五年不曾坐船，今次偶一为之，便觉十分舒服。沿予舟之左右前后的舟们，都是各色齐备，学生固然不须说了，公子、政客、小姐、妓女等人，皆是波驰蚁附，风起云涌的闹个不休。既至，则人山人海，尘头盖面，当者辄呕。只得咬定牙关，奋勇先驱。但见男男女女，蓬头垢面，手执香纸，挤来挤去。女人们除极少数外，姑无论年长年幼，"角黍形"的脚式完全保存，而且古怪，即此亦可见保定民众思想之一斑，有关风俗，不可以不记也。道之两傍，庙之左右，凡有隙地，皆是摆着摊子，有卖农具的，卖玩物的，卖食物的，卖花草的……举

① 原载《歌谣周刊》第91号，第1—2版，1925年5月17日出版。署名"郑宾于"。

凡此土所习见者，无不备足。庙中男女烧香化帛，潜心祈祷，和尚撞钟，人们抽签，竟使我耳目昏乱，莫知所可。庙外竖立一碑，予就近读之，忆其大略云："君姓刘，讳完素，字守真，河间人，故亦称刘河间。"金时敕尊为金灵圣医，谥曰真君，为当时十大名医之一。所著有《素问元机原病式》一卷，《宣明论方》十五卷，并录入《四库全书》子部。其传盖得诸宋时之陈希夷，死后屡显神通法力，求签问卦，无不征应，故乡民咸相率祠之云云。

当我未去之先，育德中学教务长张纪五先生说，刘守真之事迹时代不可知，你能为之考证一下最好。及予既读碑文，始知欲明此不难矣。保定无书可用参考，将来至京时，或可考较明白也。予既周览一过，因即觅一小酒馆遣兴，缘予素嗜酒，是日神疲，欲因酒以来欢耳。甫入座，有卖唱之小童二三，手执竹简，快步趋予侧高唱，未歌数句，便向予索值，予素性不爱给与此辈钱钞，既怜其小而善歌，因谓之曰，你试再歌，俟予将歌词写就时，再给你钱。小童遂诵歌如次。予谓此歌关系乡民思想，至少也可说是保定的乡民思想，故遂录之。歌词如下：

孙文冯国璋打汉口，
南京反来"革命党"，
北京反来国大清。
孙文挂印为元帅，
黄兴的军士当先行。
刀兵场内点人马，
大兵点了一窝峰①。

① "峰"当作"蜂"。

孙文领兵要打仗，
领着人马往南征。
一征征到汉口地，
北门以外扎行营。
占了南京占汉口，
占了陕西占山东；
占了湖南占湖北，
占了口外归化城。
他们许多的地面全要占，
还占保府和天津。
天津卫保府全要占，
号召黎民当了军。
冯国璋领兵要打战，
领着人马往南征。
一征征到汉口去，
北门以外扎行营。
兄弟就把哥哥叫，
哥哥就把兄弟称。
朝北磕头盟下誓，（朝音读如冲，朝北者向北也）
朝北磕头把誓盟。
人活百岁也是死，
合着脑袋碰金钟！（合着是不怕的意思）
忽听得洋枪ㄆㄧㄉㄆㄚㄋㄚ的响，
吓得外国洋人发了朦。

一句成语在元曲中之发见并质疑[①]

在我们四川酉阳县里，往往听到人说“赵小送灯台，一去永不来”的一句话。无论任何人到任何的一个地方去，经过久远的时间，还没有回来的时候，便得着了这样的一个评语。而且我也常常地这样说，虽然不知其原故安在。近读元曲，见《儿女两团圆》《黄粱梦》《荣归故里》《墙头马上》四剧中有足与此语相资证者，爰摘录于次，以就正于当世之通人。

1. 杨文奎《翠红乡·儿女两团圆》第二折《贺新郎》云：

“哎，他也却似赵杲送曾哀！”

2. 马致远《邯郸道·省悟梦黄粱》第二折《双雁儿》云：

“哥哥也，恰如赵杲送灯台。”

3. 张国宾《薛仁贵荣归故里》第二折《双雁儿》云：

“恰便是送曾哀、赵藁不回来。”

4. 白仁甫《裴少俊墙头马上》第二折《牧羊关》云：

“我则怕似赵杲送曾哀。”

杲与小是叠韵，或作藁者，杲、藁声韵俱同故也。灯与曾，台与哀皆为叠韵字，以故容易互讹。不特吾乡把曾哀讹为灯台(暂时假定如此)，即马致远亦作灯台而不作曾哀，与张、白、杨三氏之作曾哀者固已大相悬绝。现照我的猜想，或许作曾哀者是对的，但究竟赵杲送曾哀是怎么一回事，我完全不知道。就时间

① 原载《北京大学研究所国学门月刊》1925年第1卷第1期，第16—17页。署名“郑宾于”。

上说起来，总在元世马、杨、张、白诸氏之前了，也许即与他们同时亦说不定，因为在元人以前的作品中我还没有发见过这样的话或其故事，所以只得暂时如此断定了。

当我在保定发见这些话的时候，曾经函问过王静安先生，不知何故，竟未得复。或许王先生事烦而致遗忘欤？抑是王先生也未曾考及也？

因是之故，特地把它写了出来，甚愿我的师友及其他的饱学之士不吝指教，是所至祷。

一九二五，七，二三，北京。

“赵老送灯台”二语，北宋初已流行。欧阳修《归田录》卷二：

俚谚云，“赵老送灯台，一去更不来”（《学津》本“不”作“乃”，今据《欧集》），不知是何等语，虽士大夫亦往往道之。天圣中，有尚书郎赵世长者，常以滑稽自负。其老也，求为西京留台御史。有轻薄子送以诗云：“此回真是送灯台。”世长深恶之，亦以不能酬酢为恨。其后竟卒于留台也。

据此，则天圣中（西一〇二三——一〇三一）已有以此语为谑者，可知此语早流行于北宋以前，至欧公时已不知所出。元杨文奎《儿女团圆》杂剧有云：“每日家问春梅无信息；哎，他也恰便似赵杲送曾哀。”翟晴江①谓“赵杲送曾哀”系“赵老送灯台”音之讹，（《通俗编》卷二六）然安知“赵老送灯台”非“赵杲送曾哀”之讹耶？则赵杲、曾哀何人，正可一并研究也。

陈垣。九月，二十四日。

① “翟晴江”当作“翟晴江”。

江南风俗一零[1]

唐朝的诗人张继，其《枫桥夜泊》诗云：

月落乌啼霜满天，
江风[2]渔火对愁眠；
姑苏城外寒山寺，
夜半钟声到客船。

余儿时在村塾读《唐诗三百首》，尝举其末句以问乡间秀才，咸对余曰："书上说的当然不会错了，不要管他！"但是，我终于莫明其妙！以至于今。

这四句诗中，描写的风景煞是逼真，也没有甚么可訾议的地方。但因为那诗的末七字——夜半钟声到客船——便惹起了别人的蜚论！

宋朝的欧阳修嘲笑他道："句则佳矣！其如夜半不是打钟时？"

陆务观（游）的《老学庵记》里也记此事。他并且为张继辩护道，后人又谓惟苏州有"半夜打钟"，皆非也。按于邺《褒中即事》诗云："远钟来半夜，明月入千家。"皇甫冉《秋夜宿会稽严继宅》诗云："秋深临水月，夜半隔山钟。"此岂亦苏州诗耶？恐唐时僧寺，自有"夜半钟"也。

① 原载《歌谣周刊》第71号第4—5版，1924年12月7日出版。署名"郑孝观"。
② "风"多作"枫"。

彭乘的《续墨客挥犀》里“分夜钟”条又云:“欧公诗话有讥唐人‘夜半钟声到客船’之句云‘半夜非钟鸣时’或以谓人之始死者，则必鸣钟，多至百数十下；不复有昼夜之拘，俗号‘无常钟’，意疑诗人偶有此耳！余后过姑苏宿一院，夜半偶闻钟声，因问寺僧，皆曰，固有分夜钟，曷足怪乎？寻闻他寺皆然，始知半夜钟声，唯姑苏有之，诗人信不诬也。”

照陆氏的说法，是唯唐时寺僧自有“半夜钟”，乃时间的关系；照彭氏的说法，是唯姑苏始有“分夜钟”，实空间的关系。二君都是宋人，因为交通的不便，少所经历，所说自己[①]不同。对于这种说法，我们究当从谁说的是呢？

谨按《梦樵诗话》载南宁伯毛舜臣留守南郡，洒扫旧内，见别院墙壁多有宫人题咏，有款曰媚兰仙子者，题句云：

寒气逼人眠不得，
钟声催月下斜阳。

考《秣陵集》，知媚兰仙子乃明大内（在南京城内东北方）宫人。集中有《过明大内感媚兰仙子事题咏》三首，其一首末二句云:“何处夜钟声不定，更无寒月下斜廊。”

钟声能够催月下斜廊，简直是半夜的时候了。

据此，则知金陵姑苏一带，确有“半夜钟声”矣。陆氏时间之说，恐不足信，但是，恐怕别的地方，与别的时代，亦有同样的情形，也未可必。

我也到过金陵一次，于时殊未留意及此。不识现在尚有夜半

① “己”当为“已”。

钟声否？上来所说，全是得之几本故书堆中，窃未敢据为实然也。倘对于这个问题有留意的，请便叙述将来，使这七个字的疑窦，得一个正确圆满的解答，庶使不至于胡猜也。问题虽小，关系却大。

1924. 11. 30.

郑先生此文，我读过后，很叹服他引证精博。但寺院夜半的敲钟，乃是佛门型典。古今兴争之由，全因不从佛教的制度、仪法上考究，自然不能有所决定，故此我在他文后附说几句话。

我仿照因明三支的做法，把我对此问题的宗旨，放在前头，然后再说他的缘故。我的宗旨是分三项：(1) 凡是佛教的寺庙打钟是夜间应有之事。(2) 不限于姑苏。(3) 不限于唐代。

照佛家的意思，吾人烦恼的根本是昏沉。——昏沉即是“无明”，也即是“痴”。在《百法明门论》中，把“痴”列在“六根本烦恼”中，把“昏沉”列在“二十随顺烦恼”中。——不善的原因是“散乱”——在《百法明门论》中把“懈怠”“放逸”“散乱”，均列在二十随顺烦恼中。——故此佛家把“贪”“瞋”“痴”认为“三毒”。灭此三毒，惟有“戒”“定”“慧”的“三学”——定即不散乱，慧即不昏沉，由戒能定，由定得慧；戒是一种方便。——“正见”“正思”“正念”“正定”均认为“八圣道分”之一。“禅那”“般若”，当做菩萨“六渡”的妙法。——至于他的原因，说来话长，且不关本文，故不谈。

他们因为要免除人的昏沉、散乱，所以想了种种方便，即方法或手段，——如同坐禅，减食，——佛制，每日仅于午时吃一次饭谓之“食时”，——甚至于不睡。——《遗教经》“汝等比丘，昼则勤心修习善法，无令失时。初夜后夜，亦勿有废，中夜诵经，以自消息，无以睡眠，令一生空过。……早求自度，勿睡眠也。……诸烦恼贼，常伺杀人，甚于怨家，安可睡眠，不自惊寤。烦恼毒蛇，睡在汝心，譬如黑蛗，在汝室睡，当以持戒之钩早除之。……”又《小止观》“弃睡眠盖”——谓盖覆，有五，——“内心昏暗名为睡。五情暗蔽，放恣支节，委卧睡熟为眠……能破今世，后世，实乐法心；及后世生天，及涅槃乐。如是恶法，最为不善。何以故，诸余盖，情觉故可除；睡眠如死，无所觉识。以不觉故，难可除灭。……警觉无常，减损睡眠，令无昏覆”——小乘经内有，《佛说离睡经》内佛告目犍连，种种诃睡之法。

他们又恐怕念经时，口读心驰，所以口要读，眼要视，耳要听，心要想，手要击钟，打鼓，或敲木鱼；全身有时尚且要行道。——向右方旋绕佛之周围而行，名曰行道。

照此说来，勤修行的和尚，夜间是少睡的，或不睡的。——试把《高僧传》翻看，言夜间作工夫的和尚，不可胜计。——不睡又不是间著①的打钟自然是应有的事，——《百丈清规》卷九“钟”条下云:“晓击则破长夜，惊睡眠；暮鸣则觉昏衢，疏冥昧。”钟的用处，大概如此，由此可知，夜半打钟，乃佛寺很平常的事、应有的事，又何限唐朝的姑苏夜半寒山寺呢？

十三年十二月二日，庄严②

① “间著”或为“闲着”。

② 庄严（1899—1980），字尚严，号慕陵。原籍江苏，生于长春，迁居北京。1924年北京大学哲学系毕业，历任北大研究所国学门助教、故宫古物馆第一科科长等职。抗战时期，护送故宫博物院南京分院文物西迁，辗转于湖北、湖南、广西、贵州、四川等省，行程万里，历时十载。1948年押运故宫文物抵台，后定居台湾，曾任台北故宫博物院文物馆馆长、台北故宫博物院副院长。

今年夏天在南京鸡鸣山下住了将近两月。兵事正起的时候，旅次非常凄凉，睡在我朋友家中只有中夜彷徨！大街行人断绝，我的朋友又回了故乡；这时候骄阳肆威，白日里只听得轰隆隆的炮车推行之声，增人无限的烦恼！夜里的老鼠横行，够讨厌了！然而惟有鸡鸣寺的钟不分昼夜的响着，把胸中郁垒被他消得不少①。见郑、庄二君文，特书数语，证明南京还有鸡鸣寺的钟成日成夜响的。

十三，十二，五，魏建功。

我是苏州人，全不知有夜半打钟的事，或者唐朝有此风俗而现在没有了。但张继这首诗的时间也实在是矛盾。他说“月落乌啼霜满天”，明明是天将明时的景色了，何以末句却成了“夜半”？恐怕张继实在写的是晨景，只因要使得末句更凄凉些，故意写作夜半，亦未可知。

但即就第一句而论，亦有些不合，霜是在地下凝结的，决不会“满天”。前数年，胡先□②先生做一首词，内有“繁霜飞舞”一语，传为笑柄。其实此义还是先发于张继咧！

“江枫”，是桥名，在寒山寺的前面。寒山寺，在苏州阊门外十里之枫桥镇，原寺久已圮败；清末由程德全重修，现在又快圮了。

颉刚

① 本句中“把……被……”连用，现已鲜见。

② 此字缺，当是“骕”。

人物考辨

雷峰塔与保叔塔[①]

读鲁迅先生在《语丝》第一号上发表《论雷峰塔的倒掉》一文，加以看书时逐渐留心不知不觉得来的些须材料，就成功了今日这篇文字。

前几年看《水涌金山寺》一出戏的时候，常常听着人丛中说：那是许仙呀！那是法海呀！那是白蛇精呀？那是青蛇精呀！除是戏剧中的一种传说外，别的一些也听不着什么。只是看戏的时候，觉得那白蛇精变的白蛇娘娘着实可怜！青蛇精变的丫头子非常可怕！因为那白蛇娘娘对于许仙的爱情非常热烈，虽受法海许多磨炼，他[②]对于许仙的倾慕没有丝毫的灰心。那丫头子则不然，见他的娘娘受了法海的苦处，竟以为是许仙做出来的事，不知道积恨法海，而且几番几次的要立攫许仙而置之死！他的娘娘屡次劝阻他，他还恨恨地跃跃欲试！这种情节的表现，尤其是在后半的“断桥相会”一出中，更可明了的[③]看出。至于许仙么？又可悯，又可笑。悯者在其乞怜于法海之时，一方则畏他的 W[④]

---

① 原载《京报副刊》第19号，“民国十三年十二月二十四日，星期三”（即甲子年十一月二十八日）出版，第145—150页。署名“郑孝观”。有《未倒时之雷峰塔》（插图一）、《雷峰塔之既倒》（插图二）、《雷峰塔内藏经全卷》（插图三，共六幅）。《京报副刊》为北京《京报》的综合性副刊。1924年12月5日创刊。孙伏园主编，日出一号，随《京报》发行。每月合订一册。1926年4月24日《京报》被封时停刊。共出四七七号。与《晨报副刊》、《民国日报》副刊《觉悟》、《时事新报》副刊《学灯》统称为“四大副刊”。

② 在五四新文化运动之前，“他”字兼称男性、女性及一切事物。1920年，刘半农首创“她”字，不过尚未通用。

③ “的”，现多作“地”。下文亦有类似情况。

④ “W”当指“wife”。

白蛇娘娘之威，一方又怕法海不肯庇护他的身子，愁眉辗转，那里还有男子气象！其实那时的许仙已痴了！已失去知觉了！心身不能自主了！白蛇娘娘简直是“求之不得”，那还有害他之理！

至于法海，不特多事，而且可鄙！离散人的婚姻，存心不良，该得何罪！况且一方又要取得许仙的感谢！

上面的一段话，是我从看戏中得来的感触。至于白蛇娘娘的始末，我实在不得深知。因为《义妖传》我还未曾问津。

现在要入“雷峰塔”的本身了。究竟“雷峰塔”是否即“保叔（俶）塔”？关于这个问题，我先引鲁迅先生的话，然后才按部就班予以解释。

鲁先生《论雷峰塔的倒掉》一文中说：

那时我惟一的希望，就在这“雷峰塔”的倒掉。后来我长大了，到杭州，看见这破破烂烂的塔，心里就不舒服。后来我看看书，说杭州又叫这塔作“保叔塔”。其实应该写作“保俶塔”，是钱王的儿子造的。那么，里面当然没有白蛇娘娘了，然而我心里仍然不舒服，仍然希望他倒掉。

但鲁先生末后的附记又说：

这篇东西，是一九二四年十月二十八日做的。今天孙伏园来，我便将草稿给他看。他说,“雷峰塔”并非就是“保俶塔”。那么，大约是我记错的了，然而我确乎早知道“雷峰塔”下并无白娘娘。现在既经前记者先生指点，知道这一节并非得于所看之书，则当时何以知之，也就莫明其妙矣。特此声明，并且更正。十一月三日。

鲁迅先生因为忘记了所看之书，所以被孙先生一反诘遂疑自己有误，特地附文更正，“雷峰塔”并非就是“保俶塔”。但是鲁迅先生确乎知道“雷峰塔”下并无白娘娘是毫无疑义的，于此也可见他自信心的坚决。

我现在敢武断的说，鲁迅先生谓“雷峰塔”就是“保俶塔”，完全是对的。看下面：

考明季朱国桢的《涌幢小品》第十四卷“钱俶”条云：“钱忠懿王俶，以天成四年八月二十四日生，宋太宗端拱元年八月二十四日卒，刚一甲子，复与父元瓘卒日同，人皆异之。杭州有‘保俶塔’，因俶入朝，恐其被留，作此以保之。称名者，尊天子也。今误为‘保叔’，不知者有‘保叔缘何不保夫’之句。”

《钱塘县志》第十七卷《吴越世家》亦云：“俶卒年六十，以天成四年八月二十四日生，至是八月二十四日卒，复与元瓘卒日同，人皆异之。”

《吴越世家》之语，全同《涌幢小品》上半，惜后文没有说及“雷峰塔”或“保俶塔”的名称与关系。我想古书中记载杭州有“保俶塔”的，恐怕以《涌幢小品》为最早罢！鲁迅先生说，“后来我看看书”，说杭州人又叫这塔作保叔塔，不知鲁迅先生现在能否忆及就是我所说的《涌幢小品》？

但是，在另一方面考证的结果，“雷峰塔”的名称，不仅仅只是“雷峰塔”和“保俶塔”的两个，直是五花八门，尚有多种；并志其历史及附近景物的关系如下。

《钱塘县志》卷二“山川”类云：

“雷峰”又名“回峰”，在南屏山对。一云，宋有道士徐立之居此，号回峰先生，“回”“雷”音近致讹；一云，郡人雷就于此筑庵。又称“中峰”，见林和靖诗。峰有塔，吴越王妃建，俗称“王妃塔”；又以地产黄木皮，遂讹“黄皮塔”。《方舆胜览》云，塔在黄皮园，昔有人于塔下劚得小条石刻《华严经》，小楷绝佳，盖筑塔时藏以压胜者。下为宋张循王真珠园，有珍珠泉，韩侂胄南园。绍兴后，名园别圃多在此，称极盛焉。频湖为藕花居，有中丞王公国安祠，名藕花书院。

在这个地方，我们应当注意的是共计有“雷峰”“回峰”“中峰”“王妃塔”“黄皮塔”（“王”“黄”音近致讹）等五个名称，再加上“保俶塔”，总共得六个名称了。像似这一种的传说，岂不是竟把事实变作神话了吗？

考林和靖的集子中载有《中峰行乐却望北山因而成咏》，和《中峰》的两首五律，皆与《县志》所说有关。现在单把他的《中峰》诗写出来作为参考的资料，因为其他那一首，更是没有和“雷峰”发生亲密性质的。

中峰一径分，
盘折上幽云。
夕照前村见，
秋涛隔岭闻；
长松含古翠，
衰药动微薰。
自爱苏门啸，
怀贤思不群。

这一首诗，不过仅仅足以表示“中峰”那个东西和形势景致而已，其他固无甚可取处。

现在好了，诚然如鲁迅先生所说的“雷峰塔”是倒掉了！因为鲁迅先生的文章作在“雷峰塔”之倒掉以后，犹不能够证明其即为“保俶塔”，而被毫无依据的孙伏园先生无形中占了胜利，所以我现在再举两个例子在下面证明，使之铁案如山，毫不可移！

有署名“春风”的，在《上海时报》上关于“雷峰塔的倒掉”曾发表一篇文章，《东方杂志》把他节录出来，题为《劫后的雷峰塔》，兹照钞如下。（《东方杂志》二十一卷第十八号）

九月二十五日，下午一句半[1]，西湖雷峰塔忽自倾圮，时正新督理孙传芳氏率兵莅城。里人皆奔赴督署左近，瞻望威仪。归后，始悉此变，咸相顾惊叹，有湖山犹是，风景已非之慨！

塔凡五层，皆用方砖砌成。砖长一尺六寸许，阔八寸，厚二寸。一端有小孔，约较铜元略大，深二寸许，每孔藏经一卷。有大批乞丐及贫民多人，日往峰上，检拾砖石经卷。好事者争向购取，每经初仅索值二角，二三日来，已涨至二十元。经名《陀罗尼》，阔二寸，长三尺余，字迹娟秀，颇具晋唐小楷神韵。

塔为吴越王妃黄氏所建，故亦名黄妃塔，所云卢妃者，讹也。至今已一千一百余年，五代古物，一旦倾废，可胜慨哉！

在此文中得到的新知识是比较的最多[2]，而尤要的是经的名称叫《陀罗尼》，塔的名称叫“黄妃塔”，又有叫作“卢妃塔”

---

① “一句半”当是“一点半”。

② 此处“比较”和“最”连用，现已罕见。

的。合起前面的六个，总共是有八个了，塔的名称。真是神话之神话。

孙倣庐君又在《东方杂志》二十一卷第十八号上作了一篇《雷峰塔得经记》。关于“雷峰塔”的讨论，比较上文尤详，他说：

甲子八月二十七日，雷峰塔倾。塔为吴越忠懿王妃黄氏建。西湖十景之一，余惜之而往觇焉。塔以砖建，砖一端有孔，中藏《一切如来心秘密全身舍利宝箧印陀罗尼经》一卷，长营造尺七尺六寸，阔二寸五分。卷端题曰："天下兵马大元帅吴越国王钱俶，造此经八万四千卷，舍入西关砖塔永充供养，乙亥八日纪。"题后有方图，图一女子礼佛，疑黄妃者。图后为经，凡二千七十一行，行十字。印刻工整，宋板书之高曾规矩，乃于今日见之。经为白□①纸，韬以黄绫，完整者不多见，间亦有之。南方卑湿，非敦煌石室比，纳经砖腹，丸泥封其口，纸寿之永，虽不及晋唐亦足诧矣。□②《忠懿王黄妃塔记》，斯塔之建，费缗钱六百万，所以奉藏佛螺髻发。塔成，镌《华严》诸经，围绕八面。而不言砖腹藏经事。《五代史》《十国春秋》，他之载籍，亦无言者。阅千年而塔崩，而此轶事乃暴于世，使吾人犹能想见当时佛法之盛。独惜此八万四千卷同为一经，已入《大藏阿含部》，当时不知备众本，以存人间已逸之书于今，为可憾也。十年前，塔顶所镌《华严经》石残坠于风，近寺僧拓之，余得一纸。今又得斯经三卷，并藏之。世界之成住坏空，应作如是观，区区斯经云乎哉！斯塔云

① 此字不清，据原文为“棉”。

② 此字缺，据原文为“读”。

乎哉！塔名黄妃。近处产黄木皮，讹称黄皮塔。俗称雷峰塔，云以雷氏居是峰得名。又谓南屏之西，山势回抱，本名回峰，雷回音近致误。呜呼！是塔建自宋开宝八年，历今九百五十年矣，塔已倾矣，而名犹纷纷聚讼，亦可笑也。

由此两篇文章看起来，我们可以大胆的，十二万分肯定的说：八个名称的“雷峰塔”尽可割去七个，实实在在就是“保俶塔”，或是割掉六个，也称“黄妃塔”。因为上面虽说仅是两篇短文，却是记载的事实。这叫做“水落石出”，又叫做“拨开云雾见青天”。好了好了！“雷峰塔”就是“保俶塔”了！《涌幢小品》说的话到现在证实了！并且从前叫作“雷峰塔”的还错了！到了这个时候，我才要正式地请孙伏园先生来证明所谓“雷峰塔并非就是保俶塔”者，究从那里见来？

可措①我们住在北方，对于“雷峰塔”的倒掉，未曾亲自寓目。

而今“塔”虽倒掉，往后一天一天的销灭了；可是“塔”的真姓名从此显露出来，不致于再有“以讹传讹”的事情发生了。最靠得住的是“雷峰塔”的砖，每一块中都有《陀罗尼经》一卷，一块一块的都能自诉，说他是“保俶塔”，或“黄妃塔”。我想最善诿辩的人，也不能够否认。

还有一件事情与孙敬②庐和春风二君实地试验的说话不一致，而足以与□③说互相印证者，现在也把他举出来，庶几免掉遗漏

① “措”当作“惜”。

② “敬”，前文作“儆”。孙儆庐（1883—1958），名世伟，字俶仁，浙江绍兴人。南社成员。中华民国政治人物。

③ 此字不清，疑是“别”。

的弊病。

《钱塘县志》第二十七卷《列女传》：

忠懿俶妃，孙氏，名太真。性端重而聪慧。每延□[①]姻亲诸宗属，皆尽恩礼。好学读书，通《毛诗》《鲁论》之义。尚俭约，非受参谒宴会，未尝为盛饰。俶之征□[②]陵也，孙居国城内，时遣内侍抚问诸将及从征将帅之家，外凛畏奉如王旨。汉乾佑二年，承制拜夫人，周显德末，敕封吴越贤德夫人，宋进封贤德顺睦夫人，开宝九年，随俶入觐，敕封吴越国王妃。

孙君根据《黄妃塔记》及女子《礼佛图》，谓钱俶妃姓黄，塔为黄妃建，故名"黄妃塔"，春风君也有同样的说话，可知此事非虚矣。然而《县志》所载，则谓其姓孙氏，名太真。不特异姓，而且有名，这是与前说不适合的地方。

《涌幢小品》说："因俶入朝，恐其被留，作此以保之。"县志载"开宝九年，随俶入觐，敕封吴越国王妃。"两说实足相互证明也。谓其名"保俶塔"者，此说是唯一的理由。至于县志为甚么说俶妃姓孙氏，名太真。这是我此刻不能解答的，我希望后此或者也能够解释出来好了。孙傚庐本《黄妃塔记》之言，谓塔为吴越忠懿王妃黄氏建，到底可不可信，还是疑问。因为塔记及经中并无塔为黄妃所建云云故也。且题后之图，未必即为黄妃，说是孙妃卢妃，也未始不可。据《陀罗尼经》卷端题"天下兵马大元帅吴越国王钱俶，造此经八万四千卷，舍入西关砖塔永充供养，

① 此字不清，疑是"接"。
② 此字不清，疑是"金"。

乙亥八月纪”之文，则《涌幢小品》之言为不谬。或因钱俶与其妃同时入觐而建塔，故亦呼“保俶塔”为“黄妃塔”欤？

我因为好奇的原故，想在《钱塘县志》中找到所谓许仙、法海、白娘娘、丫鬟等一干人，殊不知竟至落空；但是在三十卷《仙释》传里面，得了这样的两个人。

宋徐立之，学老子，隐于雷峰，自比冥鸿雾豹。又有刘簑衣者，筑希彝道场在峰下。

《山川·雷峰》下亦云：“宋有道士徐立之居此，号回峰先生；一云郡人雷就，于此筑庵。”

相传之所谓法海许仙，也许是这一类的事情辗转附会而成今说罢。暇时当检《义妖传》，看他所说究竟有无依据。

《语丝》的第一号，我从前没有见面过，因为已经卖缺了。十二月十五日（星期一）的晚上，承钱玄同先生寄给我一份，于是始得与《语丝》的一号觌面。及读鲁迅先生附记孙伏园先生的话，我心里就颇致不满，总以为我自己所知道的是对的，所以竟敢仓卒中写成此文。其余我所不知道的，也就只好不知道了。特地附志于此，并且声谢钱玄同先生。

十三年，十二月，十八日。

今天马叔平先生告诉我说：“雷峰塔与保俶塔实在是两个。雷峰塔是在西湖的旁边。保叔塔是在西湖的山顶上，塔式狠新，恐怕是后人重建的。倒掉的塔实在就是雷峰塔。西湖边居住的人相传都是如此说的。”我想此说也未见得可靠，因为相传的说话颇有许多靠不住的地方，或者，那山顶上之新塔，是因为后人的附会而始建起来的。观《钱塘县志》及已经倒掉的雷峰塔中的陈迹，便可解释这个疑误了。并志其异说如此。孙伏园先生的话，也许是根据西湖边居住人民的一种传说罢。

十三，十二，二十。孝观再附。

伏园敬案——郑先生所举证据非常确凿，我不但不想来推翻并且也无法来推翻。不过我的话也不是“毫无依据”，却的确“是根据西湖边居住人民的一种传说”的，而且这种传说现在已经变成了杭州一般人的常识了。譬如你跳下沪杭铁路的杭州城站，叫一辆洋车到雷峰塔去，他一定规规矩矩的拉你到雷峰塔，决不会拉你到保叔塔去的。反过来，你叫一乘轿子到保叔塔去，他也一定规规矩矩的抬你到保叔塔，决不会抬你到雷峰塔去的。因为杭州的车夫和轿夫已都有这种常识了。我并且可以再引两部新近出版的书来作证。图书集成公司的《西湖指南》和钱唐[1]杨祚昌的《游杭纪略》里都并举雷峰保叔二塔。后一部的“雷峰”条下是这样说:“在净慈寺前，昔有雷姓筑庵居此，因名。又称曰中峰，曰回峰。吴越王妃黄氏就其处筑塔，曰雷峰塔，亦名黄妃塔，或讹呼黄皮塔。凡五级，与保叔塔遥对，而高大过之。旧题十景‘雷峰夕照’即此。”而于“宝石山”条下则这样说:“一名石甑山，一名巨石山，高六十三丈，周十三里，有寿星石，保叔塔，一勺泉，来风亭。西为巾子峰，又西为保稷山。”前一部的“雷峰塔”条下是这样说:“吴越王妃黄氏建，以藏佛螺髻发，亦名黄妃塔，讹为黄皮塔……”但于“保叔塔”条下则是这样说:“在宝石山顶，吴越时建，凡九级，宋咸平中重修，减去二级。……霏雪银云，原名宝所，□误保叔。《西河诗话》云，保叔者宝石之讹，

① “钱唐”当作“钱塘”。

盖以山得名也。”好了好了，现在弄明白了，雷峰塔是雷峰塔，保叔塔是宝石塔之讹。我到底是错了，但我到底是根据“俗”，根据“常识”，根据“西湖边居住人民的一种传说”的。我在末了恭恭敬敬的向鲁郑二先生道歉。

刘爷与刘爷庙[①]

【引言】我自从在《歌谣周刊》上（第玖拾壹号）作了一篇《在刘守真庙得的一首唱歌》[②] 以后，遂决心把这刘爷的事迹考证一下。因为这个刘爷庙之在保定，简直弄得来满城风雨，大大小小，无不知道。连在此土读书的人们，都把他印在脑子里，可知其势力影响于人之深且大了。我彼时虽曾说待到北京时才做这一番工作，怎柰[③]我心里奇痒难禁，几有“食不安席，睡不安寝”的景况。莫柰何只得劳驾秃笔先生来从事考证矣！其实也是我生来有这种癖性，凡是遇着一件事物，总是要“打破沙锅问透底”。我既然以刘守真的事迹时代询诸别人，博得了“我不知道”四字的答复，心中便好生不舒服，难道刘爷就是不可知道的东西吗？所以也就不管自己的能力之如不如人，竟切实地用心去找。故此篇之成，也可以说是受环境逼迫的一种表现。

A. 刘爷的略传

我这所谓“略传”，并不是故意要略，因为是实在没法，而且是不可能的事情之中始得了这样一点，自己觉得很惭愧，所以只好称为“略传”。

一、姓名。刘爷是谁？我拿这个问题问诸识者，他们答道是

① 原载《北京大学研究所国学门月刊》1926 年第 1 卷第 2 期，第 234—248 页。署名“郑宾于”。

② 该文原题为“在保定刘守真庙会中得的一首唱歌”。

③ “怎柰”当作“怎奈”。下文“莫柰何”亦当作“没奈何”。

刘守真。这样一来便知道刘爷的事迹可考了，因为他有了姓和名，绝不是藏头露尾的神怪。太阴历三月十六日至其庙（保定之刘爷庙），见其竖碑上说道：

省城东南隅，相距三里上闸之地，旧有刘守真君庙……彼都人士，信仰惟谨，云即十大名医中之高尚先生刘河间也。庙中旧有碑记，略而勿详，惟所云《原病式》一书，考其名目，系金时刘完素先生所著。先生讳完素字寂真（按光绪七年庙碑亦说“真君刘寂真师……”），河间人。（清光绪元年乙亥，西历一八七五年碑）

据此，刘爷不特名守真，又号河间，讳完素也。惟前云守真，后云寂真，“守”“寂”不同，想系笔误耳。《金史》亦云字守真，不云字寂真也。刘爷住居河间，故有是名。考《河间县志·人物志·艺术类》云：

刘完素字守真，号通元处士，居河间。金时赐号高尚先生（《河间府志》同）。

可知其因地得名，绝无虚谬。据《金史·方技传》，又说：

刘完素字守真，河间人，自号通元处士。

此处不言其号河间，其名想系闾里所加，刘爷或未曾自以河间之名自号也。

但是，据保定刘爷庙一八七五年的碑说，刘爷又号高尚先生，又说明洪武间敕赐金灵圣医，而民国十二年的碑又说世人称他为还元处士。这三说究竟是何所据而云然呢？我可别无甚么方法可以知道，因为《明史·洪武本纪》并没有记载这一件事，《金史·方技传》记刘完素又才九十六字，略而不详，弗可究诘了。比较上记载稍详而又稍前的材料，只有河间的《刘守真庙碑记》，是明武宗时樊深作的，他亦只根据《金史》说“刘氏守真，讳完素”而已，并未说他叫什么河间，号什么高尚先生，或什么通元处士，还元处士，又敕赐为什么金灵圣医一类的名称。樊深是明武宗时人，距洪武时最近，当然比清季光绪间人作的碑文县志要可靠些，他都没有刘爷号高尚先生，通元处士，还元处士，河间等一类的名目，当然是别有见地。（我以为《金史》说他号通元处士，樊碑未有说及者，或是忽略耳。）尤其是没有说明武宗时敕赐为金灵圣医的话，虽然他《碑记》中也曾说明武宗遣官赍彩币……以崇祀其庙，然亦绝未有什么敕赐的话头。可见这一类的名字之可怪了，我疑心有十分之八九是后来的一般人替他加上的诨号。所以保定民国十二年的庙碑便说他号真君了。这类的事，在中国是很多，真是愈出愈夥，不知所从。话虽如此说，可是还有一件两样的事情，不可不在此声明的。就是——保定刘爷庙一八七五年的碑说刘爷号高尚先生是根据什么说的呢？原来是根据《河间府志》和《县志》，二书原是清人作的，去时甚晚，我颇有些不相信，因为明人樊深的碑记和元人托克托等的《金史》都没有说及。所以我们只相信他姓刘名完素、守真，自号通元处士等三个名字，其他的一切名号，我是概不承认。李鸿章等作《畿辅通志》也根据《河间府志》和《县志》把他高尚先生的名目录入了，这也可以说是官修书籍之坏处。毕竟是杜越在定兴县作的高尚先生的祠记说得痛快，他道：“先生生于金，有高尚之目，其人自可略见，末俗独神其医道，且崇尚眩俗，亦沾沾冥福为说，至衮冕之敕之不置也。”

二、住址。刘守真的住址，照《河间县志》《府志》《金史》，保定庙碑,《四库全书提要》等皆谓为河间人，居河间，并无异议。

三、时代。刘守真到底是何时的人？这可煞费考校了。据我考证的结果，有两种说法，一是说他是金时人，一是说他是辽时人。说他是金时人的如——

《河间县志》云:“刘守真完素，为金时名医。(《补遗》)又云，金时三聘不起。”(《人物志·艺术类》)。其《建置志》又云:“……祀金高尚先生刘完素。”

保定光绪元年庙碑云:“考其名目，系金时刘完素先生所著。”

又光绪七年庙碑云:“真君颇末世系，系宋、金时人……真君气节高尚，生于宋、金争统之世。”

《清苑县志》云:“城上闸有刘河间庙，盖祀金时名医刘守真先生。”

《四库全书提要》亦以刘守真为金时人,《金史·方技传》亦有刘守真传。

说他是辽时人的如——

《雍正旧志》云:“刘河间庙有二庙，为辽高尚先生刘完素建。”(清季李鸿章等修《畿辅通志》亦从《雍正旧志》作辽人之说。)

考辽之建国在西历九三七[1]年，金之建国在西历一一二三年，相距几二百年，两说相差，无乃太误？使完素生于辽末而卒于金初，则不宜云金人，使生于金世，则又不宜云辽人。必其长于辽较金久，始可谓为辽人，生于金较辽长，始可谓为金人也。且辽又没有刘完素事迹，惟《金史》略述九十六字，固可征也。我以为修《雍正旧志》者见《金史》说他尝遇异人陈先生，而世俗相传即指为宋之陈希夷（抟），修志者，恐其生于金世，不获与陈相见，因之改为辽欤？不然，明知《金史》有传，何以故为奇异邪？

考《宋史·隐逸传》，希夷死于太宗端拱二年七月二十二日（西历九八九）。即使完素生于金建国之初，上距抟死已一百三十六[2]年；使其生于辽建国之初，上距抟死又五十二年。照此看来，无论把完素放置在什么时候，都不能够与陈希夷相遇明矣！比较稍滑头一点的，要算保定光绪七年的庙碑了，他说真君颠末世系，系宋、金时人，生于宋、金争统之世。如此一来，便令人不可捉摸了。

或者世间有这种惑世诬民的瞎说，谓陈希夷不死，所以刘完素能够遇着他。然而这种传说究竟是不能使修《雍正志》的人信服，所以他便慨然升他到辽时去。一般守旧的人，又不肯从其创说，所以就生出这两家绝对的异说来。

我想陈先生是不是陈抟，还是一个问题。因为《金史》并没有直截道他名字的原故。一直到了明武宗的樊深为他在河间府作碑记时，便悍然地说他早遇陈希夷服仙酒了，保定的刘爷庙碑遂

① 此处有误。辽建国时间为938年，金建国为1115年。
② 按作者所列时间计算应分别为“一百三十四年”“五十一年”。

袭其说而不改（光绪元年碑云:“遇陈希夷，服以仙酒。”）。李鸿章辈毕竟有些见识，他们作的《畿辅通志》一仍《金史》之旧，只说他“尝遇异人陈先生”便算了。

这等累世增添的事迹，在中国史书上也是很平常，如大毛公、小毛公的名字，在西汉时是没有人知道的，及至东汉以后，他的亨、苌的名儿便露出头角来了。唐、虞以前的年代在汉以前是没有人知道的，其后被他们那些阴阳先生们用些怪诞不经的神秘算法去推测了几千几百次，左一推来，右一推去，于是便各各定下了年代来；或说天皇、地皇、人皇共数亿数千，或说他们的年代相距几亿几万，真是“汗牛充栋”，莫择一是。刘完素的时代，何尝不是如此呢？我们读书的人，第一的秘诀是不要“强不知以为知”，一心要把姓刘的升老几十年几百年，并不算甚么一回事，只是作者自己对不住自己，而且遗害了后来读书的人。所以我以为还是从托克托的《金史》说法，比较可靠，未必他生当金世，不得遇陈希夷而遇另一陈先生就不行吗？如必以为非遇陈希夷不可，那就简直说他的时代与陈希夷的时代相当好了。

四、事迹。刘完素的事迹，《金史》不详，但谓其“尝遇异人陈先生，以酒饮守真，大醉，及寤，洞达医术，若有所授之者”，数句而已。兹参据《河间县志》及诸碑文，述之如左。至于事实之真妄，我全不知道，不过把他当作民间历史上的传说，到是狠可以的。

1.《河间县志·人物志·艺术类》云:“明武宗寝疾，夜梦神医来治，邑人有吴锐者，为百尺（我不懂他是什么东西，恐怕是

'奏则'① 的别名罢?) 奏河间故有名医刘守真，今祠之。武宗遣官祭焉。又相传靖难军及姑苏客事，载庙碑。"

2. 明樊深河间庙碑云:"正德丁卯，我武宗毅皇帝，圣躬违和，御药罔效。夜梦老人来医，问其姓与从来，自谓'河间人，姓刘氏'，比觉，圣躬万福，博访所梦，百尺吴锐，河间人也，奏河间故有名医刘守真者，今祠祀之。武宗特旨兵部提奏，遣官舍吴翔凤赍彩币朱红袍服幡幢以崇厥祀。"又云:"早遇陈希夷，服仙酒觉悟，遂得《原病式书宣明论》，大尽希夷子之术，以神医著名，我太宗文皇帝（谨按：明并无太宗这个名目，惟成祖是叫文皇帝，此或笔误欤?）往靖内难，人无定址，真人虞所适偶感异类，化为人形，丐药疗疾，指示避兵向往，遂赖全活。一时病者无远迩扶拽求治，往往奏功。"

3. 永乐间，姑苏有客，病几垂绝。梦一老人与医，语其贯址，客醒病愈，持金帛诣河间，得庙像，不异梦中，遂撤广庙宇。

这几件事大半在其死后，其生前事迹怎么淹没殆尽呢？我以为这是神鬼思想丰富之过，完素生前也未见得是怎样了不得的一个人。你看《金史·方技传》的张元素传上说：

河问②刘完素病伤寒八日，头疼脉紧，呕逆不食，不知所为。元素往候，完素面壁不顾。元素曰，何见待之卑如此哉？既为诊脉，谓之曰，脉病云云？曰，然。初服某药，用某味乎？曰然。元素曰，子误矣！某味性寒下降，走太阴。阳亡，汗不能出！今

① 名称不可考。
② "河问"当作"河间"。

脉如此，当服某药，则效矣！完素大服，如其言，遂愈。元素自此显名。(《县志·补遗》同)

由此更可知其医术并不见得十分高明矣！夏寿田民国十二年的保定庙碑说“要之当时治医者莫不折衷于真君”这句话是靠不住的。但据保定光绪元年庙碑，则谓其为十大名医中之一，十大名医是谁？据《金史》所载，除刘完素外尚有四人，其余五人，则不得而评也。四人者——

1. 张从正，字子和，睢州考城人，精于医，贯穿《难》《素》之学，其法宗刘守真，用药多寒凉，然起疾救死多取效。古医书有汗下吐法。亦有不当汗者，汗之则死，不当下者，下之则死，不当吐者，吐之则死，各有经络脉理，世传黄帝岐伯所为书也。从正用之最精，号张子和汗下吐法，妄庸浅术，习其方剂，不知察脉原病，往往杀人，此庸医所以失其传之过也。其所著有六门二法之目存于世云。

2. 李庆嗣，洛人，少举进士，不第，弃而学医，读《素问》诸书，洞晓其义，天德间，岁大疫，广平尤甚，贫者往往阖门卧病。庆嗣携药与米分遗之，全活者众。庆嗣年八十余，无疾而终。所著《伤寒纂类》四卷，《改证活人书》二卷，《伤寒论》三卷，《针经》一卷传于世。

3. 纪天锡，字齐卿，泰安人。早弃进士业，学医，精于其技，遂以医名世。《集注难经》五卷，大定十五年上其书，授医学博士。

4. 张元素，字洁古，易州人。八岁试童子举，二十七岁试经义进士，犯庙讳下第，乃去学医，无所知名。夜梦有人用大斧长凿凿心开窍，纳书数卷于其中，自是，洞澈其术。……元素治病，不用古方，其说曰："运气不齐，古人异轨，古方新病，不相能也。"自为家法云。

五、著述。刘完素的著述究竟是多少，其详不可得而知。据《金史》，说他"尝遇异人陈先生，以酒饮守真，大醉。及寤，洞达医术，若有所授之者，乃撰《运气要旨论》《精要宣明论》。虑庸医或出妄说，又著《素问元机原病式》，特举二百八十八字，（按《四库全书提要》作二百七十七字，《一统志》作二百八十四字。）注二万余言，然好用凉剂以降心火，益肾水为主"。

《河间县志》虽本《金史》，然亦稍有不同之处，兹并录之。"……尝遇异人陈先生，饮以斗酒，大醉，及寤，洞达医术，若有所授之者。尝撰《运气要旨论》《精要宣明论》。虑庸医或出妄说，又著《素问玄机》《约内经病机》十九条，著《原病式》，特举二百八十八字，注二万余言，以尽医之变，又为《习医要论直格书》三卷行之，其术好用凉剂以降心火益肾为主。……说者以完素《要旨论》《原病式》作，而《内经》之旨，昭如日月；《直格书》《宣明论》作，而长沙之法，约如枢机。"

保定光绪元年的碑文，则这样说，"遇陈希夷服以仙酒，著《素问元机原病式》一卷，以《素问至尊要论》所列《病机》十九条演为二百七十七字，而逐条辨论以申之，其大旨多主于火。又著《宣明方论》十五卷，大旨本《素问》及《金匮要略》。"民国十二年碑文又这样说："……世以为刘希夷①所援也。著《素问元机原病式》一卷，《宣明论方》十五卷……凡十余言。又有

① 此处有误。应为"陈希夷"。

《伤寒直格方》三卷，《伤寒洁本心法类萃》二卷，论者以为其弟子所撰集，殆有损益。至《病机气宜保命集》三卷，则经李珍考正，以为同时易州张元素所作。”（谨按：《四库全书提要》亦以为张元素作）

他们都说是刘完素曾亲见陈希夷，并且还得了陈希夷的传授，所以著出了各种的书来。现在我们要问陈希夷究竟是个甚么样的人？是不是医生？《宋史·隐逸传》云：

陈抟字图南，亳州真源人，始四五岁，戏涡水岸侧，有青衣媪乳之，自是聪悟日益。及长读经史百家之言，一见成诵，悉无遗忘，颇以诗名。后唐长兴中，举进士，不第，遂不求禄仕，以山水为乐，自言“尝遇孙君（按：即孙登）仿鹿章皮处士”，二人者，高尚之人也，语抟曰，武当山九室岩可以隐居，抟往栖焉。因服气辟谷，历二十余年，但日饮酒数杯。移居华山云台观，又止少华石室，每寝处多百余日不起。周世宗好黄白术，有以抟名闻者，显德三年，命华州送至阙下，留止禁中月余，从容问其术。……抟居华山已四十余年，度其年近百岁。……琪（宰相宋琪）等从容问曰，先生得玄默修养之道，可以教人乎？对曰，抟山野之人，于时无用，亦不知神仙黄白之事，吐纳养生之理，非有方术可传，假令白日冲天，亦何益于世？……琪等称其语白上，上益重之，下诏赐号希夷先生……留抟阙下，令有司增葺所善。以止云台观。上屡与之属和。……一日谓其徒……曰：“汝可于张超谷凿石为室，吾将憩焉。”二年秋七月，石室成，抟手书数百言为表，其略曰：“臣抟大数有终，圣朝难恋，已于今月二十二日化形于莲花峰下张超谷中”，如期而卒。……抟好读《易》，手不释卷，常自号扶摇子，著《指玄篇》八十一章，言导养及还丹之事。

宰相王溥亦著八十一章以笺其指。抟又有《三峰寓言》及《高阳集》《钓潭[1]集》，诗亦百余首。……

看了这一篇，可知陈希夷并不是医生，是一个道士。又曾受儒者之术，所以他的著作有些文章诗词。最易使人附会的就是他的《指玄篇》，因为他实在有些神秘，乌烟障气[2]，弄不清楚。但是无论如何说法，他这书中总是说养生的事情，也绝不能说他是医书！由是我敢大胆而且武断的[3]决定说，谓陈希夷传与刘完素医术者，其言毫无根据，全不足靠。因为陈希夷本来就没有受过医生的洗礼，又焉能以其所不知者授人呢？二人的年代相异，姑且不管，也说不通！

现在且根据《金史》、《河间县志》、庙碑等把他著的书目开列在后面：

1.《运气要旨论》（《金史》《县志》）

2.《精要宣明论》（《金史》《县志》，刘氏自序说是《医方精要宣明论》）

3.《素问元机原病式》一卷（《金史》庙碑，《县志》作《素问玄机》《约内经病机》十九条，著《原病式》）

4.《原病式》（《县志》）

5.《习医要论直格书》二卷[4]（《县志》）

6.《宣明方论》十五卷（光绪元年庙碑）

① “钓潭”当为“钓潭”。
② “乌烟障气”宜作“乌烟瘴气”。
③ “的”，现多作“地”。
④ 前文为“三卷”。

7.《宣明论方》十五卷（民国十二年庙碑）

8.《伤寒直格方》三卷（同上，谓其弟子所撰集，《四库全书提要》以为刘完素①撰）

9.《伤寒洁志本心法类萃》二卷（同上）

刘完素著的书就仅止此吗？不然，还有许多种，据清倪璠的补辽、金、元三史《艺文志》则有：

10.《治病心印》一卷

11. 河间刘先生《十八剂》一卷

12.《伤寒心镜》一卷

13.《素问元机气宜保命集》三卷

14.《伤寒医鉴》一卷

15.《图解素问要旨论》八卷（《研经堂外集》）

16.《素问要旨》八卷（钱大昕《元史·艺文志》）

17.《伤寒标本心法类萃》三卷（《四库全书提要》）

18.《六经转变直格》一部（马宗素说）

按这十八种书之中，我疑心狠有几种应该是一种，被他们弄错了，所以有许多的名目。如《精要宣明论》《宣明方论》《宣明论方》应该是一种；《习医要论直格书》《伤寒直格方》也疑是一书；《伤寒洁志本心法类萃》和《伤寒标本心法类萃》应当是一种；《图解素问要旨论》和《素问要旨》也应该是一种。这样一来于是他的著述便一旦减少了五部，恐怕不致于有人要找我赔偿罢！

① 当为“张元素”。

然而我有这一点毅力要去冒大不韪，还要再来审定他的作品之真实或存在，故曰，其分量不但此也。

据保定光绪元年的庙碑，说《四库全书》内仅收他的《素问元机原病式》一卷，和《宣明方论》十五卷二种。但查《四库全书》则共有五部。那五部是——

1.《素问元机原病式》一卷，《提要》云："是书因《素问至真要论》，详言五运六气盛衰胜负之理，而以病机一十九条附于篇末。乃于十九条中采一百七十六字演为二百七十七字以为总领而反复辨论以申之，凡二万余言。大旨多主于火，故张介宾作《景岳全书》攻之最力。然完素生于北地……与南方风土原殊。又完素生于金时，人情淳朴，习于勤苦，大抵充实刚劲，亦异乎南方之脆弱，故其持论多以寒凉之剂攻其有余，皆能应手奏功。其作是书，亦因地因时，各明一义，补前人所未及耳。……"

2.《宣明论方》十五卷，《提要》云："是书皆对病处方之法，首诸证门，自煎厥薄厥餮泄膜胀以及诸痺心疝，凡六十一证，皆采用内经诸篇。每证各有主治之方，一宗仲景。次诸风，次热，次伤寒，次积聚，次水湿，次痰饮，次劳，次燥，次泄痢，次妇人，次补养，次诸痛，次痔瘘，次眼目，次小儿，次杂病。共十七门，每门各有《总论》，亦发明运气之理，兼及诸家方论，于轩、岐奥旨，实多阐发，而多用凉剂。偏主其说者，不无流弊，在善用者消息之耳，考《原病式》自序云：'作《医书方精要宣明论》一部三卷，十万余言'，今刊入《河间六书》者乃有十五卷……则窜入而不注者，不知凡几矣。……"

3.《伤寒直格方》三卷，《提要》云："大旨出入于《原病式》，而于伤寒证治，议论较详。《前序》一篇，不知何人所撰，马宗素《伤寒医鉴》引平城翟公宵行遇灯之语与此序正相合，殆即翟公所撰欤？……又题为临川葛雍编，盖经后人窜乱，未必完素之旧矣！”

4.《伤寒标本心法类萃》三卷，《提要》云：“上卷分别表里，辨其缓急；下卷则载所用之方。其中‘传染’一条称《双解散》《益元散》皆为神方。二方即完素所制，不应自誉至此。考完素《原病式序》称‘集伤寒杂病脉证方论之文，目曰《医方精要宣明论》’，今检《宣明论》中已有《伤寒》二卷，则完素治伤寒法已在《宣明论》中，不别为书，二书恐出于依托。……”

5.《图解素问要旨论》八卷，《提要》云：“《研经堂外集》云，此从金板影写，即钱大昕《元史·艺文志补》载《素问大旨》八卷，即此书也。其自序以为‘内经元机奥妙，旨趣幽深，习者苦无所悟，乃撮其枢要，集成斯文，以分三卷，叙为九篇，绘图释音，以彰明之’。其徒马重素又为之序，重为编定，分作八卷云。”

审此，则是《四库》所收，犹有非刘书本来面目者，其余的作物，也就当然不尽可靠了。

B. 刘爷庙的略考

一、刘爷庙到底是什么时候就有的呢？据前面的《略传·事迹》条所引的《河间县志》看来，则是明武宗时，河间便有其庙，所以吴锐奏道：

河间故有名医刘守真，今祠之。

《畿辅通志·河间县志》下云：

刘守真祠在府治西南（《康熙志》云在县学东），祀金时名医刘完素，明正德中建。

樊深的河间《碑文记》又这样说：

正德丁卯，武宗毅皇帝寝疾，夜梦老人来医，问其姓名与从来，自谓“河间人，姓刘氏”，比觉……博访所梦，百尺吴锐奏河间故有名医刘守真者，今祠之。

又说：

永乐（明成祖年号）间，姑苏有客病几垂绝，梦一老人与医，语其贯址。客醒病愈，持金帛诣河间，得庙像……遂撤广庙宇。

又说：

我太宗文皇帝（按明朝没有太宗，文皇帝是成祖的谥号，或许是他错误了。照前面的永乐间三字看起来，正是成祖不误），往靖内难，……真人……化为人形，丐药疗疾。……一时病者无不远迩扶拽求治，往往奏功。

我不避繁复与讨厌，再把他引在这里来，是为要使得一目了然的原故。夫刘完素已死而犹扶拽求治，所求者什么？在什么地方去求？岂非庙乎？岂非神乎？在文皇帝时已有人求治之说，则是时有庙，无或疑[1]也。而姑苏客诣河间得庙像，尤为铁证。虽然，庙之所始，则又不敢决定。

考明成祖永乐元年癸未，当西历一四〇三年；武宗正德二年丁卯，当西历一五〇七年。《通志》言正德中（约在此时），是刘爷庙在河间最初的传说在十四世纪、十五世纪即已十分兴盛，所以能够上闻朝廷，感动玉驾。明世以前的金、元有不有他的庙宇，我是不敢断定，因为是没有依据与凭借的东西原故。自从有此庙宇以后，尤其是被姑苏客撤庙宇以后，一直到了现在，还是在那里存在着。

二、有刘爷庙的地方，仅仅是河间吗？未开言，不觉得心内惭愧无已，原来这种事件非是空口说话所能够做得到的，我本来没有走遍保定、河间所属的各个地方，如何配来谈谈这问题呢？纵使说得落花流水，写得盈千累万，终究归于瞎说罢了。既然如此，我为何仍然要做他呢？岂不是“明知故犯”吗？答曰，看官有所不知，原来我们这作考据文章的人，有一个找寻“靠背山”的妙法，即就是俗语所说的“秀才不出门，能知天下事”的唯一证据者，又何况老子也尝说过“不出户，知天下”的话呢？更有一点特别的地方，便是——不特能够知道这横的空间，而且还能够知道那纵的时间。这是比较秀才更是高明的地方，也就是比老子还要高明的地方。可是，知是知道了，究竟你知道的对不对呢？在这一个地方，考据者没有法子，只好拿各种记载和事实来估量，用了精审的方法来判断，是就是对，非就是不对。如此，便算是解决了一件事，弄清楚了一个悬案。至于绝对的是，和绝对的非，

① “无或疑”宜作“或无疑”。

那是在正名的问题与范围之内的，也是非诺所非先生所必争的，考据者却已早早长揖谢绝之了。

现在我已经找出一些儿“靠背山”来，所以有在此处写答案之资格和必要。

定兴县杜越高尚先生祠记云：

先生祠遍畿内，几与梵宇等。

按《保定府志》卷之七《祠祀类》云：

刘河间庙在府城东上闸，各州县俱有。

可见迷信刘完素死后还能治病的人如此其多，各州县俱有庙，所以保定也有庙。不然，他本是河间人，在河间庙祀便够了，何必要此许多！现在别的地方的庙且不去管他，（其实也就是不知道的确！不然，知是知道的，只是难得写。如定县的刘真君祠在固城店东北，有杜越的祠记。《雍正志》云：“文安县刘河间庙有二，为辽高尚先生刘完素建。”）单来谈谈保定与河间。因为河间是他住居的地方，保定是我的现在寓所，也曾亲身目睹来。

一、河间的刘守真祠。《县志》卷二《建置类》云：“刘守真祠在县学东，祀金高尚先生刘完素。明成化、正德中累修有碑。康熙十二年，县丞黄世灏，典史纪从政，各捐俸重修。”

自明成祖世姑苏客广拓庙宇后，世宗嘉靖二年甲申（当西历一五二四[1]），有一个阃帅郭锦，复为新葺庙宇，遂历有康熙以来

① 当作“一五二三”。

之培补，此其所可考者也。

二、保定的刘爷庙。《保定府志》卷之七《祠祀类》云：“刘河间庙在府城东上闸。”《县志》云：“刘河间庙在府上闸，祀金刘完素。”《畿辅通志》按语云：“谨案即俗所称刘爷庙。”

现在人们称为刘爷庙的，原来是在城东上闸，不错不错！但此住址，非其旧有。顺治十三年高桂撰的碑，犹存此庙中，他说：“九天观在郡内东北，郡之人征诣舆理，移建于郡外，东去城数里河之浒。”是知今时之刘爷庙乃九天观之故址也明白甚矣。

那么，刘爷庙是从何时才有的呢？其故庙又是在什么地方呢？又是从何时始迁到这九天观里来的呢？关于第一个问题我暂时答不上来，因为没有确实的“靠背山”故也。据光绪七年的碑文这样说：“自明季赐田于后裔，以供香火，至今相传数百年来。”则是明之末世已经有他的庙了。至于第二、第三两句问语，请看下面的一节文章便可知道。

“……兹因直隶省垣在城西南隅，旧建三皇庙，殿宇稠密，渐见倾颓，一时难于敛捐修葺，诸神均皆挽越。惟刘守真君行像一尊，相传岁时出巡，收灾降祥，极诚灵感，阖郡庶人等，咸知敬信，赖以仙方圣药而济于世……请真君驾驭出巡至东郊庙中，永远供奉，以广观瞻。”（光绪七年碑）

然则所谓刘爷庙者，旧时盖在保定城西南隅之三皇庙中，因是那个庙坏了，别的土木偶都搬出去了，这刘爷的塑像不好独占。所以也只得于光绪七年三月十二日迁到这上闸之九天观中来“反宾为主”“南面称尊”。而所谓九天观，则寂无闻焉耳！

同治九年（西历一八七〇），李合肥、叶聿门驻军于此，时庙仆倾，乃重为修葺，旋遭火毁。同治十三年（西历一八七四），叶志超、唐立业等始更募资复建，庙宇又成。（按：李合肥等所建之庙即九天观也）

自是之后，到了民国十二年，曹琨的妇人刘氏，因为祷了此庙，生了小孩，于是拿一千七百三十元银来为他建了后殿，同时还有吴佩孚的妇人也帮助他一百元来。此外军人政客商号也有出多出少的，又叫桂阳的夏寿田为他作了一块碑文。这段文章就此完了，下另起。

三、人们为什么要以三月十五作为庙会之期呢？真的，不说诳，别的都有真实材料可靠，惟这个问题没有法子来解答，因为真实材料不可得也。我所知道的仅是根据碑文，而这一种碑文之说法，我相信有十分之八九是从传说中来的。现在不管他真是和真非，把他引在这里来，作为此篇之解答。

“三月十五日（指阴历而言之也）为真君‘诞辰’，俗尚庙会，演剧酬神，信女善男，争相祈祷，香火之盛，缭绕云烟……”（光绪十三年碑）

又光绪七年碑云：

“岁以‘诞辰’庙会演剧，士庶酬愿，争相敬奉。”

世俗之所谓诞辰，有两个意思。

一为“诞辰”，二为“死诞”，到底是那一个“诞日”呢？要知道这个的确，再请看民国十二年的碑文，他说道：

“邦人以三月之望，真君‘生日’，祠祝敬虔。……”

现在可解决了，原来三月十五日是刘完素的生日，所以人们都到这日去烧香烧纸，并且演剧。但有一件要声明一下，虽然作了一个解答，而我始终有点不肯信，因为没有信史的帮助故耳。

C. 后语

我把刘完素的生平和庙宇的建置考了之后，觉得他并不是一个神秘而不可测，怪诞而不由经的一个异样人物。他虽是作了几大堆医书，而其法术也不见得十分高明。不知此土俗人，为何迷信至此！甚且以极其悖谬绝伦，虚妄无稽的故事来，创建庙宇几等梵寺。甚矣！人之好怪也！

要神秘其人而奉祀迷信之，必定要加以异说，在中国的学术界，医卜星相为尤甚。道家、墨家、佛家……的学术之所以有“乌烟瘴气”，几千百年都弄不清楚者，也就是这个道理。老子本不神怪，他们说他是太上老君，能够“一炁化三清”；孔子本来不神怪，被西汉的方士董仲舒辈加他一些阴阳五行，为汉代制法，为万世制法的绰号，东汉的经学家假作些谶纬来解符谶，于是孔子也像作了神仙是的，岂不讨厌而且可怪吗？像这一等卓有学术而为全社会思想之先导的人物犹且不免于诬枉，又何况乎区区一刘完素呢？说到此地，不禁使我为中国前此的学术寒心，若不把这种笼罩揭去，如何明得学术；但是要揭去他，却煞是一件极烦难，极重大的事情，非同容易也呵！

一九二五，四，二十六。保定育德中学校

保定莲花池六幢考[①]

一、幢之总说

幢之建立，不知始自何时，唐陆鲁望（龟蒙）诗云："水鸟行沙屿，山僧礼石幢。"元马祖常（伯庸）诗云："阆苑凉风满石幢。"是则幢之建立从唐历元俱有之矣。

考幢之初义，仅为旗帜幡帐之类之称谓，故韩非子曰："豪杰不著名于图书，雄骏不戕寿于旗幢。"而印度佛徒往往以幢书经卷，于是各种幢名因以緐兴，如《法苑珠林》之所谓金刚幢，梵王幢，法幢，帝幢，宝幢，喜幢，……《传灯录》之所谓精进幢，《摩诃摩耶经》之所谓邪见幢，以及其他各经之所谓某幢某幢者是也。迨佛教盛于中国，士大夫争相礼尚之，愚夫愚妇争相趋赴之，至于死而不知悟，尤冀得大解脱于将来，故广刻造像经卷以为无量功德，而徼福于来世，如雷峰塔砖中之藏经，与其他之建幢等，可谓愚人之行者矣。

此盖自佛教输入以后始演成立幢之俗欤？

余所闻见之幢甚少，不足以言夫考校，不过聊就所知以飨世人而已。

据陆龟蒙诗，则唐已有石幢之说盖确矣。黄树谷《扶风石刻记》载唐石幢二，更足以为铁证，兹将黄说录下：

① 原载《北京大学研究所国学门月刊》1926年第1卷第1期，第21—30页。署名"郑宾于"。

唐石幢二

《佛顶尊胜陁罗尼经》（经不录）

唐大中十载丙子四月癸酉朔廿二日甲午，右神策军奉天镇□□将宣威将军守左卫晋州神山府折冲郡尉员外□□正员飞骑尉薛志颙权氏男从谂男从礼。

右幢一，有款神策军，属陇右道。凡戍边之兵：大曰军，小曰守捉，曰城，曰镇。又京畿之西，多以神策军镇之。今碑题曰神策军，又题曰奉天镇，是镇又隶于军矣，今奉天之镇名亦不传也。镇军有三等：上镇将正六品，中镇将，下镇将正七品。奉天之镇将不知是中下也。折冲府亦分三等：兵千二百人为上，千人为中，八百人为下，府置折冲都尉一人。上府正四品上，中府从四品下，下府正五品下，今碑题曰神山府折冲都尉，亦不知是中下府也。天下十道，置府六百三十四，皆有名号，神山其一也。各府名号今多不传，余从地志世系诸碑石寻之，惜不能全。镇将匪兼折冲都尉，应题碑时并书其衔尔。

《佛顶尊胜陁罗尼经》（经不录）

右幢一，无款，比前幢高五寸，同在法门寺。

二、六幢

保定莲花池之六幢亭竖有辽、金、元石幢共六。余今年春间莅此时，即一度研究之，欲摹揭而未果也。最近经多方周折，始能如愿，私心窃自幸也。

六幢者何？辽二幢（实则有三幢），金一幢，元三幢，总其幢数而称谓之，故名六幢云尔。兹节录光绪七年贵筑黄彭年之《六幢亭记》，以见六幢之所从来也。

六幢者，辽二，金一，元三，矛（予字之讹）客清苑（即保定）莲池近十年，去岁，子国瑾自京师至，以幢献曰："获诸涿桓侯祠旁药王庵。幢断为二，合而观之，记人曰田殖，记地曰楼桑村，记时则金大定二十年。凡八方：二方正书，二方金国书。"

瑾又曰："定兴固城镇者，元之观音镇，有泉曰龙泉，束之以台。台隅王（三字之讹）幢，幢各八方，一方造像，七方皆元国书。又一幢堕井不可得，以碑考之，延祐工（二字之讹）年也。"乃属戴君翊臣往举而致诸莲池。

戴君又曰："固城东南宝峰寺有二幢焉。"乃命瑾归途谋诸寺，致诸莲池。其一，二方正书，记人曰中社田氏，记地曰辽易州易县固城，记时则寿晶（昌字之讹）元年，六方辽国书；其一，一方造像，一方辽国书，六方皆正书。凡辽、金、元国书，皆释氏经典真言也。……（下略）

1. 辽幢：辽幢有三，在易县固城。B、C两幢刻经文，A幢记其所以建立幢碣之故。黄彭年记仅指其刻经文者而言，故曰辽仅二幢也。兹分述之：

A幢高约一〇〇米突，八方，周围约一三〇米突。其文字隐约可辨者四方，余四方仅存模糊爪迹，不可辨认矣。此四方之一方，不知何人刊刻"乾隆二年岁次辛酉十月辛卯朔"等字样，按二年当作六年，盖乾隆二年为丁巳，不为辛酉也。兹将其四方仅存之文字款式记之如下，亦不复知其共有若干行，及每行若干字矣。（每行字数多寡不一）

……真言者殊圣首出群经之力莫□
……多佛之□韬诸神□石虽唱唐□而　　一面
……有以持诵者天堂以之致隋（?）有以宝祠者

……我军□度押衔锡青光禄大夫捡扣

……衔　　祖祢建立幢碣长史乃□

……

……葬祖葬父则见为孙为子之礼益全者哉

二面

……高祖讳翰祖母许氏曾祖讳隐祖母王氏王父讳仁建母启氏

……讳□□缄营休阏镇喟怀嘉岩穴懒道避秦清辞满□

……匪侪噫告终于丰□乡斯乃长史揆岁时而捐玉□

……花落暮矣以送潺湲之水云沉晚岫凝辞泱漭之天阴阳屡□

三面

……莫□□诸□□□记千祀尔所有眷属遂□于右

……至□道南至道

……基凿）道

……………………………………………………

四面

B幢高约四八米突，八方，周围约一三〇米突，其大约与A幢等。幢之一方刊造像，其余六方俱刊《多心经》文。每行十四字，共二十行。其款式如下：

佛说般若波罗密多心经　…………

观自在菩萨行深般若波罗密多时　…………

一面

□见五蕴皆空度一切苦厄舍利子　…………

□□异空空不异色色即是空空□　…………

□□受想行识亦复如是舍利子□　…………

诸法空相不生不灭不垢不净不增　…………

二面

不减是故空中无色无受想行识无　…………

□耳鼻舌身意无色声香味触法无　…………

三面

眼界乃至无意识界无无明亦□□ 明尽乃至无老死亦无老死尽无苦 集减[1]道无智亦无得以无所得故菩 提萨埵依般若波罗密多故心无罣	四面
□□罣碍故无□恐怖远离颠倒梦 想究竟涅盘[2]三世诸佛依般若波罗	五面
密多故得阿耨多罗三藐三菩提故 知般若般罗密多是大神咒是大明 咒是无上咒是无等等咒能除一切 谛真实不虚故说般若波罗密多咒	六面
即说咒曰　揭谛揭谛　波罗揭谛 □罗僧揭　谛　菩提萨婆诃	七面

八面造像

C 幢高约一四〇米突，八方，合计周围约一三〇米突。六方字稍大，每行二十七字，共十行。余二方字较小，每行四十四字，共十行。六方大字刊经，二方小字记事。兹记其款式如下：

一　　面

佛顶尊胜陁罗尼曰　□□沙门　佛陁波利奉

曩谟婆誐嚩帝怛𠼝路枳也钵啰□𠰒始瑟吒野没驮野婆誐嚩帝怛

你也他唵尾戍驮野尾戍驮野娑磨娑麽三满哆嚩婆娑娑颇啰

① "减" 当为 "滅"。
② "涅盤" 当为 "涅槃"。

拏蘖

帝誐贺曩娑嚩尾秫第阿鼻诜左睹□素哆蘖哆嚩啰嚩□曩阿蜜

二　　面

嘌哆鼻囇□摩贺□怛啰播乃阿贺啰阿贺啰阿庾散驮啰抳戍驮野

戍驮野誐誐曩尾秫第邬瑟腻灑尾惹野尾秫第娑贺萨啰＝湿铭散

三　　面

祖你第萨嚩怛他蘖哆嚩路迦簸煞吒播啰弭哆跛哩布啰抳萨嚩怛

他蘖哆纥哩娜野地瑟姹曩地瑟耻跢摩贺母捺哩嚩啰迦野僧贺跢

曩尾秫第萨嚩＝啰拏跛野讷蘖帝跛哩尾秫第钵啰底簸韈哆野阿

□尾秫第□摩野地瑟耻帝麽抳麽抳麽贺麽抳怛闼哆部跢句致跛

四　　面

□秫第尾窣普吒没他野秫第惹野惹野尾惹野尾惹野娑麽啰娑麽

啰萨嚩没驮地瑟耻哆秫第嚩嚾嚩啰萨嘌陛嚩□婆嚩睹麽＝舍唱

五　　面

唝萨嚩萨怛嚩难左迦野尾秫第萨嚩□帝跛哩秫第萨嚩怛他萨□

□麽湿嚩娑演睹萨嚩怛他蘖哆三麽□嚩娑地瑟耻帝没地野

没□

野尾没地野尾没地野冒驮野冒驮野尾没驮野□没驮野三满哆□

哩秫第萨嚩怛他蘖哆纥哩娜野地瑟姹曩地瑟耻哆摩贺母捺□□

六　面

嚩贺　破地狱真言曰　唵佉啰帝野娑嚩诃

生天真言曰　唵律尼律尼娑嚩诃

七　面（小字）

（一行）……大辽易州易县固城中社田氏奉为含识特建佛道尊胜陀罗尼经记

（二行）……□京天□□讳□□沙门

（三行）……于虖无明涉敉本觉随兴三惑既昧于尽知九相遂成□□□□□□□□□□□□之头慧目昏□□□□中之□

（四行）……向非至圣孰克启迪故　我能仁氏　化也□□□□□□□以无□□而遂通□谷□之不□□□□之

（五行）……万品敷显□之两宗皆救疾之神除昏之妙道者也□则显分五教会同致于圆宗密派五诠统□尽归于□

（六行）……部显以四仪整肃悟修方见于□获密以三业持明通□速加于报应若乃力省而功倍苗简而实繁销苦恼之醍

（七行）……醐沃烦痴之甘露者则莫尚于摠持之藏焉兹幢之建氏子亲姑田氏与其夫彭城刘君遇协志而成也先是田氏

八　面

（八行）……世寿衰残没绝嗣胤虑其殁后有门荐拔□□兹□□□□□□□□□上事思其所长且曰　佛陁□敉□

（九行）……远洽于无垠□□多菩萨导生贵普浴于有□而非

□幢末事又乌足为自利哉遂革前图择其胜地置当村僧院

（十行）……之坤隅观于永久以利含识托予文之因不获让但□书云尔时寿昌元年冬十月二十三日记

盖A幢与B幢当属一幢，惜其漫灭之字太多，以致于建幢者何人而不能知也。B幢所刊《多心经》是其子孙为乃高祖高祖母，曾祖曾祖母，及其父母得升天堂而建者，簪于A幢而可知也。

A幢之言曰："真言者，殊圣首出群经之力莫……有以持诵者，天堂以之致隋（？）有以宝祠者……衔锡青光禄大夫……建立幢碣……葬祖葬父，则见为孙为子之礼益全者哉。"审于此言，则知此幢建立之意矣。

C幢中断为二，合拓而细玩之，则此幢自非田氏一人所建也。黄彭年记谓其记人曰田氏云云者，特未知细审耳。

C幢第七、八两面所刻之文为□□沙门所作，此于其文末所记者可以知之矣。其第一行曰："大辽易州易县固城中社田氏奉为含识……"其第七行曰："兹幢之建，氏子亲姑田氏与其夫彭城刘君遇协志而成者也。"是则建幢者非独田氏一人明矣。

然则，其建幢之意义安在乎？曰："田氏世寿衰残，没绝嗣胤。""显以四仪，整肃悟修，方见于□获；密以三业，持明通□，速加于报应。若乃力省而功倍，苗简而实繁；销苦恼之醍醐，沃烦痴之甘露者，则莫善于揔持之藏焉。"揔持之藏，独以刻经石幢为善，此田氏、刘氏之所以建幢而冀得广其嗣胤，富其家业于将来也。

建幢与建碑之用意自不同：碑是颂扬其人生前之行事，详叙其姓氏籍贯。其用意在使后人见其碑而知其人，述已往之行事而要誉于将来也。幢则不然，不满意于前此及现在之身世，而求其后世子孙兴盛，家业富有；或冀其已死之昭穆得升天堂而始建立之者也。建碑冀得彰声誉于来世，是后人替前人作的，人事也；建幢冀神能福庇于将来，是前人替后人作的，鬼事也。鬼事之兴，盖自唐、五代始有之，前此未之有也。

人作鬼事，不得不刻经以志忏悔，世人谓念经刊经，可以去过，可以来福故也。经之多者又不能悉刻，于是《心经》《陁罗尼经》之类行焉。所以黄树谷《扶风石刻记》载唐二幢皆刻《佛顶尊胜陁罗尼经》，而此辽世之C幢亦载《佛顶尊胜陁罗尼经》也。(以后之金幢元幢所刊经文尤为简少，亦是故也。)

2. 金幢：在涿县桓侯祠旁。

金幢一，八方，其四方有字，一方金国文字漫灭不可读识，盖亦与正书二方之意义相同欤？幢之高约四八米突，其周围不及辽幢大，大约可一二米突而已。今仅识者正书二方，金国书一方耳。

正书一方之款式（三行，每行字数不等）

□炬如来心□□□真言

□□阿囉吒[二合]悉□□三摩也[二合]三母□□□吹喃唵艮啮[二合]吕□娶悉蹄□提□□

正书二方之款式（四行，每行二十字）

田殖字秀实范阳人也□垂髫时孝谨□□无轻□有志其学无何染疾□□而死年二十一大定二十年十二月二十七□□□年正月二十五日并妻苔合葬于楼□里东□□蚤逝有志无成命矣夫

金国书一方之款式（略）

上方金幢三面，其末面两行金文，不能知为何意，以意逆之，当与正书之第一方同，惟彼言“□炬如来心□□□真言”此云“□炬如来心破地狱陁□□”之相异耳。其第一方正书“炬如来心”下行缺之三字当是“破地狱”三字；第三面一行“破地狱陁”下所缺之二字当为“罗尼”二字。又第一面第一行第一字田殖之“田”字今幢已漫灭不可识，其云田殖者，盖从黄彭年之记也。

3. 元幢：元幢共三，在定兴之固城镇。三皆八方，高及周围皆与辽B幢相若。幢之一方刻造像，其余七方皆用元人文字刊刻经文。其曰某某真言者，则用吾国字刻石也。

三幢之中，A幢刻石元人文字横行，吾国字仍下行。B、C两幢经文相同，造像亦甚仿佛，惟头部缺处稍异耳。兹将A、B两幢列之，C幢不列，以其与B幢同也。

A幢所刻经

法舍利真言

绕塔真言

破地狱真言

灭轻重□□

警觉真言

B幢所刻经

法舍利真言曰

毗庐遮那佛大灌顶光真言

阿閦如来灭轻重罪障陁罗尼

大乘庄严五经六字大明真言

观音满愿真言

三、馀说

1. 除去以上辽、金、元六幢之外，尚有矩形之板石三块，二大一小，大者横约六十米突，高约三十五米突。A 石中刊佛门两扇，每扇各刊有○形者六，◎形者一，以为门饰。B 石则首末俱刊有枫叶类之植物各一株。中幅有文曰：

生极乐真言曰

曩谟何洒吒悉底喃三

摩也三献攷缀叩唵哏

啮曩缚婆悉蹄哩提哩□

（款式仍旧）

C 石（即小石）横约二九米突，高则与大者相若。其末端亦刻喇叭形花之植物一根，首端及中央皆刻有文字，其式如下：

天真言曰

唵吕尼吕尼娑嚩诃

上矩形石三块，黄彭年命工为方桌形式之台以敷之，有门之石当其前，余二块分居左右，俨如佛门佛壁然也。（余意小石乃残缺者，所以首端无植物刊刻。）

2. 以上辽、金、元各幢及后方各石片所刻汉文之文字，其字体酷似柳公绰书，甚可玩味。尤以辽幢之书法较为清劲也。

余不识元人文字，以故对于元之三幢无所说明也。甚冀大雅有以教正之。

至于金幢之田殖，与辽之田氏幢及另一幢，于史皆无可考。故余此文仅负一种记载及说明之责任而已。

一九二五，十一，三十于保定。

杨朱传略[①]

〔小引〕以杨朱这个徜恍迷离的人，而我要替他考一篇略传，已经是不可能之事；何况前此蔡孑民先生说他是庄周，现在唐钺先生既不赞同蔡先生之说，又谓杨朱与阳子居不是一人！我于二先生之说都不赞同，所以才来替他考篇传略。至于杨朱学说的流变，我也不赞同蔡先生之说和唐先生之考，而独主张崔述氏之说。崔氏之说曰：

盖世之所谓杨（墨）者，名焉而已。不知夫不明称为杨（墨）者，其为杨（墨）正多也。汉人之所谓道德名法，即杨氏也。……何者？杨氏之说，主于自为而无所事。故言清净，言自然；而以尧、舜、禹、汤、文、武之安民拨乱者为多事，为扰民。以儒者之崇尧、舜也，则言黄帝以绌尧、舜；以儒者之尊孔子也，则言老子以绌孔子。然则道家之所谓黄、老者，即杨氏也。故杨子书称杨子学于老子，老子谓杨子而睢睢，而盱盱，而谁与居也。其后宽柔之弊流为惨刻，于是乎有名家之学，而申不害主之；有法家之说，而韩非主之。然则所谓名、法者，亦杨氏也。故韩非书有《喻老》《释老》，而《史记》以老、庄、申、韩同传也。——然则道德、名、法，即杨氏之分支也。……是以《史记》“六术”，道德、儒、墨、名、法、阴阳而无杨氏；《汉书》“九

① 原载《北京大学研究所国学门月刊》1925年第1卷第5期，第1—6页。署名“郑宾于”。

流”，儒、道、名、法、阴阳、墨、农、杂家、小说而亦无杨氏。不然，杨氏之说盛行于战国，甚于墨氏，何以其书不传于后，而班、马皆不知有此一家学乎？……是故性之犹杞柳，犹湍水，生之谓性，食色之谓性，皆杨氏之说也；舜之臣尧，禹之德衰，汤、武之放伐为弑君，皆杨氏之说也。……自汉以来，儒者皆知杨（墨）之为异端，而不细考杨（墨）之说，往往反采其言以释六经，以故其论多杂入于杨（墨）而释氏亦往往采杨（墨）之意以为言。由是杨（墨）之言盛行于世，而人莫知其杨、墨也。（《孟子事实录》卷下）

我们读了以上的话，知道杨朱之学流为“道德”“名”“法”，所以后世寂无传焉耳。但崔氏谓黄老即杨氏之说，未免太误。盖黄学自黄，老学自老，黄、老固未可合为一家也。《史记·儒林列传》：“及至孝景不任儒者，而窦太后又好黄、老之术，……及窦太后崩，武安侯田蚡为丞相，绌黄、老、刑、名百家之言。”黄老之说，当自此始矣。辕固生与黄生争论于景帝前，黄生曰：“汤武非受命，乃弑也。”辕固生曰：“不然！夫桀、纣虐乱，天下之心皆归汤、武。汤、武与天下之心而诛桀、纣；桀、纣之民，不为之使而归汤、武，汤、武不得已而立，非受命为何？”黄生曰：“冠虽敝，必加于首；履虽新，必关于足。何者？上下之分也。今桀、纣虽失道，然君上也；汤、武虽圣，臣下也。夫主有失行，臣不能正言匡过，以尊天子，反因过而诛之，代立践南面，非弑而何也？”（《汉书·儒林列传》同）此则世之所谓黄学，而即黄学之梗概也。其学合于窦太后而始见于“①马迁之《史记》；在汉世以

① 此处只有前引号，而无后引号，疑当是“司”字。

前，黄老之名且未有，又安能谓其即杨氏之说耶？（参看夏曾佑《中国历史教科书》）至于杨朱本身的学术思想，则略如胡适之先生《中国哲学史大纲》所述，而未能尽也。唐钺先生仅考而未阐明其学术思想之各方面，确是一件极大的恨事。

（一）杨朱的姓名字号

考《孟子》《荀子》《列子》三书皆作杨朱；《庄子》多作阳子居或与墨家并称作杨、墨；《吕氏春秋》作阳生。（《困学纪闻》引此作杨朱）究竟是不是一个人呢？《孟》《荀》《列》三书相同，固无论矣；今姑就《庄》《吕》二书之说来研究一下。

A.《庄子》杨、墨并称的。

1.《骈拇》“……而敝跬誉无用之言，非乎？而杨、墨是已。”成玄英疏云：“杨者，姓杨名朱，字子居”。陆德明《释文》引崔譔、李颐云：“杨朱（墨翟）也”。

2.《胠箧》“彼曾、史、杨、墨、师旷、工倕、离朱……”《疏》与《释文》皆无说，当是同于《骈拇》的。

3.《天地》“而杨墨乃使离跂自以为得……”《疏》云：“言杨朱（墨翟）……”

4.《徐无鬼》“庄子曰：‘然则儒、墨、杨、秉四，与夫子为五……”《疏》云：“杨名朱”。

B.《庄子》称阳子居的。

1.《山木》“阳子之宋，宿于逆旅……”《释文》引司马彪云：“杨朱也。”（注意此处作“杨”）《疏》云：“姓阳名朱，字子居。”

2.《应帝王》“阳子居见老聃曰……”《释文》引李颐云：

"居，名也；子，男子通称。"《疏》云："姓阳名朱，字子居。"

3.《寓言》"阳子南之沛，老聃西游于秦。"《释文》云："姓杨名朱，字子居。"（考抱经堂本《释文》作姓阳，名戎，字子居。唐氏谓为《外物》篇音义者，误也。）《疏》云："姓杨名朱，字子居"。（注意：此处皆易"阳"为"杨"）《列子·黄帝》篇竟作"杨朱南之沛"。张湛注云："庄子云：'杨子居。子居或即杨朱之字。"又《杨朱》篇首句张湛注云："或云字子居"。

C.《吕氏春秋》：

1.《不二》，"阳生贵已"。高诱注曰："孟子曰，'阳子拔一毛以利天下，弗为也。'"（注意：此处谓孟子作"阳"）

〔附〕《淮南子·泛论训》云："全性保真，不以物累形，杨子之所立也，而孟子非之。"高诱注云："孟子受业子思之门，成唐、虞、三代之德，叙诗书、孔子之意，塞杨、墨淫词，故非之也。"是则《淮南子》之所谓杨子，也就是《孟子》书中的杨朱了。

从以上各例看起来，则《庄子》书中之所谓阳子居与杨、墨之"杨"当然就是一人，决无疑义。凡《庄子》书言杨、墨或阳子居、陆德明都说杨、墨之杨是杨朱，阳子居之名亦是杨朱。其于《寓言》篇中作名戎的，盖有两种误处：（1）是板本①的错误：据抱经堂本陆氏作姓阳名戎，据《庄子集释》引陆氏《释文》，乃作姓杨名朱，字子居。匪特不作"戎"而作"朱"，亦且易"阳"为"杨"矣！（2）是陆氏自己的错误：陆氏释杨、墨之"杨"与杨子居处本非一次，其他数处皆云姓杨名朱字子居，惟于《寓言》释云名戎者，盖系笔误耳。其尤可注意者，《吕氏春秋》之"阳生贵已"，高诱引《孟子》云："阳子拔一毛以利天下，

① "板本"，现作"版本"。

弗为也。”一语来解释，可见古人之有易杨为阳或易阳为杨矣。

不特此也，《孟子·尽心上》云：“杨子取为我，拔一毛而利天下，不为也。”赵岐注云：“杨子杨朱也。”赵读杨子与下句墨子对文，此实大误，原孟子此处之作杨子取，亦犹庄子之或作阳子居耳。古人有字若符其名，其作“子居”或“子取”者，取其切音成“朱”字而已。可见杨朱之字子居——子取——竟与司马子长说庄周字子休的意义完全相同。（章太炎先生说南方称“蛮”称“闽”本由“髦”转。唐以前史籍皆作“马流”或作“马留”，今作“马来”，颇与我这种说法相似——章说见《国故论衡·语言缘起说》）

广韵“朱”字虞韵“照”纽；“子”字纸韵“精”纽；“居”字鱼韵“见”纽；“取”字麌韵“清”纽。（亦通虞韵）古音虞、鱼、模三韵通用无别，（其详见汪荣宝《歌、戈、鱼、虞、模古读考》）“照”纽读同“端”纽；“子”字虽属“精”纽齿音，却与“照”纽之舌音可以通转，古音原不如后世之拘拘也。所以“子取”之切音，或“子居”之切音皆为“朱”字者，也就是这个原故。唐钺先生却引汪中《老子考异》驳张湛名朱字子居之说云，古音“朱”字“端”纽侯韵，“居”字“见”纽鱼韵。“朱”与“居”之差别，如“歌”与“都”之差别一样。恐怕不对罢？（并不是说“居”音与“朱”音同，是说他的韵相同，而以“子”“居”二字切之也。）

然则何以杨朱之杨或作阳，子居或作子取呢？关于这一层，我且举出几个旁证来说明他。（1）西汉之杨雄，班固书作扬雄，实则郫县只有“杨”姓而无扬姓也。（2）A.《孟子》书中称“子莫执中”即《庄子·秋水》公孙龙问于魏牟曰之魏牟，与《战国策》中之魏公子牟也。（本孙诒让说）B.《孟子》书“宋牼将之

楚”之宋牼即《荀子·非十二子》“是墨翟、宋钘也”之宋钘也。（本杨倞说）

察于以上二说，则可知杨朱之作阳朱，亦犹扬雄之作杨雄；阳子居之作杨子取，实等于宋钘之作宋牼，魏公子牟之作子莫耳。其实姓名变迁的事情非常之多，如杞梁之一变而为纪梁，再变而为犯梁，三变而为杞梁，四变而为范杞梁，五变而为范杞郎，六变而为万喜良；赵呆之变为赵櫜，变为赵小；曾哀之变为“灯台”等等皆是：只要逐处留心，真是在在多有[①]了。古人同音之字多通用，形似之字尝互讹而不甚注意也。唐钺先生谓“强认阳子居为杨朱是魏末晋初人的勾当”之语，当然不能成立。因为《孟子》曾作杨子取而高诱又引《孟子》作阳子以释《吕氏春秋》之阳生故也。

现在我可以断定他的姓名字号是：

姓杨（或作阳）名朱，字子居（或作子取）。

（二）杨朱的乡里

杨朱究竟是何地人？经我几度考察之后，还不能明了的[②]下个解答。胡适之先生的《中国哲学史大纲》，号称善书矣，而于杨朱的乡里竟未提及，不知是什么原故？近时谢无量和赵兰坪的《中国哲学史》说杨朱是卫人，不知有何根据？——赵说似本于谢，因为谢说在前，而赵说袭其后也。意者，或因《庄子·寓言》有“阳子南之沛，老聃西游于秦，邀于郊，至于梁而遇老子”之

① “在在多有”，“在在有之”之意。语出［东晋］郭璞《葬经》：“父母子孙，本同一气，互相感召，如受鬼福，故天下名墓，在在有之。”在在：处处，到处。［宋］杨万里《诚斋集·二四·明发南屏》诗：“新晴在在野花香，过雨迢迢沙路长。”

② “的”，现多用“地”。

语，以秦在沛西，而卫在沛北，遂谓杨朱为卫人欤？

据《庄子疏》及《荀子注》，则杨朱有宋人、秦人二说：

A. 说杨朱是宋人的——

1.《庄子·骈拇》“骈于辩者，累瓦结绳，窜句游心于坚白同异之间，而敝跬誉无用之言非乎？而杨、墨是已。”成玄英疏云：“杨者，姓杨名朱，字子居，宋人也。”

B. 说杨朱是秦人的——

1.《庄子·山木》“阳子之宋，宿于逆旅。”（《韩非子》作过宋）成玄英疏云：“姓阳名朱，字子居，秦人也。”

2.《荀子·王霸》“杨朱哭衢涂曰，‘此夫过举跬步而觉跌千里者乎？’哀哭之。”杨倞注曰：“衢涂，歧路也。秦俗，以两为衢。”

秦俗以歧路为衢，故有杨朱哭衢涂之说，实乃极好的佐证。成玄英于《山木》则云秦人，于《骈拇》则云宋人，两说不同，当系笔误，似以秦人之说为允。若谓《骈拇》之杨非《山木》之阳子，则又何以皆说名朱字子居呢？至于谢、赵二氏之说其为卫人，那便是毫无根据的了。

（三）杨朱的年代

杨倞注《荀子·王霸篇》杨朱哭衢涂曰：“杨朱，战国时人，后于墨子，与墨子弟子禽滑釐辨论。”张湛《列子·杨朱篇》注亦云：“战国时人，后于墨子，杨朱与禽滑釐辨论。”是知杨朱确系战国时人。

胡适之先生《中国哲学史大纲》本杨朱与禽滑釐辨论之说，因谓杨朱的年代当在西历纪元前四四〇年与前三六〇年之间；赵兰坪《中国哲学史》谓其几与老子同时，为老子后辈，受老子之学。不知赵氏之所谓“几”者，究竟如何“几”法？同时就说同时，不同时就说不同时可耳，又何“几”“不几”之有？真是所谓无理取闹！谢无量《中国哲学史》则说“盖尝学于老子，或云后于墨子，莫能详也。”

愚案《吕氏春秋》《庄子》《孟子》等书，多以杨、墨并举，少以儒、墨并举也。（《吕氏春秋·善说篇》孔丘、墨翟，无地而为君，无官而为长。是以孔、墨并称的。《庄子·徐无鬼》名若儒、墨而凶矣。是以儒、墨并称的。然此实最少数。）谓儒、墨各以其学显而为世人并称的，始自《韩非子·显学》，其后司马子长常以儒、墨相提并论，于是沿用浸盛了。——大抵周末先秦之世，杨、墨之学甚盛，而儒说微弱不彰。时人几不知有儒说矣，故孟轲氏辞而辟之。到了后来，儒说大炽。而杨朱之说因分支而渐不入于世人之心，从表面上看去，似若杨朱之说已绝也。

考《庄子》《说苑》皆载杨朱见老聃事；且又尝与禽滑鳌辨论。其说似不虚妄。用此推之，则杨朱之生卒，当必上可以见老聃，而下可以及见禽滑鳌无疑也。考老子生当在西历纪元前五七〇年左右，其死时虽不可详知，（据《庄子·养生主》老聃死，秦失吊之，三号而出之语，则老聃亦有死也。）假定他至多活一二〇岁，大约当在西历纪元前四五〇年左右。

禽滑鳌之生卒虽不可考，以其曾为墨子弟子之故而推核之，其大概亦能知道，据胡氏《中国哲学史大纲》说，墨子生当西历纪元前五〇〇年至前四九〇年之间，其死时当在西历纪元前四二〇年至前四二六年之间，而禽滑鳌又是墨子弟子，故当必生于西历经元前四六〇年左右，死于前三八〇年左右也。

假定杨朱上可以见老聃之时在老聃未死以前之二十年左右

（西历纪元前四七〇年左右），而下可以与禽滑釐辨论之时在禽滑釐既生之后三十年左右（西历纪元前四三〇年左右）。又假定杨朱生二十岁而见老聃，八十岁而寿终正寝，则其生年当在西历纪元前四九〇年左右，其卒年当在西历纪元前四一〇年左右，而与禽滑釐辨论之时则须当西历纪元前四三〇年左右，其时杨朱之年才六十岁耳。固不得以杨朱曾与禽滑釐辨论之故，遂说他的年代在墨子之后也。

一九二五，十，十初稿；十，二五改稿，于保定。

公孙龙考[①]

据《史记》《汉志》《吕览》《淮南》等书所载，以及古今学者所说，则公孙龙似已有两个：其一是名家的公孙龙；其二便是孔仲尼的弟子。

以公孙龙为名家的，便说他是赵人，与孔穿、平原君等同时；以公孙龙为孔子弟子的，便说他是卫人，或魏人、楚人，与冉有、子贡等弟子同时。

所以《史记·孟子荀卿列传》既已叙说了公孙龙，而《仲尼弟子列传》又列着他底名字，《汉书·古今人表》便也照样地把他记录了。因此，后世的学者都必要咬断铁钉地说公孙龙是两个人。

历史上遗留下来的书籍关于公孙龙事迹的记载很少，纵有，亦不过止于寥寥数语而已，并没有详细地叙述。然则时至今日，我们要来讨论公孙龙究竟是一人或二人的问题岂不是一件不可能的事吗？

但是，细核《吕氏春秋》等书所记的结果，不禁使我对于“公孙龙是仲尼弟子”之说怀疑起来。其唯一的理由是：

诸书所载公孙龙的事迹、学术都是名家底人物，然毫没有与仲尼弟子有相关的记载。假如果然七十子中实有公孙龙其人者，仲尼为什么绝口不道？即谓虽然《论语》中也不尽有七十子之

① 原载《北京大学研究所国学门月刊》1926 年第 1 卷第 4 期，第 351—358 页。署名“郑宾于”。

名，而同时的记载为甚么也从不之及？今且将诸家说及公孙龙之学术与其时地商订之于左：

（1）谓公孙龙为言“坚白同异”之辩者：

《吕氏春秋·淫辞》云：“孔穿、公孙龙相与论于平原君所，深而辩，至于藏三牙（或云牙当作耳），公孙龙言藏之三牙甚辨，孔穿不应；少选，辞而出。明日，孔穿朝，平原君谓孔穿曰：‘昔者，公孙龙之言甚辩。’孔穿曰：‘然，几能令[1]藏三牙矣；虽然，难！愿得有问于君：谓藏三牙甚难，而实非也；谓藏两牙甚易，而实是也。不知君将从易而是者乎？将从难而非者乎？’平原君不应。明日，谓公孙龙曰：‘公无与孔穿辩。’高诱注曰：‘公孙龙、孔穿皆辨士也；论，相易夺也。’”

同篇又云：“空雄之遇，秦、赵相与约，约曰：‘自今以来，秦之所欲为，赵助之；赵之所欲为，秦助之。’居无几何，秦举兵攻魏，赵欲救之，秦王不说。使人让赵王曰：‘约曰，秦之所欲为，赵助之，赵之所欲为，秦助之。今秦欲攻魏而赵因欲救之，此非约也。’赵王以告平原君，平原君以告公孙龙，公孙龙曰：‘亦可以发使而让秦王曰，赵欲救之，今秦王独不助赵，此非约也。’”

《淮南·诠言训》云：“公孙龙粲于辞而贸名。”许慎注云“公孙龙以白马非马，冰不寒，炭不热，不论，故曰贸也。”

又《齐俗训》云：“公孙龙折（刘家立作折）辨抗辞，别同异，离坚白，不可与众同道也。”《天下》云：“桓团、公孙龙辨者之徒。”

《史记·孟子荀卿列传》云：“而赵亦有公孙龙为坚白同异之辨。”《平原君传》云：“公孙龙善为坚白之辨”。其记公孙龙之辩

① “今”应作“令”

也曰："虞卿欲以信陵君之存邯郸为平原君请封，公孙龙闻之，夜驾见平原君曰：'龙闻虞卿欲以信陵君之存邯郸为君请封，有之乎？'平原君曰：'然。'龙曰：'此甚不可！且王举君而相赵者，非以君之智能为赵国无有也；割东武城而封君者，非以君为有功也；而以国无勋，乃以君为亲戚故也。君受相印，不辞无能；割地，不言无攻者，亦以自为亲戚故也。今信陵君存邯郸而请封，是亲戚受城，而国人计功也，此甚不可！且虞卿操其两权：事成，操右券以责；事不成，以虚名听君，君必勿听也。'平原君遂不听虞卿。"

刘向《别录》曰："齐使邹衍过赵，平原君见公孙龙及其徒綦母子之属，论白马非马之辩以问邹子，邹子曰：'不可！彼天下之辨，有五胜三至，而辞正为下。辩者别殊类使不相害，序异端使不相乱，抒异通指，明其所谓，使人与知焉，不务相迷也；故胜者不失其所守，不胜者得其所求。若是，故辩可为也。及至烦文以相假，饰词以相惇，巧譬以相移，引人声使不得及其意，如此，害大道。夫缴纷争言而竞后息，不能无害君子，'坐皆称善。"

（2）以公孙龙为偃兵主义者：

《吕氏春秋·应言》云："公孙龙说燕昭王以偃兵，昭王曰：'甚然，寡人与客计之。'公孙龙曰：'窃意大王之弗为也。'王曰：'何故？'公孙龙曰：'日者，大王欲破齐，诸天下之士，其欲破齐者，大王尽养之；知齐之险阻要塞君臣之际者，大王尽养之；虽知而弗欲破者，大王犹若弗养；其卒，果破齐以为功！今大王曰："我甚取偃兵"，诸侯之士，在大王之本朝者，尽善用兵者也，臣是以知大王之弗为也。'王无以应。"

又《听言》云："公孙龙之说燕昭王以偃兵及应空洛之遇也，孔穿之议公孙龙，翟翦之难惠子之法，此四士者之议，皆多故矣，不可不独论。”

又《审应览》云："赵惠王谓公孙龙曰：‘寡人事偃兵十余年矣，而不成；兵不可偃乎？’公孙龙对曰：‘偃兵之意，兼爱天下之心也；兼爱天下，不可以虚名为也，必有其实。今蔺离石入秦，而王缟素出总；东攻齐得城，而王加膳置酒。秦得地而王出总，齐正地而王加膳，所非兼爱之心也，此偃兵之所以不成也。今有人于此，无礼慢而求敬，阿党不恭而求令，烦号敬变而求静，暴戾贪得而求定，虽黄帝犹若困。’”

（3）以公孙龙为好材能者：

《淮南·道应》云："昔者，公孙龙在赵之时，谓弟子曰：‘人而无能者，龙不能与游。’有客衣褐带索而见曰：‘臣能呼。’公孙龙顾谓弟子曰：‘门下故有能呼者乎？’对曰：‘无有！’公孙龙曰：‘与之弟子之籍。’后数日，往说燕王，至于河上，而航在一汜（许注：汜，水涯也。）使善呼者呼之，一呼而航来。”

上列（2）（3）两项，其细别虽然与（1）似有不同，然而从大体上说，则同是主辩，于他是“辩者”的根本学术并不牴牾。尤其是没杂有儒家的学术在内，所以不能说他是孔子的弟子。

然则从前的人们为甚么要说他是孔子的弟子呢？此其故，一误于司马迁之误认了庄子之文，而郑玄、班固……①之流又踵司马氏而附和之，相沿成了风尚，遂便以为实有两个公孙龙耳。

考《庄子·秋水篇》曰："公孙龙问于魏牟曰：‘龙少学先王之道，长而明仁义之行，合同异，离坚白，然不然，可不可，困百家之知，穷众口之辩，吾自以为至达已。’”百家之学，为有儒家才称先王，为有儒家才倡导仁义；今公孙龙自己说他“少学先王

① 此处的省略号多余。

之道，长而明仁义之行，”则是他的（读入声）确曾经学过儒家之学，毫无疑义；不过因为他后来的思想改变了，好为坚白同异之辩，遂把从前的学于儒家的先王之道，所明的仁义之行等都“一古儿”丢在脑后，所以他的学术思想前后判若两人，其实这完全与《淮南·要略》说“墨子学儒者之术，受孔子之业，以为其礼烦扰而不说，厚葬靡财而贫民，久服伤身而害事，故悖周道而用夏正”的事实全同。乃司马迁不从时间上着想，不从他的学术思想变迁上着想，遂以谓学先王之道、明仁义之行者为儒家底公孙龙，尚坚白同异之辩者为名家之公孙龙；班、郑以下诸人，又复漫不加考，哗然从而和之，于是乎以疑似之辞，遂成为定谳底事实，历时乃至二千余年！

顾前人对于公孙龙的籍贯问题，颇多异说，不仅析其时代与学术也；兹略述之：

1. 谓公孙龙是赵人而为坚白同异之说者，许叔重注《淮南子·齐俗训》云:“公孙龙，赵人，好分析诡异之言，以‘白’‘马’不得合为一物，离而为二也。”

2. 谓公孙龙为魏人者，高诱注《吕氏春秋·应言》云:“龙，魏人也。”

3. 谓公孙龙是楚人者，《史记·仲尼弟子列传》，裴骃《集解》，郑玄曰:“楚人。”

4. 谓公孙龙是卫人者，说见王肃《孔子家语》。

5. 以坚白同异之辩之公孙龙即《仲尼弟子列传》之公孙龙者，《史记·孟子荀卿列传》“而赵亦有公孙龙为坚白同异之辩”，司马贞《索隐》云:“龙即仲尼弟子也。此云赵人，《弟子传》作卫人，郑玄云楚人，各不能知其真；又下文云:‘并孔子同时，或云在其后，’所以知非别人也。”

上来五说，虽然各不相能，但皆以意立言，并不能有精审的论断，使我们有明白了解。

班固《汉书·艺文志·诸子略》名家类有“公孙龙子十四篇”，自注云:“赵人。”颜师古注云:“即为坚白之辩者。”王先谦《汉书补注》引王应麟曰：《史记》赵有公孙龙，为坚白同异之辩。《列子释文》:“龙字子秉，赵人。庄子谓惠子曰:‘儒、墨、杨、秉四，与夫子为五，果孰是耶?’秉，公孙龙也。”《淮南鸿烈》曰:“公孙龙粲于辞而贸名。”钱大昭曰:“张守节云：与邹衍同时。”而《古今人表》第四等（即中上）列有子石其人者，王先谦补注云引钱大昭曰:“‘即公孙龙’。梁玉绳曰:‘在平原门之公孙龙与子思玄孙孔穿同时，非此人’，先谦曰：见弟子传。”是一公孙龙，而或以为“名”或以为“儒”者矣。然而它（《古今人表》）的第六等（即中下）中又列有公孙龙矣？王先谦补注引梁玉绳云:“见《孟荀传》《赵策》《列子·仲尼篇》《庄子·秋水》《天下篇》。”则是又与第四等之子石有同者矣。若以公孙龙是两个，当然是应该两等分列了，何以都不列举其名，而乃“名”“字”彼此错出？班氏有此糊涂，所以后人便也任意瞎解。若谓公孙龙只是一个，也不该拆其“名”“字”而彼此分别？

梁玉绳《史记志疑》卷二十八，公孙龙字子石条辨云:“案《索隐》曰:‘《家语》或作宠，又云砻。’案字子石，则砻或非谬。考宠龙古通，而各处无作砻者，疑相承讹脱，抑省文通借，《白水碑》作公孙龙石矣。郑云楚人，《家语》作卫人，唐宋封爵从郑氏，至《索隐正义》，以赵人谈坚白者当之，则误甚。赵公孙龙在平原君门，与子思玄孙孔穿同时，安得以为孔子弟子？盖自以公孙砻为公孙龙，致有李代桃僵之说耳。”

顾炎武《日知录》卷二十六云:“《仲尼弟子传》,公孙龙,字子石,少孔子五十三岁。按《汉书注》,公孙龙,赵人。为坚白同异之说者,与平原君同时,去夫子近二百年,殆非也!且云少孔子五十三岁,则当田常伐鲁之年仅十三四岁耳。而曰:‘子张、子石请行’,岂甘罗外黄舍人儿之比乎?”

朱彝尊《曝书亭集·孔子弟子考》曰:“楚公孙子龙,字子石,少孔子五十三岁,唐赠黄伯,宋赠枝江侯。按《家语》称龙卫人,然唐宋追封皆楚地,盖从北海郑氏之说。若为坚白异同之论者,乃赵人;乐正子舆谓其‘行无师,学无友。’非孔子弟子可知。”

崔觯甫(適)《史记探源》卷七《孟子荀卿列传》条云:“案赵亦有公孙龙者,别于《仲尼弟子列传》之公孙龙也。彼传不言为坚白同异之辩,此传不言字子石,则非一人明矣。《索隐》误谓一人以篇末‘或曰并孔子时’为证。不思又云‘或曰在其后。’不仍非一人之证乎?且此二句上承自孟子至吁子而言,孟子梁惠齐宣时人,公孙龙与邹衍同时,李悝仕魏文侯,尸子系卫鞅客,剧子、长卢、吁子、墨翟皆可类推,太史公岂有谓其并孔子时之理?此二句必是后人旁记误入正文耳,当删之。”

从以上诸说推论下来,我的断定是:公孙龙一定是赵人,《孟子荀卿列传》之说是可信的;他绝对不是孔子的弟子,因为他们的年代太不相及了,与平原君、孔穿等人同时亦是万不会有错误的。现在姑以梁玉绳之说为断,则在《仲尼弟子列传》者应作公孙砻,字子石。而为坚白同异之论者,应该是公孙龙,字子秉。

《庄子·徐无鬼篇》曰:“儒、墨、杨、秉四,与夫子为五。”《列子·仲尼篇·释文》曰:“公孙龙,字子秉”,王应麟《困学纪闻》曰:“秉谓公孙龙也。”前人往往以秉与诸家并称，可见他必是在诸家之外另一学派；若他竟是儒家，则实无相提并论之可能。所以《释文》说公孙龙字子秉，王应麟说秉即是公孙龙，都要算是确当之论了。

且也，《吕氏春秋·有度》云:“孔墨（并举）之弟子徒属充满天下，皆以仁义之术教导于天下。”今公孙龙用以行于世之学术乃是坚白同异之辨，而非是以“仁义”，则其不为仲尼弟子益可知矣。

前既言之矣：自误认《庄子·秋水》之言，而诸家乖舛之说，纷然代兴。至有或以为魏人，或以为卫人，或以为楚人，或以为赵人。同是一人也，或以为仲尼弟子，或以为是辩者之徒。此文只注意在求名家的公孙龙为何如人，所以于此等说都概不置辨。

杨简在曰:“《仲尼弟子传》多不可据。”我愿意讨论此问题的人千万勿泥于司马氏也。（简在名宁，江陵人，说见《日知录》卷二十六注引）

附录：

因为《韩非子·显学》篇儒分为八，有“有公孙氏之儒”之语，所以有些人或以公孙段当之，或以公孙龙当之，或以公孙尼当之。然此说之于公孙龙似已颇有瓜葛，故我采摘关于此二说之辨论的文字作为附录。

又：《汉志》儒家既有《公孙尼子》二十八篇，而难道又有《公孙尼》一篇，杨树达于杂道《公孙尼》一篇下云:“树达按此别一公孙尼，与儒家公孙尼别，此盖汉人。”予窃疑皆只一公孙尼耳，不过因班固见其篇中所论显有以异于前列儒家之二十八篇，所以把它提出来置之杂家。此与《诸子略》中既已有了《荀子》，而《诗赋略》中又复列着荀卿的赋一样，并没有旁的特别。

(1) 朱竹垞《曝书亭集·孔子弟子考》公孙段条：

韩非曰，孔子之后，儒分为八：有子张氏，子思氏，颜氏，孟氏，漆雕氏，仲良氏，公孙氏，乐正氏之儒。陶潜曰：“颜氏传《诗》为道，为讽谏之儒；孟氏传《书》为道，为疏通致远之儒；漆雕氏传《礼》为道，为恭俭庄敬之儒；仲良氏传《乐》为道，以和阴阳，为移风易俗之儒；乐正氏传《春秋》为道，为属辞比事之儒；公孙氏传《易》为道，为洁静精微之儒。”按儒分为八，其一公孙氏，传《易》者也，《群辅录》有明徵，而未详其名。考《晋书》太康二年，汲郡人不准发魏王冢，得行书《易》五篇，公孙段与邵陟论《易》二篇，此则公孙氏之《易》矣。或疑公孙氏为龙，龙字子石，虽在七十子之列，不闻传《易》。若赵人名龙者，字子秉，故庄子谓惠子曰：“儒、墨、杨、秉四，与夫子为五，果孰是耶?”所云秉者，龙也。诡辞数万，骋坚白同异之辨，初非孔氏弟子；小司马《史记索隐》误认为一人。今考定传《易》者为公孙段；若郑大夫字白石者，又一人也。

(2) 杨树达《汉书补注补正》“《公孙尼子》二十八篇”条：

树达按《春秋繁露·循天之道》篇引公孙之《养气》曰：“里藏泰实，则气不通；泰虚，则气不足；热甚，则气□；寒甚，则气□；泰劳，则气不入；泰逸，则气宛至；怒，则气高；喜，则气散；忧，则气狂；惧，则气慑；凡此十者，气之害也。而皆生于不中和。故君子怒，则反中自说以和；喜，则反中而攻之以正；忧，则反中而舒之以意；惧，则反中而实之以精。”孙诒让据《御览》四百六十七引定为《公孙尼子》文，是也。又按《韩非子·显学》篇云："孔子死后，儒分为八……有公孙氏之儒"盖即尼子。

十五年十月六日，力疾作于福州协和大学。

永平十年以前流入中国之佛教

自来谈佛教者，皆止于东汉明帝永平十年（西历六七年），前此莫之能考。据书籍所载，则前乎此一千零九十年（当周昭王二十二年，据《隋唐·经籍志》）之时，中国人已知西方有佛；及周穆王时，文殊目莲来化，已有僧人入中国；周平王时，天竺沙门赍经律来华；秦始皇时，佛经已入中国。汉武帝时，又得佛像。刘向校书，已有佛经。自是而后，史不绝书。是知佛之入中国也，不必始于明帝永平十年矣。

原夫永平十年以前，虽有佛书，已遭亡失[①]（本《隋志》），但有记载而已。言佛之士，罔用深考，止于《四十二章》而止。盖虽有记载而无书籍，关系不切肌肤，是以弃而弗语。盖治佛教史者如梁启超君，犹曰“佛法之入震旦也，据别史所言，或谓秦时与宝利防等交通，西汉时从匈奴得金人，实为我国知有佛之嚆矢。真伪第弗深考，其见于正史，信而有据者，则东汉明帝永平十年，西印度之摄摩腾竺法兰两师，应诏赍经而至，于是佛之教义始东被。”夏曾祐[②]《中国历史教科书》引《后汉书·西域传》，益信明帝遣使蔡愔等至天竺问佛道法，遂于中国图画形象之说，而谓此为中国通天竺信佛教之始。此最可注意者，则夏氏之说别于梁氏。梁氏谓永平十年为佛教东被之始；夏氏则谓永平十年为中国信佛教之始。佛教之“始东被”，与“始信佛教”相去亦远

① “亡失”或作“亡佚”。

② 夏曾祐，一作夏曾佑。

矣，岂可认为同调耶？

予今上考自周昭王二十二年，下止于东汉明帝永平十年，中更西周、东周、春秋、战国、秦、汉数世，凡一千零九十年（纪元前一〇二三至纪元六七年），稽诸古籍，得知佛教入中国之始末者，凡数十条，列举于次，庶免凭虚云尔。

（一）周昭王时已知西方有佛说

A.《周书记异》云："周昭王即位二十四年（纪元前一〇二一[1]年），甲寅岁，四月八日，江河泉地忽然泛涨，井水并皆溢出，宫殿人舍，山川大地，咸悉震动。其夜五色光气入贯太微，遍于四方，尽作青红色。周昭王问太史苏繇曰：'是何祥也？'苏繇对曰：'有圣人生在西方，故现此瑞。'昭王曰：'于天下何如？'苏繇曰：'即时无他，一千年外，声教被此土。'昭王即遣镌石记之，埋在南郊天祠前。当此之时，佛生王宫壬申之年，十九出家。"（《续古今佛道论衡》引。）

B.《汉法本内传》引国子博士王遵对明帝问曰："臣案《周书记异》云，周昭王时有圣人出西方，太史苏繇对曰："'所纪一千年时，声教被此土。'陛下所梦，必当是之。"（同上。）

C.《论衡》云："周昭王二十四年（《隋书·经籍志》作二十二年），甲寅岁，四月八日，井泉溢，宫殿震，夜恒星不见。太史苏繇占西方圣人生。"

以上三说，皆谓周昭王时太史苏繇即知西方有佛，此说尤见汉人征引，不可一概蔑视也。金履祥修《通鉴前编》，即本此说

① 应为"公元前972年"，下文的"甲寅岁"亦不可靠。一说《周书记异》（《周书异记》）为伪书。

采入其中，自是以后，所谓编年之正史者，已有斯说矣。

（二）周穆王时之佛说及僧人之来化

A.《周书记异》云："周穆王即位三十二年（纪元前九七〇[①]年），见西方所有光气，先问苏由所记，知西方有圣人处化。穆王不达其理，恐非周道所宜。令相国吕侯西入会诸侯于涂山，以禳光变。"（《续古今佛道论衡》引。）

B. 周穆王即位五十二年（纪元前九五二年），壬申岁，二月十五日，平旦。暴风忽起，废损人舍，伤折树木，山川大地皆悉震动。午后天阴黑，西方有白虹作十二道，南北通过，连夜不灭。穆王问太史扈多曰："是何征也？"扈多对曰："西方有圣人'灭度'，衰相现也。"穆王大悦曰："朕常惧于彼，今将灭度，朕何忧也。"（《续古今佛道论衡》引《周书记异》。）

C. 《翻译名义集》云："周穆王时，文殊目莲来化，穆王从之。"

此可注意者二说：第一，穆王恐佛非周道所宜，故命吕侯会诸侯于涂山以禳光变；俟闻扈多言佛灭度，衰相已见，于是大喜。可知在穆王之时，视佛为妖妄，初非有信仰之意也。第二，则其时已有文殊目莲来化，穆王从之，此事当必在其后也。《翻译名义集》未著年代，以故不得而详。以二说相参，则知穆王心甚厌佛，所以佛教不得盛行耳。虽从目莲之化，要亦不过面从心远。佛之所以衰微于此时者，其非大故哉。

---

① 应为"公元前945年"，下文为"公元前925年"。

（三）周平王时之佛书

A. 宋释法显《佛国记》云："僧问法显，'佛法东过，其始可知耶？'显云：'访问彼土人，皆云"古老相传，自弥勒菩萨像后，便有天竺沙门赍经律过此河者"，像立在佛泥洹后三百许年（纪元前七七〇年），计于周氏平王时。'由兹而立，大教宣流，始自此像。"

周平王时佛教东被，在宋时固已有此传说，其先固已有弥勒菩萨像入中国也。

（四）春秋时之佛说

A.《列子·仲尼》篇云："孔子动容有问曰：'西方之人，有圣人者焉，不治而不乱，不言而自信，不化而自行，荡荡乎民无能名焉？丘疑其为圣，弗知其真为圣欤？'"

按《列子》所载，孔子之言，未必即是指佛；其言西方圣人，亦固有相侔者。引此言以证明春秋时有佛者，始于罗璧《识遗》，俟后日本境野哲著《中华佛教史》因之，而谓"列子多假托之言，或由后世搀入，不堪征信。"虽然，此说谓《列子》书非列子自著则可，若谓因非列子自著而并其说亦屏弃之，斯不可也。予兹仍存其说，取备证焉。

（五）秦时之佛书

A.《隋书·经籍志》论佛书云："推寻典籍，自汉已上，中国未传；或云久已流布，遭秦之世，所以湮灭。"

B. 朱士行《经录》云："秦王政四年（纪元前二四三），西域沙门室利防等十八人（室利防一作宝利防，一作释防利①），始赍佛经来华，王怪其状，捕之狱，旋放逐于国外。”（按朱士行或作朱子行，于魏高贵乡公甘露五年往于阗国得《放光般若经》梵本。）

C. 佛灭后一二百年，其势力便已及于印度之西北境外。佛灭二百年后，以阿育大王的热心信仰和传布，由锡兰岛西及于叙利亚、埃及，中国之接触于佛教的势力，似乎也始于这时。有人说秦始皇在西方所得之僧，是阿育王的传道师。（《新文化辞书》）

D. 中国之名震旦，约自秦始。震旦之名有二说：一曰，震为东方，旦言日出，犹言日之所从出也。一曰，“震”“秦”音近，旦者日出地上之义，秦地在东，故言“震旦”耳。若如后说，则“震旦”殆即秦时之号。（此说似见某书，今不记忆）

秦时非为仅有佛像，亦且有僧有经。《隋志》之说，必有所本，决非妄作。上云秦时有佛，固非妄语者也。

（六）汉武［帝］时之金人（佛）

A.《魏书·释老志》云：“按武帝元狩中（武帝元狩二年纪元前一二一年），遣霍去病讨匈奴，获昆邪王，杀休屠王，获其金人，帝以为大神，列于甘泉宫。金人率长丈余，不祭祀，但烧香礼拜而已。此则佛教流通之渐也。”（《汉武故事》所记与此同）

B. 又云：“及开西域，遣张骞使大夏还，传其旁有身毒国，一名天竺。始闻有浮图之教。”（《隋志》亦云，其后张骞使西域，盖闻有浮图之教）

① 室利防为 Sribandhu 的译音。既如此，“宝利防”当为“实利防”，“室”“实”“释”方可同音。“释防利”亦当作“释利防”。

C.《霍去病传》载霍去病收休屠登天金人。张晏曰："佛徒祀金人也。"颜师古曰："今佛像是也。"

汉武帝时之有佛像说，根深蒂固，不可推移，惜乎未尝考得此时有否经典输入也。

（七）汉宣帝时之佛

A. 叶水心《习学记言》记王褒戒诸子以儒家道家释氏，虽为教等差，而义归汲引。（《宋元学案·水心学案》上引）

按王褒字子渊，蜀郡资中人也，宣帝时待诏，擢为谏议大夫，曾修《武帝故事》，有集五卷行世，则其说固有信而无疑矣。且当时"儒""道""佛"三者并行，可知"佛教"势力渐盛。然而叶氏不信其说，辟之曰，"使佛学已出于汉，则太史公亦更增入一家，譬若区种草木，不知天地正性，竟复何在？然则如韩愈知识，乃是数百年而一有。豪杰之士，何其难也。"叶氏辟之虽当于理，其奈王褒当时实有此种事实何？苟其无之，则王褒岂能预知其事，故为书以戒子乎？是则叶氏之辟为不通矣。①

（八）汉成帝时之佛经

A.《法苑珠林》引刘向《列仙传》云："其七十四人已见佛经。"许观《东斋记事》及《佛祖统记》等书皆引此文。阮孝绪《七录序》谓武帝后三四十年成帝时，刘向清理朝廷书籍，编成目录，其中已有佛经等语。

---

① 此为该文上部。原载《京报副刊》第52号，"民国十四年二月五日（即乙丑年正月十三日）星期四"出版，第33—35页。署名"郑孝观"。同日刊发的文章有：礑礑《制育的理论与实际》、廖仲潜《春心的美伴》（二）、益清《除夕》、龚珏《无聊》、周素倩《与湛庐先生论炕》。

按刘向《列仙传》一书，世多有言其伪者，然亦固有《伪列仙传》也。但刘氏之真《列仙传》犹有行于人间者，未可一概忽视也。清洪颐煊序郝兰皋《列仙传校正》，已一一证明其真而非伪，此疑固可冰释矣。（见郝氏丛书本《列仙传序》）朱士行《开元录》《贞元录》等书，言有释防利所赍之《古经录》一卷，刘向校书时《经录》一卷，摩腾竺法兰之汉时《佛经目录》一卷等等，其书虽不足信，其言固自有因也。

（九）汉哀帝时之佛经

A. 鱼豢《魏略·西夷传》曰："哀帝元寿元年（纪元前二年），博士弟子景卢受大月氏王使伊存口传《休屠经》。"

B.《魏书·释老志》云："哀帝元寿元年，博士弟子秦景宪受大月氏王使伊存口授《浮屠经》，中土闻之，未之信了也。"

C.《隋书·经籍志》云："哀帝时，博士弟子秦景等使伊存口授《浮屠》，中土闻之，未之信也。"

此处有异者二事：其一，《魏略》之博士弟子景卢，《魏书》作秦景宪，《隋志》作秦景；《魏略》之《休屠经》，《魏书》作《浮屠经》，《隋志》虽无经字，固与《魏书》同。"休""浮"叠韵字，固无大异，景卢、秦景宪、秦景三名，彼此互有脱误，要是一人无疑矣。《中华佛教史》谓"《魏书》所载，概可征信，月氏王口授景宪浮图经事亦可信。"而谓"武帝时降昆邪王得佛像事尚须思考，其时佛教已能由印度至昆邪王地否？"夫两地毗连，交通自乃意中事耳，又安知其不能至昆邪王地耶？且既谓诸书所载之言可征信矣，而又云尚须思考，岂非自为矛盾？由兹以谈，则三书所记，信不诬也。

据《后汉书·西域传》、梁慧皎《高僧传》、《魏书·释老志》、《隋书·经籍志》等载后汉孝明帝夜梦金人顶有白光，飞行殿庭，乃访群臣以占所梦，傅毅始以佛对，谓其出于天竺。帝遣郎中蔡愔，博士弟子秦景等使于天竺，写《浮屠遗范》（《隋志》及《高僧传》作《四十二章经》）。愔乃与沙门摄摩腾竺法兰还洛阳。中国有沙门及跪拜之法，自此始也。许观《东斋记事》曰："使明帝之前未有佛书，则傅毅对明帝所言，何从得而知之。善哉乎，许氏之言，诚笃论也。夫明帝之言曾为此梦，固非真梦也。必如高宗之梦得傅说，西伯之梦得吕尚耳。必也心已倾慕于佛，欲遂为之，而恐见阻于大臣，故计托诸梦昧，以示奇异，故事如此者屡矣。"人君以此欺下，人臣以此迎上，互相为用，而其事乃得以逞。是故汉明帝以其已知之佛托之于梦，而傅毅又以所知之佛以解梦。

窃谓汉世书籍多在兰台，傅毅曾为兰台令史，刘向校书，自必得阅，想当时固有存者也。以故明帝有问，而傅毅即指名为佛而不疑。其言定有依据，固非想象之词也。不然，傅毅非有前知之明，安能据子虚之梦，而确知天竺有佛？是知佛之入中国不始于明帝而在其前也，无疑义矣。

梁启超君谓见于正史，信而有征者，厥为在东汉明帝永平十年。予不知《汉书·霍去病传》《魏书·释老志》《隋书·经籍志》、鱼豢《魏略》等书是否正史？是否可信？王充《论衡》《翻译名义集》、慧皎《高僧传》、法显《佛国记》、王褒《戒子语》、阮孝绪《七录》诸说，是否可比正史？是否可信？以予观之，其价值正不减于正史也。所举数十条，虽未全得，要自有其成立之价值，未可以为不足据而抹杀之。

《中华佛教史》谓"中国知有'佛教'，当系武帝通西域后，明帝时，天竺人亲来中国，朝廷尊之，而遗风说于后世者也。而实际之中国佛教史则发端于明帝永平十年以后八十年之世高娄迦谶时。”此说后半平允，前半则未及深考。夏曾佑氏谓明帝永平十年之世为中国信佛之始，诚哉笃论。盖周穆王畏佛，秦始皇捕僧，历遭压抑，几于垂绝，安见其能有信从之事？佛教先时之所以未盛，佛书之所以不传，皆根于此矣！“上有好者，下必甚焉”，“佛教”之兴于中国，实自明帝启之也。

意吾国古籍中载佛教流入中国之事者，当不止此，谫陋如予，未能一一举正，至觉汗颜。然力止于此，何敢进索。虽有知足之善，难免河伯之讥。怀远汲深，云何能及。

此固非敢云文章也，止于胪陈例证，以为谈学之一助而已。

此文乃予在“三必会”中之讲演稿：讲演既毕，毛君体六（坤）以《释迦牟尼生灭之年代表》见示，毛君乃研究宗教之学者，现住北京大学哲学系。毛君为存学术上之忠厚计，曾告我曰：“此表系依据尹赞勋译之钢男爵《释迦牟尼之年代》，及舟桥水哉《小乘佛教史》中《佛灭之年代》（慧圆居士译）二文为蓝本。”兹并将此表附列于后，用备参考焉。

十四年一月十九日。

△释迦牟尼生灭之年代表

释迦牟尼生灭之年代，说法至多，我们看书极少，也不能决定谁是谁非。将各家异说，胪列于后，取其较通行者可耳。

生年		灭年		所据之书或人言
西历（前）	中历	西历（前）	中历	
一〇二四	周昭王二四年甲寅四月八日			周书记异
九五〇	周穆王 52 年壬申二月十五日			周书记异
一〇二四	周昭王二四年甲寅之岁			法本内传
一〇二四	周昭王二四年四月八日	九五〇	穆王五十二年二月十五日	魏书
一〇二四	甲寅四月八日			南岳愿文
一〇二四	周昭王甲寅之岁			辅行
一〇二四	周昭王甲寅岁	九五〇	穆王壬申	法琳
七一六	周桓王乙丑			石柱铭
一一九七	殷武乙甲午（甲子）			法显法师传
七五三	周平王戊子			像正记
一八〇〇	夏傑①世			南山感通传
四六七	贞定王甲戌			众圣点记
六八七	周庄十年			开皇三宝录王简栖头陀寺记

① “傑”疑为“桀”。

续表

生年		灭年		所据之书或人言
西历（前）	中历	西历（前）	中历	
		四八六		广东传记
		二四二二		西藏佛教徒 Koros
		二一四八		同上
		二一三五		同上
		二一三九		同上
		一三一〇		同上
		七五二		同上
		六五三		同上
		五四六		同上
		八八〇		同上
		八三七		同上
		五七六		同上
		八八四		同上
		一〇六〇		同上
		八八二		同上
		五四三		锡兰和暹罗的佛教徒
		五五〇—四八〇		欧洲学者公认
		四八〇—四八八		十年前欧洲学者
		五四三	周景王二年孔子生后八年	今日欧洲学者倾向
		六〇九	匡王四年二月十五	历代三宝记费长房

续表

生年		灭年		所据之书或人言
西历（前）	中历	西历（前）	中历	
		四七九		籐井宣正佛教小史
		四七七		Max Muller
		四七〇		利里氏
		四四二		缅甸所传
		四三〇—四二〇		□□[1]博士印度宗教史考
		四〇〇		拉斯之说
		三七〇		克引及威士达之佛灭年代考

以上说法很多，总括起来，大概可归为三组：

a. 中国方面以纪元前1000年左右为多；

b. 西藏方面有纪元前1000年以上很远者；

c. 西洋学者所考以纪元前500年左右为多。

三者之中以c说为可靠。其理由是以阿育王为标准，依历史上考来佛灭至阿育之结集在前二五〇年左右。锡兰岛佛教传入较早在纪元前三世纪，中国在纪元后一世纪，西藏则更晚矣。西人之所考与锡兰传说相合。关于释迦牟尼之一生和教义的事件，以锡兰岛所记载为最确当，编辑早来锡兰的佛教文学时那些事件记

① 两字模糊，据吕澂《佛教研究法》，《印度宗教史考》为姊崎博士所著，“西纪一八九九年版”。该著又云：“印度宗教史考 一卷 姊崎正治著（西纪一八九八年）。”两说的出版时间有异。

忆的一定比当佛教传于印度以北各国时清楚的多。愈后传说愈前，此为宗教信仰上之常事。

十四年一月十一日，毛坤记。①

---

① 此为该文的下部。发表于《京报副刊》第53号，“民国十四年二月六日（即乙丑年正月十四日）星期五”出版，第41—44页。署名“郑孝观”。同日发表的文章有：魏建功《琐碎的记载清故宫》（一）、廖仲潜《春心的美伴》（三）、琴心《夕阳染就的春林》、汪震《杨鸿烈先生的逻辑》、杨鸿烈《答汪震先生》、段思召《无题的通信》、文童《欢迎齐抚万茂才》。毛坤（1900—1960），现代图书馆学家和目录学家。字良坤，号体六，又号铁炉。四川宜宾人。早年毕业于省立成都师范学校。1923年考入北京大学哲学系，中途曾转学于武昌文华大学图书科。毕业时获文学学士学位，旋即赴文华图书馆学专科学校执教，教授中国目录学和中文图书编目法等。历任武昌文华图书馆学专科学校助教、讲师、副教授、教授，并曾任教务长。抗日战争结束后，受聘于四川大学，任教授兼图书馆馆长。著有《中国目录学》《中外目录学与目录学家》《图书馆趋势》《大学图书馆问题》等。

孟姜女故事研究

◇《畿辅通志》中的孟姜女
◇孟姜女在《元曲选》中的传说
◇《广列女传》中的杞植妻和杞梁妻
◇《哭泉孟姜女祠记》及其他

《畿辅通志》中的孟姜女[①]

颉刚兄：

在我已经读过的诗文之中，觉得很有许多关于孟姜女的故事，屡思记录下来，用备足下参考，怎奈自己的琐屑事情太多，未能如愿，实在有些不舒服。近因作《刘爷与刘爷庙》一篇文字，检阅《畿辅通志》，无意中发现关于孟姜女的材料数则，用特录陈，以资采择。

一、安肃县的孟姜女祠。《畿辅通志》载县志云："在县北关西隅。祠不知建于何时，明正德间，邑知县张镇为之立石，邑人郑昱作记。至隆庆间，邑知县周以庠因踏勘永[②]灾，于乱砖内得一石碣，上刻《姜女庙记》，乃是祥符年号，于是具牒申请，竖碑于庙，并置杞梁木主，——今改范郎——颜其堂曰忠节堂。"

郑昱《新建孟姜女庙记》云："距县治北里许，有村，居通衢西，曰小新安者，莫知其所从始，世传为孟姜女故里，有濯衣塘并祠址存于其侧，乡人重其节而香火焉。虽清风高节，今古不朽，然不过口碑而已，未尝有文以载其颠末。正德己卯岁（西历[③]一五一九），河南临漳张侯镇，字[④]殿之，来君是邑。政暇，每欲搜剔古迹以永其传，乃得孟姜女祠于是，而责昱以考其实。昱每阅

---

① 原载《歌谣周刊》第93号，第5—7版，1925年5月31号出版。顾颉刚《孟姜女故事研究集·孟姜女故事研究集第三册》（王煦华整理，上海古籍出版社1984年版。以下简称"王本"），第219—222页。

② "永"，王本作"水"。

③ "西历"，王本作"公元"。下同。

④ "字"，王本作"宇"。

之，经传不多见，独《皇明志》有曰：'孟姜女本陕之同官人，秦时，以夫死长城，自负遗骨以葬于县北三里许，死石穴中。'尝考同官，秦之附近邑也，去吾邑二千余里，此处何得有祠址？或秦人长城之役延引于此，姜女寻夫，道经肃邑，乡人感化，此祠之所以建而世之所以传也。夫孟姜以一妇人，不避艰险，不为苟死，而必负夫骨同归故里，始殒厥身，其志节可以贯金石，薄云天矣！"（下略）

李鸿章等在此记后附书云："谨按，今永平府临榆县东有烈女祠，亦云祀孟姜女，说详吴县张埙诗序。而《安肃县志》载此祠，亦傅会为杞梁之妻。或曰：'秦时筑长城范郎之妻，与临榆县姜女庙事仿佛。'考郑昱所撰碑记引《明志》，谓姜女陕之同官人，绝非杞梁之妻，亦无所谓范郎者，则与杞梁妻及临榆之姜女事绝不相涉，不知何以置杞梁主于祠，后复改范郎？祀典之亵乱甚矣！今仍依县志编次，特加辨误于后云。"

二、山海关外之烈女祠。《畿辅通志》载《雍正志》云："烈女祠在山海关外八里望夫石巅，祀孟姜女。明万历二十二年（西历一五九四），山海道副使范志完重修增龛：以榆关列女十九人附祀。"

程观颐《重修贞女祠记略》云："孟姜女者，产嬴季，姓许氏，于归范郎，未久而夫就役于长城，遂已殁于军。姜女足迹万里，终得夫骸，竟枕石于海滨云。土人为立祠享之。……而姜女以一女子，致令天鉴贞烈，排岸颓城，直足夺始皇之气而抗其威。"（下略）

张埙诗并序："传以齐侯遇杞梁之妻，吊诸其室。杜预注：'梁战死，妻行迎丧。'记以华周、杞梁之妻善哭其夫。赵岐注：'二人，齐大夫，死于戎事，其妻哭之哀，城为之崩。'《水经注》引

《琴操》云：'植死，妻援琴作歌曰："乐莫乐兮新相知，悲莫悲兮生别离。"哀感皇天，城为之堕。植者，又曰杞梁植也。又古乐府有《杞梁妻》，或曰杞梁妻妹朝日所作。梁战死，妻抗声长哭，杞都城感之而颓，遂投水死；其妹悲姊之贞，乃作歌也。后来小说谓秦始皇时，有女姓姜氏，夫姓范氏，名杞梁，死于筑长城；妻哭之，城崩。今考筑长城始于赵武灵王。届始皇三十三年（西历纪元前二一四），蒙恬筑长城，起自临洮，东暨辽海，西并阴山，以防匈奴。昼警夜作，死者相属，故民歌曰："生男慎勿举，生女哺用铺。不见长城下，尸骸相支拄！"临榆在辽海之畔，长城旧址之说不妄。姜女当与杞梁妻别是一人，但夫姓范，又名杞梁，则村俚之傅会耳。此其贞义足可风世，赋诗志之：

老龙头说古长城，孤冢犹传贞妇名。
齐国不曾封①石窖；秦皇空自筑怀清！
庙中春草存整②鬟髻；岛上东风是哭声。
填海冤禽③填不了，年年岁岁可怜情！

三、《河南通志》中的《杞梁妻考》。此亦《畿辅通志》所引。文云："按长城，秦王所筑以备此④边者。前此赵武灵王既好戎服，自代并阴山下至高阙为塞。山下有长城，战国武灵王所筑也。子史诸录并无妇哭城崩之事。《列女传》云：'齐庄公袭莒，杞殖战而死。其妻无所归，乃枕其夫之尸于城下而哭，十日而城

① "封"，王本作"对"。
② "整"，王本无。
③ "禽"，王本作"情"。
④ "此"，王本作"北"。

为之崩。既葬，遂投淄水死。’乐府《琴操》有《杞梁妻歌》。案崔豹《古今注》：‘杞植[①]妻妹朝日之所作也。殖战死，妻抗声长哭，杞都城感之而颓，遂投水死。其妹悲姊之贞，乃作歌，名曰《杞梁妻》焉。梁，殖之子也。’殖，春秋时人，距赵及秦筑城时，不啻数百年；《列女传》及《乐府注》所谓城崩，乃杞都城，非长城也。秦赵所筑，去楚数千里，风马牛不相及。唐僧贯休赋《杞梁妻》云：‘秦之无道兮四海枯，筑长城兮遮北途。筑人筑土一万里，杞梁贞妇啼呜呜。上无父兮中无夫，下无子兮孤复孤。一号城悲塞色苦，再号杞梁骨出土。疲魂饥魄相逐归，陌上少年莫相非！’二事合而成调，未知何据。”

上面几段事迹，全是在《畿辅通志》里面钞来的，不过也可由此而知道安肃、临榆、河南等处都有孟姜女的庙和传说的不同罢了。至于他的真正事迹和里居姓名，我以为不是我的责任，还与足下罢。

此外顾炎武《日知录》卷二十五有《杞梁妻》一篇考证，兹不录了，因为此文足下一定看过。

弟郑孝观自保定育德中学校。

十四，五，一。

颉刚案，我的研究孟姜女故事的兴致，纵的方面由《诗经》“彼美孟姜”引起，横的方面实由《燕楚游骖录》徐水县（即安肃，民国三年改）孟姜庙条引起。去年夏间，偶翻《游骖录》，得见所引《畿辅通志》诸条，使我知道各地的孟姜女故事尽有不同，因此激发我着手整理的野心。今承郑先生的好意，在《畿辅

① 此处“植”当作“殖”，参照引文后半部分可知。

通志》中钞了与我，极感。

徐水县的孟姜女故里，有濯衣塘，有祠宇，都是很好的材料。郑先生住在保定，保定离徐水很近，何不搭了京汉车去看一下呢？如能带了照相镜去照几张寄来，那是更好了！

孟姜女在《元曲选》中的传说[①]

自来传说孟姜女的故事的，虽有种种的不同，鄙意都可分为两派：一为俚歌鼓词之流，一则文词诗曲是也。俚歌鼓词，行于一般民间；文词诗曲，出诸文士笔下。孟姜女的故事之关于前者，《歌谣周刊》已揭载不少；至于后者，则文诗词中之传说亦见于《周刊》，而曲中之传说则除钱肇基君《南曲谱中之孟姜女》一文外，绝无注意于北曲者。半年以来，曾将《元曲选》逐卷披阅，遇有涉及孟姜女故事之处，辄乙记之，竟得八条。至《元人杂剧三十种》，尚未读毕，不知其中亦有关于孟姜女的材料否？

我因为对于孟姜女的故事生了兴趣，所以看书的时候特别注意这种字样，每每运[②]着这种字样的时候，觉得非常刺眼。现在得有下列几条供献于读者之前，也就因了这个缘故。

以前尝阅陶宗仪《辍耕录》，见其所列院本之“打略拴搐”一类中载有《孟姜女》一本，我于是知孟姜女故事之曾经入曲。无奈院本已亡，不可复知其所云伊何矣！

虽是《元曲选》中有孟姜女的故事八条，也不过是一语及之而已，并没有详细的记载和说明。而于此每条一语二语之中，得能深悉当时文士之有此一种说话[③]，则是我认为十分可靠的。据

① 原载《北京大学研究所国学门月刊》1925 年第 1 卷第 2 期，第 5—9 页。署名“郑宾于”。此为“孟姜女故事的研究”（11）。顾颉刚《孟姜女故事研究集·孟姜女故事研究集第二册》（王煦华整理，上海古籍出版社 1984 年版，第 123—128 页。该本作《北京大学研究所国学门周刊》第二期）。

② “运”，王本作“遇”。

③ “说话”，王本作“说法”。

我的观察，虽只有八条，可是备有五种意义，而这个五种意义联合[1]起来，便是元人对于孟姜女故事的整个传说。今分项举在下面：

（一）长城是孟姜女哭倒的。

A. 无名氏《渔樵记》第二折正宫《快活三》：

你怎不学贾氏妻，只为射雉如皋笑靨开？你怎不学孟姜女，把长城哭倒也则一声哀？你则管哩便胡言乱语将我厮花白！你那些个将我似举案齐眉待！（页一七，朱买臣骂他的妻子刘氏玉天仙唱的。）

B. 又第四折双调《喜江南》：

去波俫，更怕你舍不了我铜斗儿的好家缘！孟姜女，不索你便泪涟涟！殢人情使不着你野狐得这涎！非是我自专，你把那长城哭倒圣人宣！（页四二，同上。）

C. 关汉卿《窦娥冤》第二折南吕《梁州第七》：

这一个似卓氏般当炉涤器，这一个似孟光般举案齐眉，说的来藏头盖脚多伶俐。道着难晓，做出才知？旧恩忘却，新恩便宜。坟头上土脉犹湿，架儿上又换新衣。那里有奔丧处哭倒长城？那里有浣纱时甘投大水？那里有上山来便化顽石？可悲，可耻，妇人家直恁的无仁义！多淫奔，少志气，亏杀前人在那里，更休说

① “联合”，王本作“汇合”。

本性难移！（页一四，窦娥唱的。）

（二）孟姜女是一个九烈三贞的妇人。

A. 郑庭玉《后庭花》第二折南吕梁州第七：

他两个忙忙如丧家之狗，急急似漏网之鱼；他两个无明夜海角天涯去。单注他合有命，俺合妆孤。兀的不欢喜杀俺子父，快活杀俺妻夫！我则道尽今生久困穷途，永世儿陋巷贫居。他他他，天也有昼夜阴晴；是是是，人也有吉凶祸福；来来来，我也有成败荣枯。自歌自舞，那些儿教我心宽处，倚仗着花朵般好媳妇。说甚么九烈三贞孟姜女，他可也不比其余！（页一一，李顺把翠鸾母女放了以后唱的。）

（三）孟姜女是送寒衣的。

A. 贾仲名《玉梳记》第三折中吕《醉春风》：

则为俺那不心软的狠毒娘，更合着这忒忤逆的逃窜女，恰便是孟姜女送寒衣！谁曾受这般苦苦，那里问养育情怀，则为俺夫妻恩爱，早难道割不断子母肠肚！（页一六，顾玉香唱的。玉香原许字于荆楚臣；其时荆已中状元，除句容县令，未即完娶，而顾妈未知，以其久无消息，要将女儿玉香改嫁与柳茂英，玉香不肯，乃偷跑上京去找荆楚臣。此调是她在路上唱的。）

B. 李致远《还牢末》第三折双调《沽美酒》：

他他他，假提着泪两行，怎觑他这趋跄。（搽旦云，孔目也，我送衣服与你穿。）你大古是送千里寒衣女孟姜，可教我忙也那不忙，穿不的你那好衣裳！（页二五，李孔目唱的。）

（四）范杞良是筑死在长城内的，孟姜女送寒衣去时就未遇着。

A. 马致远《任风子》第三折中吕《石榴花》：

每日把辘轳绳直缴①到众星稀，我可甚爱月眠迟。则我这春里夏里秋里冬里受驱驰。（旦云，你可休后悔！）更怕甚后悔，又无人把我央及！（旦云，早是我哩，若是别人家妇人呵，怎了！）哎，你个婆娘妇女夸强曾直寻到这搭儿田地！想当时范杞良筑在长城内，乾迤逗的个姜女②送寒衣。（页一五，任风子唱的。）

（五）范杞梁是杀死的。

A. 武汉臣《生金阁》第二折越调《鬼三台》：

听的他言分朗，唬③得我魂飘荡。姐姐也，你怎生则撞入天罗地网！俺那厮驴狗儿一片家很④心肠，着谁人好来阻当！（旦儿云，嬷嬷，我今日不曾看见丈夫，多敢杀坏了？兀的不痛杀我也！）你道他昨来个那埚儿杀坏了范杞梁，今日个这埚儿里没乱杀你女孟姜。（旦儿云，嬷嬷，我待要寻一个大大的衙门告他去哩。）你待要叫屈声冤，姐姐也，谁敢便收词接状！（页一八，庞

① “缴”，王本作“激”。
② “姜女”，王本作“孟姜女”。
③ “唬”，王本作“吓”。
④ “很”，王本作“狠”。

衙内家的嬷嬷唱的。)

这篇东西，本该在三个月前就写好的，因为琐事牵扯，竟搁下了。现在愁雨连绵，坐卧不安，忽然想到此事，就亟亟写成，也算了结一件公案也。此篇虽无新奇的发见，然而看了以后可以知道元人对于孟姜女的传说是大改①如此，在这一点上想来未始无小补罢。即此就正于颉刚兄，不识以为然否？

一九二五，七，二三，冰鱼附言。北京。

颉刚案，把《元曲选》看一遍，搜寻里面的孟姜女故事的传说，我久有这个愿望，可是总没有空闲。现在承郑宾于先生代我做了，我真是说不尽的感激。希望郑先生把《元人杂剧三十种》读完之后，再给我一篇文字。

文中举出的五种意义与现在通行的传说完全相同。第四与第五两条，筑死与杀死虽微异，但即在现在的传说中亦可举出同样的例来：

(1) 筑死

《孟姜仙女宝卷》——再宣太监与武士，就与喜良换衣襟；衣冠蟒袍穿端正，扛在长城地坑中；四面泥土来掩定，一命呜呼实伤心！

《哀情小说·孟姜女》——始皇一见万纪良生得方面大耳，眉清目秀，始皇心中颇为夸赞，以为福大方得此子祭城。始皇看罢，当即传旨与他穿戴装饰，然后命传胪官宣读祭文。……万纪

① “大改”，王本作“大致”。

良坐在大椅上，他全然不知人事，虽有气息，却如泥塑木雕一般。待衣帽装好，读罢祭文，始皇即传旨将纪良抬到长城之底……以土掩盖，以砖砌围，方才放心。

（2）杀死

厦门本《孟姜女哭倒万里长城歌》——杞郎力①来到丹墀，秦王大怒气冲天，“你今一身敢逃避，想你今日难脱离！”秦王心内有主意，就吊蒙恬叮咛伊，将力杞郎来斩死，身尸逐落做城池。

桂林本《花籓记》——蒙恬将军来取问：“范郎逃走在何方？”范郎开口回言答：“……不能挑土筑城墙。……家中父母年又老，一心要去见爷娘。……”将军当时不做声，喝骂范郎“不是人！你今逃走该死罪，且作南柯一梦人。长安人夫千千万，不饶郎君一个人！”范郎当时腰斩了，尸骨包土筑城墙。

《戏曲图考·孟姜女寻夫》——（副白）臣赵高见驾……今有蒙恬已将范纪良拿住了。（内白）既然拿住，将他绑在长城之下问斩！……（四刽子手绑推小生上白）天呀天，想我范纪良死的好不明白也！（吹排子介，杀介。）

除了以上二说之外，还有一种说法，便是“病死”：

《孟姜女寻夫》鼓词——佳人正自心犹豫，忽然见三四个工夫结伴行……孟姜女近前来道万福……说“问爷们此处兴工民夫之内，有个范杞梁是奴的夫主充投作工。”众人见问齐伤感，说“大家同来为我范兄。只因他不惯动劳身已故，怎忍的尸骸暴露，所以葬在长城。今日是节逢重阳停工犒赏，约会着烧几张的纸钱尽尽朋情。”

---

① “力”，王本作“方”。

吴中本《孟姜女寻夫》——喜良捆绑船中去……不知生死若何能，一路行程来的快，长城已在前面存。解到长城身有病，筑城三日命归阴。

十四，十，十二日记。

《广列女传》中的杞植妻和杞梁妻[①]

颉刚先生：

原来杞植与杞梁不是一人而是两个，所谓孟姜也者，盖是杞植妻而非杞梁妻也。清桐城刘孟涂（名开，字明东）《广列女传》始作此儞，甚可怪异！弟不愿多所论列，谨按该书原文录呈，以备高明采纳。

《广列女传》卷十三，《烈妇类》一：

1. 杞植妻

杞植之妻孟姜。植婚三日，即被调至长城，久役而死。姜往送之，城为之崩，遂负骨归葬而死。

颂曰：燕尔新婚，忽焉遭折。哭死而哀，能崩城域。精诚之至，人莫之及。

2. 齐杞梁妻

齐杞梁殖之妻也。庄公袭莒，殖战而死。庄公归，遇其妻，使使者吊之于路。杞梁妻曰："今[②]殖有罪，君何辱命焉！若命殖免于罪，则贱妾有先人之敝庐在，下妾不得与郊吊。"于是庄公乃还车诣其室，成礼，然后去。

杞梁之妻无子，内外皆无五属之亲。既无所归，乃枕其夫之

① 原载《北京大学研究所国学门月刊》1925年第1卷第4期，第15—16页。署名"郑孝观"。此为"孟姜女故事研究"（13）之通讯30。

② "今"，王本作"令"。

尸于城下而哭。内诚动人，道路过者莫不为之挥涕。十日而城为之崩。既葬，曰："吾何归矣！夫妇人必有所倚者也：父在则倚父，夫在则倚夫，子在则倚子。今吾上则无父，中则无夫，下则无子。内无所依以见吾诚，外无所依以立吾节：吾岂能更二哉！亦死而已。"遂投淄水而死。君子谓杞梁之妻贞而知礼。诗云："我心伤悲，聊与子同归"，此之谓也。

颂曰：杞梁战死，其妻取丧。齐庄道吊，避不［敢当］。哭夫于城，城为之崩。自以无亲，赴淄而薨。

弟郑孝观。九月廿七日。

颉刚案：刘开把杞梁妻与杞植妻分为二人，实不为奇。詹詹外史（冯梦龙）的《情史》便是如此的。刘开"杞梁妻"一条，全钞《列女传》；"杞植妻"一条，颇似节钞《情史》。《情史》原文道：

秦孟姜，富人女也。赘范杞梁，三日，夫赴长城之役。久而不归，为制寒衣送之。至长城，闻知夫已故，乃号天顿足，哭声震地，城崩。寻夫骸骨，多难认。啮指血滴之，入骨不可拭者知其为夫骨，负之而归。至潼关，筋力已竭，知不能还家，乃置骸岩下，坐于旁而死。潼关人重其节义，立像祀之。（上海会文堂铅印本，上册，页二二三）

刘文所云"姜往送之，城为之崩"，说得太简略了，使人读了全不知道是怎么一回事。至于下面的"死"，也没有说出是怎样的死法。大约刘氏既信俗说，不敢斥去孟姜女的地位。而又不愿把奇迹收入文中，所以把《情史》文字节得如此的简单和平常。他不知道俗说与奇迹原是拆不开的。

《情史》与《广列女传》所以把杞梁妻与孟姜分家，这是因为作者读书之故，读了书就知道杞梁妻是春秋时人，接不上秦始皇了。我们只要看贯休顺了传说而作《杞梁妻诗》，顾炎武便斥他“并《左传》《孟子》而未读”，就可以了然于他们不得不把她们分家的苦心了。

传说与历史打混，最是讨厌的事。从前的人因为没有分别传说与历史的观念，所以永远缠绕不清，不是硬并（杞梁妻与孟姜为一），便是硬分（杞梁妻与孟姜为二）。现在我们的眼光变了，要用历史的眼光去看历史（杞梁妻的确实的事实），用传说的眼光去看传说（杞梁妻的变为孟姜），那么，它们就可以“并行而不悖”，用不着我们的委屈迁就，也用不着我们的强为安排了。

《哭泉孟姜女祠记》及其他[①]

颉刚先生：

我因为研究木兰的原故，时时相伴着发现关于孟姜女的一些材料，这并不是我有心多事，实在是看见了便不容他埋藏耳。在《直隶完县志》中，清邑令何出光有《木兰祠赛神曲》十二阕，其第七阕即述孟姜女事。兹钞录如下：

范郎城下破重围，刁斗风传寒雁飞；
但有将军守塞上，何劳烈女送寒衣！

又《延安府志》卷五“祠祀·孟姜女祠”下云：

在县南（宜君县）三十里。姜女过范喜三日，范喜往塞上筑长城；死，姜女求骸骨不得，大哭，城为崩。骨出，姜女负之而归。行至此，渴甚，大哭，有泉涌出。人名其地为哭泉，建祠祀之。有马理碑记。

因又考《宜君县志》，则见马理（明人）《孟姜女碑祠记》曰：

宜君南三十里，镇曰哭泉，有孟姜女祠，祠下有泉。询及父

① 原载《北京大学研究所国学门周刊》1925 年第 1 卷第 8 期，第 10—14 页。署名“郑孝观”，此为“孟姜女故事研究”（15）之通讯 35。又《孟姜女故事研究集·孟姜女故事研究集第三册》，王煦华整理，上海古籍出版社 1984 年版，第 260—265 页。

老，云：孟姜女者，前秦澧州人也，适范喜郎。秦筑长城，喜郎从役，怠其工。及筑死于城土中，姜女为送寒衣，至边，始知之，悲愤号哭，城自崩隳。尸骨暴露，莫辨真伪。乃啮指滴血，历验诸骨；其一血入骨，乃知其范郎也，遂负之以归。至宜君南三十里，息道左，渴欲饮，无水；仰哭而泉涌。土人哀重之，共为立庙；夫妇二骸在焉。余稺年间闾里庸俗歌讴①此事，未以为必然；今镇以哭泉名，且两地均有庙貌，而父老之言又详悉若是，则此事信有之矣。……

又《祠祀·下》② 云：

孟姜女祠在烈泉镇。……夫往塞上筑长城死，姜女负骸骨归，过此渴甚，仰哭涌泉。土人感其事，共为之立祠。有马理碑记。

又《古迹》③ 云：

孟姜女泉在烈泉镇。相传孟姜女携夫骨憩于此，渴甚，仰哭，有泉涌出。又名哭泉。今名烈泉。

我前次在《孟姜女在〈元曲选〉中的传说》一文中说："范杞良是筑死在长城内的，孟姜女送寒衣去时就未遇着。"马理碑记却说秦筑长城，喜郎从役，怠其工，筑死于城土中，孟姜女送寒衣至边才知他是已经死了的话，却与元曲——马致远《任风

① "歌讴"，王本作"欢讴"，有误。
② 王本无标点符号。
③ 王本无标点符号。

子》——之说相应了。不过于此得知范杞良之死的原因是“怠其工”，这是值得注意的。这是明人继承元人的说法——孟姜女送寒衣至边始知其死。

范喜郎既筑死在长城内，而且长城内的死者又不止范喜郎一人，白骨粼粼，孟姜女何以得他的尸骨出来，又何以认识他的尸骨呢？于是遂有“悲愤号哭，城自崩隳，尸骨暴露，莫辨真伪，乃啮指滴血，历验诸骨，其一血入骨，乃知其为范郎也”的说法了。

余总括上意，得最重要之七点：

1. 范喜郎因“怠工”才遭筑死在长城中的。

2. 孟姜女把城哭崩了，范郎的尸骨才得暴露出来。

3. 孟姜女不能分别尸骨，于是才啮指血来试验。

4. 姓范名喜——以文中称范郎而知之。

5. 姓孟名姜，或姓姜——文中多称姜女。

6. 孟姜女是前秦（?）澧州人。

7. 孟姜女适范喜三日而范喜即从役筑城去了。

此外还有清罗文治的《历代名媛图说》上卷有“齐杞梁妻”一条，一并钞录如次（此书有绘图一幅，很别致）：

齐杞梁殖之妻也。齐庄公袭莒，殖战而死。庄公归，遇其妻，使使者吊之于路。杞梁妻曰：“今殖有罪，君何辱命焉！若今殖免于罪，则贱妾有先人之敝庐在，下妾不得与郊吊。”于是庄公乃还车诣其室，成礼，然后去。杞梁之妻无子，内外皆无五属之亲。既无所归，乃枕其夫之尸于城下而哭。内诚动人，道路过者莫不为之挥涕，十日而城为之崩。既葬，曰："吾何归矣！夫妇人必有所倚者，父在则倚父，夫在则倚夫，子在则倚子，今吾上则无父，中则无夫，下则无子，内无所依以立吾诚，外无所依以立吾节，吾岂能更二哉？亦死而已。"遂赴淄水而死。君子谓杞梁之妻贞而知礼。《诗》云："我心伤悲，聊与子同归。"此之谓也。

汪曰：杞梁之妻不受郊吊，哀声感而俗化，枕尸哭而城崩，伤无依以立节，投清流而自甘，可谓知礼守义者矣！然使其通于礼义之大，宜以时启其夫，谓夫之一身上系五世之重，不孝有三，无后为大，致为臣而弗求仕焉可也。即不得谢，亦宜择事而任之。袭莒之役，恃大陵小，辞于君而弗敢将焉可也。夫既无禄而内无所依，外无所倚，杞梁之鬼不其馁乎？不①更为立后以继其绝可也。三者不能，徒杀身以相从，无益于夫，夫之目愈不瞑于地下矣！

钞写完了，我也不愿意在此多说；不过我以为马理说范喜怠其工而筑死长城中的话是从传记中②"今殖有罪"之语演变出来的。不知先生以为然否？

先生在《孟姜女故事研究的第二次开头》上说："希望本刊的读者肯给与我一种帮助，无论看到什么材料，都寄给我。……材料不要怕奇怪，也不要怕复沓，因为奇怪是传说的本相而复沓之中也尽有创见可寻。"因此之故，所以我敢于把后一段——《历代名媛图说》——钞给你，虽然我明知道它的说法是与《左传》《列女传》等书的记载相同的。

---

① "不"，王本作"则"。
② 王本无"中"字。

临末了，再说一句：请你把《历代名媛图说》上绘的那幅《齐杞梁妻》的图用锌版翻印下来！

弟郑孝观宾于在保定上

一九二五，十，二十七

颉刚案，何出光诗言“范郎城下破重围”，以范郎为攻城夺塞之人，恐是用《汉书·匈奴传》“贰师将军出塞，追北至范夫人城”一典。范夫人城，应劭曰：“本汉将筑此城，将亡，其妻率余众完保之，因以为名也。”这原是偶然的近似，与孟姜女故事没有关系。但俞樾《小浮梅闲话》中即云：“然则范郎妻疑即范夫人：乃夫死而完其城，非夫死而一哭崩城；且汉时人，非秦时人也。”他不知道杞梁的姓范还是唐以后的事呢。

马理即是箸①《孟姜女集》的人（《孟姜女集》，见明季朱睦㮮《万卷堂书目》，及清初钱曾《读书敏求记》，惜未能觅得）。他所作的《哭泉孟姜女祠记》说她是前秦人，这颇新颖：不知道确是一种传说呢，还是仅出于他②推想呢？（也许他因为孟姜女一名为故籍所不见，而俗说为秦人亦无据，遂推想以为前秦之误。）如果确出于传说，倒是很可注意的事。

负骸骨归之说，在“秦始皇欲纳孟姜”之说未起时确是一个重要的说法。试看贯休诗中“疲魂饥魄相逐归，陌上少年莫相非”之语，可证自唐以来如此。因为这是滴血之后的一个重要的任务，不比仅有“痛哭崩城”之说时可以即刻投水死的。我们看

① “箸”现作“著”。
② 王本在“他”之后有一“的”字。

此，可以知道孟姜女的死有三个时期的不同，第一时期是崩城后而投水，第二时期是负骸归家而力竭，第三时期是不受秦始皇的要挟而自杀。

《历代名媛图说》尚未能找到。郑先生如有，未知能寄我一览否？“汪曰”之汪，未知是谁。他的一篇腐话，实是在旧时代礼教之下所必有的言论。上月承纪湘涛先生见赠万历中张时显做的《孟姜贞女祠记》拓本，中云：“寻夫之事，史不多见。惟《博物志》载舜南巡不返，二女追之不及，泪染竹，死为湘神；顾亦不知何据。大抵身不踰闺壶，即归宁有时而废，此礼之经也。艰关万里，徒行旅宿，必死与同穴，则所遭之不幸者。窃意姜女当时舅姑已殁，可无井臼虑；不则安得事远征！又或以无后为郎惧，倘有子代行，必属之矣。故不量礼之可为与力之能为而执一为之者，是苟难之行也，姜女必不然也；凡为贞者所当知也。”此与《名媛图说》之评论虽褒贬有殊，但以礼法相规诫的意思原是一样的。他们不知道在民众的意想中，孟姜女乃是极任性的一个人：父母要替她好好的定亲她不要，偏要强嫁与见她一身白肉的人；父母翁姑都劝她不要单身出门她不听，偏要把娇养惯了的身子作万里艰辛的尝试。她有的是情，何尝懂得什么[1]礼法咧！

① 王本在此处多出一“废”字。

风诗研究

◇论三百篇后的风诗问题

◇读诗辨说

◇秦风与豳风

论三百篇后的风诗问题①

在今世通行的三百十一篇《诗》之中，竟有：

《周南》十一篇

《召南》十四篇

《邶风》九篇

《鄘风》十篇

《卫风》十篇

《王风》十篇

《郑风》二十一篇

《齐风》十一篇

《魏风》七篇

《唐风》十二篇

《秦风》十篇

《陈风》十篇

《桧风》四篇

《曹风》四篇

《豳风》七篇

等一百六十篇的《风诗》，占去全书的一倍多，而且“尔雅”中间也还有许多篇是《风诗》的嫌疑，由此可见这《国风》之诗的势力之大了。

① 原载《北京大学研究所国学门月刊》1926年第1卷第3期，第255—267页。署名“郑宾于”。

甚么是《风》?《风》就是“风俗”!《国风》就是一国的“风俗”!因为各国之平民所作的风谣,都足以表现他们国家的民情习俗之故,所以唤它做[1]《国风》。晋左太冲《三都赋叙》曰:“先王采焉,以观土风。见‘绿竹猗猗’则知卫地淇、澳之产;见‘在其板屋’则知秦野西戎之宅。故能居然而辨八方。”由此更可见《国风》即是各国的风俗,并不是甚么“风,风也,教也,风以导之,教以化之……上以风化下,下以风刺上,言之者无罪,而闻之者足以戒”的“讽谏书”或“颂美文”。

无论甚么时代的任何国家或地方,它的民情习惯都是长久地继续增进或存在着,所以它的风诗风谣也就不断绝地创造;无论任何人都得承认这个理由,而无所用其稍事狐疑的。

《诗经》虽然不是孔丘先生所删,然而说它是春秋时代的一部诗歌总集,这是为现代大多数的人们所赞同的了。如此说来,则那十五《国风》至多也只是春秋之世的十五国的风俗习惯,绝不能牵扯到春秋以后的战国,难道时至战国,而各国的风俗习惯犹然如故,所以民间风谣不复再有创作乎?(十五国以外的国家当然亦有《风》诗,所以不存于三百篇中者,因为被采集的人弃掉了,以非本问题所能顾及之故,所以不谈。)不然何以战国之世竟无《国风》哩?

我对于这问题有两个答案:

(1)在十五《国风》之中(其实不必尽是《国风》),已经有许多篇是战国时的风谣,不过现在都是杂厕在一块儿,很难于去鉴别。前人解说“某诗刺某人,某诗是某某德化所及”等类的腐滥话完全靠不住。

① “做”,现用“作”。

（2）战国时代的风谣并不是没有，而且至今还有很少部分存在着，不过都被历来的人们忽略了。人们都被几千年来的成见所驱，也往往不视此类作物有似风谣。

对于第一个答案的解释是：现在所存的三百篇的诗歌总集已非周时定本，原是汉人杂凑起来的东西。

先秦的书籍是不是全被秦始皇火化虽然是很有辩护的余地，然而秦始皇焚书却是牢不可拔的事实了。姑从一般人之说，承认秦始皇只烧却民间之所收藏，并没有烧官府之所庋置；那么，项羽入咸阳，火烧秦宫室三月不灭，则那些先秦的古籍总必于此付诸一炬了，因为事前只有萧何搜取秦时的天下“图书”，此外也并无留存。

然则所谓三百篇的《诗经》也者，确实是被烧毁无疑，何以其书除掉了六篇《笙诗》以外，至今依然存在。

余应之曰：今世所存者，盖非周代初时搜集之本矣！今且用万斯同《诗说》之说为证：

> 刘歆言“秦焚《诗书》。汉兴，惠帝之世，始除挟书之律。当此之时，一人不能自（按《汉书》作独）尽其经，或为《雅》，或为《颂》，相合而成。”是知非删定之本矣！

（万斯同删定之意虽是指孔子，然而我们适可以由其话中证明汉人合集之《诗经》并非周代定本之旧。）班固亦言“诗三百篇，遭秦而全者，以其讽诵不独在竹帛故也。”益知《诗》为众人所集矣！

盖汉初诸儒，习闻“三百”之语，故当汉定之后，各以平时所记忆，皆笔之简册，足成三百之数，又自以己意分为《风》

《雅》《颂》，以为孔圣所得之遗书如是，夫孰知非其定本哉！

汉人平时所记忆的当然不定是周初定本内的诗，不过他们之所记忆的都是一些先秦歌诗、春秋战国的歌诗罢了。（商、周间的歌诗早已亡掉，存者已属断章零片，他们当然无须乎讽诵而记忆这种东鳞西爪的东西。）以他们这种平时所熟习的诗歌杂凑三百十一篇总不足，只得扯一个幌子，说它是“有声无辞”，其实他们已是不曾记得了。

既然如此，所以我便断定在这汉人杂凑的三百五篇之中，一定有好些篇数是战国时风谣而不是春秋时的风谣了。更澈底些说：则现在通行的三百五篇只是汉人凑集春秋、战国时代的诗歌！

对于第二个答案的解释呢，须有实在的作品来证明：散见于诸书的歌谣等记录，虽然也与《风》诗同等，然而此处且不管它。

战国之世的北方《风》诗实在难于稽查了，即是要搜集通常的谣谚，也是寥寥无几，这真足另我奇怪：且来看看南方罢。

南方之国，惟楚为早，惟楚为大，是以诗歌之起，楚人是绝不谦让的。王应麟《困学纪闻》云：“艾轩谓《诗》之萌芽，自楚人发之，故云：‘江、汉之域，诗一变而为《楚辞》，屈原为之唱，’是文章鼓吹多出于楚也。”这话是极端地恰当，不特是不落成套，不陷于旧说而已。所以《周南》《召南》便是楚诗之始，便是楚国的《楚风》（说详拙著《中国文学史革》）。

楚国的民性有打破旧俗的革命精神，富于真情的流注，颇有浪漫的色彩，不信，但看《周南》的《关雎》《汉广》《桃夭》《召南》的《標有梅[①]》《江有汜》《野有死麕》等便可知道了。他们能够破除社会上之所谓礼法而直行其热烈的情，男女之间也绝无所

① “標有梅”当作“摽有梅”。

谓“妨闲”之要避忌，这便是楚国民众的风俗和习惯。

此在《诗经》的《国风》之中有，在战国之世的《楚辞》也有。试看《九歌》《招魂》《大招》罢。

我们须得先了解这三篇东西都是当时楚国民俗的恋情歌谣，其后经民众的认许，把它们当作一种祷告“爱神”的祭歌或舞歌，又因为用了巫觋来代他们祷告，代他们歌唱或跳舞（有时他们也自己跳舞），所以也渐渐变成了巫歌。巫歌虽然巫歌了，然而犹是楚国的“风谣”。

这一种风谣经过屈原的修饰后，便名之曰“九歌”；经过宋玉的修饰后，便名之曰“招魂”；经过景差的修饰后，便名之曰“大招”。（说《九歌》是巫歌，已经是古已有之的说法，无须我再来说明；至于《大招》《招魂》是巫歌的理由，则又是个创说，请读者参看我的《中国文学史革》好了——中亦详论《九歌》。又三篇东西刚好经过他们三人的修饰的证明和理由，亦详于《中国文学史革》中。）

于此，我们且先来看看《招魂》：

魂兮归来！去君之恒干，何为乎四方些；舍君之乐处，而离彼不祥些。

魂兮归来！东方不可以托些；长人千仞，惟魂是索些；十日代出，流金铄石些；彼皆习之，魂往少释些；归来归来，不可以托些！

魂兮归来！南方不可以止些；雕题黑齿，得人肉以祀，以其骨为醢些；蝮蛇蓁蓁，封狐千里些；雄虺九首，往来倏忽，吞人以益其心些；归来归来，不可以久淫些！

魂兮归来！西方之害，流沙千里些；旋入雷渊，靡散而不可止些；蚕而得脱，其外旷宇些；赤蚁若象，玄蜂若壶些；五谷不生，藂菅是食些；其土烂人，求水无所得些；彷徉无所倚，广大无所极些；归来归来，恐自遗贼些！

魂兮归来，北方不可以止些；增冰峨峨，飞雪千里些；归来归来，不可以久些！

魂兮归来，君无上天些；虎豹九关，啄害下人些；一夫九首，拔木九千些；豺狼从目，往来侁侁些；悬人以娭，投之深渊些；致命于帝，然后得瞑些；归来归来，往恐危身些。

魂些①归来，君无下此幽都些；土伯九约。其角觺觺些；敦脄血拇，逐人駓駓些；参目虎首，其身若牛些；此皆甘人，归来归来，恐自遗灾些。

魂兮归来，入修门些；工祝招君，背行先些；秦篝齐缕，郑绵络些，招具该备，永啸呼些；魂兮归来，反故居些。

天地四方，多奸贼些；像设君室，静闲安些。

高堂邃宇，槛层轩些；层台累榭，临高山些。

网户朱缀，刻方连些；冬有突厦，夏室寒些。

川谷径复，流潺湲些；光风转蕙，氾崇兰些。

经堂入奥，朱尘筵些；砥室翠翘，挂曲琼些。

翡翠珠被，烂齐光些；蒻阿拂壁，罗帱张些；纂组绮缟，结琦璜些。

室中之观，多珍怪些；兰膏明烛，华容备些；二八侍宿，射

① “些”，当作“兮”。

递代些。

九侯淑女，多迅众些；盛鬋不同制，实满宫些。

容态好比，顺弥代些；弱颜固植，謇其有意些。

姱容修态，絙洞房些；蛾眉曼睩，目腾光些。

靡颜腻理，遗视矊些；离榭修幕，侍君之闲些。

翡帷翠帐，饰高堂些；红壁沙版，玄玉之梁些。

仰观刻桷，画龙蛇些；坐堂伏槛，临曲池些。

芙蓉始发，杂芰荷些；紫茎屏风，文缘波些。

文异豹饰，侍陂陁些；轩辌既低，步骑罗些。

兰薄户树，琼木篱些；魂兮归来，何远为些。

室家遂宗，食多方些；稻粢穱麦，挐黄梁些。

大苦咸酸，辛甘行些；肥牛之腱，臑若芳些。

和酸若苦，陈吴羹些；胹鳖炮羔，有柘浆些。

鹄酸臇凫，煎鸿鸧些；露鸡臛蠵，厉而不爽些。

粔籹蜜饵，有餦餭些；瑶浆蜜勺，实羽觞些。

挫糟冻饮，酎清凉些；华酌既陈，有琼浆些。归返故室，敬而无妨些。

肴羞未通，女乐罗些；敶钟按鼓，造新歌些；《涉江》《采菱》，发《扬荷》些。

美人既醉，朱颜酡些；娭光眇视，目曾波些；被文服纤，丽而不奇些；长发曼鬋，艳陆离些。

二八齐容，起郑舞些；衽若交竿，抚案下些；竽瑟狂会，搷鸣鼓些；宫庭震惊，发《激楚》些；吴歈蔡讴，奏大吕些。

士女杂坐，乱而不分些；放敶组缨，班其相纷些；郑、卫妖玩，来杂陈些；《激楚》之结，独秀先些。

菎蔽象棋，有六博些；分曹并进，遒相迫些；成枭而牟，呼五白些；晋制犀比，费白日些；铿钟摇簴，揳梓瑟些。

娱酒不废，沈日夜些；药膏明烛，华灯错些；结撰至思，兰芳假些；人有所极，同心赋些；酎饮尽欢，乐先故些；魂兮归来，反故居些。

再来看《大招》：

青春受谢，白日昭只；春气奋发，万物遽只；冥凌浃行，魂无逃只；魂魄归来，无远遥只。

魂乎归来！无东无西，无南无北只：

东有大海，溺水浟浟只；螭龙并流，上下悠悠只；雾雨淫淫，白皓胶只；魂乎无东，汤谷寂寥只。

魂乎无南！南有炎火千里，蝮蛇蜒只；山林险隘，虎豹蜿只；鰅鳙短狐，王虺骞只；魂乎无南，蜮伤躬只。

魂乎无西！西方流沙，漭洋洋只；豕首纵目，被发鬤只；长爪踞牙，诶笑狂只；魂乎无西！多害伤只。

魂乎无北！北有寒山，逴龙赩只；代水不可涉，深不可测只；天白颢颢，寒凝凝只；魂乎无往，盈北极只。

魂魄归来，闲以静只；自恣荆、楚，安以定只；逞志究欲，心意安只；穷身永乐，年寿延只。

魂乎归来，乐不可言只；五谷六仞，设菰粱只；鼎臑盈望，和致芳只；内鸧鸽鹄，味豺羹只；魂乎归来，恣所尝只。

鲜蠵甘鸡，和楚酪只；醢豚苦狗，脍苴莼只；吴酸蒿蒌，不沾薄只；魂兮归来，恣所择只。

炙鸹烝凫，煔鹑敶只；煎鲫臛雀，遽爽存只；魂乎归来，丽以先只。

四酎并孰，不涩嗌只；清馨冻饮，不歠役只；吴醴白蘖，和楚沥只；魂乎归来，不遽惕只。

代秦郑卫，鸣竽张只；伏戏《驾辩》，楚《劳商》只；讴和扬阿，赵箫倡只；魂乎归来，定空桑只。

二八接武，投诗赋只；叩钟调磬，娱人乱只；四上竞气，极声变只；魂乎归来，听歌撰只。

朱唇皓齿，嫭以姱只；比德好闲，习以都只；丰肉微骨，调以娱只；魂乎归来，安以舒只。

嫮目宜笑，娥眉曼只；容则秀雅，穉朱颜只；魂乎归来，静以安只。

姱修滂浩，丽以佳只；曾颊倚耳，曲眉规只；滂心绰态，姣丽施只；小腰秀颈，若鲜卑只；魂乎归来，思怨移只。

易中利心，以动作只；粉白黛黑，施芳泽只；长袂拂面，善留客只；魂乎归来，以娱昔只。

青色直眉，美目媔只；靥辅奇牙，宜笑嗎只；丰肉微骨，体便娟只；魂乎归来，恣所便只。

夏屋广大，沙堂秀只；南房小坛，观绝霤只；曲屋步櫚，宜扰畜只；腾驾步游，猎春囿只。

琼毂错衡，英华假只；茝兰桂树，郁弥路只；魂乎归来，恣志虑只。

孔雀盈园，畜鸾皇只；鹍鸿群晨，杂鹙鸧只；鸿鹄代游，曼鷫鷞只；魂乎归来，凤凰翔只。

曼泽怡面，血气盛只；永宜厥身，保寿命只；室家盈庭，爵禄盛只；魂乎归来，居室定只。

接径千里，出若云只；三圭重侯，礼类神只；察笃夭隐，孤寡存只；魂兮归来，正始昆只。

田邑千畛，人阜昌只；美冒众流，注泽章只；先威后文，善美明只；魂乎归来，赏罚当只。

名声若日，照四海只；德誉配天，万民理只；北至幽陵，南交阯只；西薄羊肠，东穷海只；魂乎归来，尚贤士只。

发政献行，禁苛暴只；举杰压陛，诛讥罢只；直赢在位，近禹麾只；豪杰执政，流泽施只；魂乎归来，国家为只。

雄雄赫赫，天德明只；三公穆穆，登降堂只；诸侯毕极，立九卿只；昭质既设，大侯张只；执弓挟矢，揖辞让只；魂乎归来，尚三王只。

这篇东西被我这样的一排列，居然变为《三百篇》中的形式了，我们看它到底像不像《国风》呢。

从形式上说，则《招魂》前两段每章的起结都用“魂兮归来”一句重复着；而《大招》则几乎全篇的每章都有同样的形式，或首尾都用“魂乎归来”，或仅章末用“魂乎归来”，总是常常用它来重复着。这种重复的用意，简直和《三百篇》被“乐工化”后的重复相同；《三百篇》之所以重复杂沓者，是为乐工要求音调谐和畅适之故；而此二篇之所以重复者，亦正所以求合于舞奏的优越也。原来楚人祀神也要唱歌，也要合乐，也要舞蹈，这是巫觋的任务如此，现在犹然存在，并不是我捏造事实。

证之本文，则：《招魂》篇中的“肴羞未通，女乐罗些；敶钟按鼓，造新歌些”等，便是歌唱时必须奏乐了。“二八齐容，起郑舞些；衽若交竽，抚案下些……”便是说跳舞了。《大招》篇中的“代秦郑卫，鸣竽张只；伏戏《驾辩》，楚《劳商》只……”便是歌唱时必须奏乐了。“二八接武，投诗赋只”，“朱唇皓齿，嫭以姱只”，“丰肉微骨，调以娱只”，“滂心绰态，姣丽施只；小腰秀颈，若鲜卑只”等，便是说跳舞了。并且从这些辞句中，我们可以知道她们歌唱跳舞的时候是用觋而不用巫，其演唱奏乐或跳舞的时候，都是许多士女合作，并不是觋独施其事，凡曾孰味[1]《招魂》和《大招》两篇的，都能相[2]这种说法并不是拟设。此在上二篇中固然有《招魂》中的“士女杂坐，乱而分些……”，“九侯淑女，多迅众兮”等句和《大招》篇中的“叩钟调磬，娱人乱只”等句为证，即《九歌》的《少司命》中也说:“满堂兮美人，忽独与余兮目成”，可见她们当时士女杂沓而欢聚以歌舞的情形，简直和现在欧西的跳舞会有些仿佛了。

本来《三百篇》中的歌舞也就不限于乐工；不过他们是贵族而讲礼教的，不如平民那样的自由，男女合唱合舞当然办不到；然而歌舞的人数也必须在数人以上。即以略简单的而论，也有所谓天子八，诸侯六，大夫四，士二等说法。至于乡射大燕……之际，其用当必更繁。此是说它们的形式和用途都有可以相通的地方。

《招魂》自“天地四方”以下，大都四字一句，颇是整齐，这种形式在《三百篇》中当然是触目皆是，用不着絮叨的。

假如《大招》和《招魂》已经被汉人厕列在《三百篇》之

① “孰味”当作“熟味”。
② “相”之后当有“信”字脱落。

中，遇着甚么毛氏父子，卫敬仲，及吾家康成来替它作序、作传、作笺，我亦料到，至少，于《大招》的“名声若日，照四海只”，以下三段，一定要说是美文王或武王之德，是歌彰他们的勋功伟烈的诗。你不相[①]么，试看：“德誉配天，万民理只”，不是颂扬他们德化广被吗？“登政献行，禁苛暴只”，信[②]不是赞美他们政教良善吗？“雄雄赫赫，天德明只”不是歌颂他们用兵无敌，一怒而安天之民吗？然则此真正是“东征西夷怨，南征北狄怨”之诗了，这还有甚么说的呢。

《招魂》的“天地四方，多奸贼些”一段，自然也就是削平天下后人民们[③]的歌功颂德了；“肴羞未通，女乐罗些”一段，自然也就是饮马华山，放牛桃林，偃武修文以宴群臣之时了。如此一来，不特是《国风》，恐怕至少也要占“四始”中之一始罢。

自来解《诗》的人都好穿凿附会，所以把三百篇都笼罩了乌烟瘴气，使得人们至死也读不通；所幸《九歌》《招魂》《大招》等未厕于《三百篇》之列而蒙罩这些天罗地网。然而自王逸、洪兴祖以来，受了忠君爱国，讽谏……等[④]的诬蔑，也就委实不少了。

《九歌》是民间用以祭神的巫觋歌诗，这话在今日说起很是通行；不过我有以异于人者是：此等歌诗必然经过屈大夫的修改。然而这已是在《中国文学史革》中证明的了，似乎不用着重说。人们假如竟不以我说为然而完全归之于民间，则从比较文学上看，已成为不可能的事实，所以这层到是[⑤]无须顾虑的。

然而《九歌》的形式可与《大招》《招魂》两样了，我们任意

---

① “相”之后有“信”字脱落。

② “信”为衍字，当系上行“相信”一词错排所致。

③ “人民们”的用法罕见，“民”和“们”其中之一或为衍字。

④ 省略号和“等”用其一即可。

⑤ “到是”现作“倒是”。

排列两章在这儿：

帝子降兮北渚，目眇眇兮愁予；嫋嫋兮秋风，洞庭波兮木叶下。

登白薠兮骋望，与佳期兮夕张；鸟何萃兮蘋中，罾何为兮木上。

沅有芷兮澧有兰，思公子兮未敢言；荒忽兮远望，观流水兮潺湲。

麋何为兮庭中，蛟何为兮水裔；朝驰余马兮江皋，夕济兮西澨。

闻佳人兮召予，将腾驾兮偕逝；筑室兮水中，葺之兮荷盖。

…………（《湘夫人》）

秋兰兮麋芜，罗生兮堂下；绿叶兮素华，芳菲菲兮袭予；夫人兮自有美子，荪何以兮愁苦。

秋兰兮青青，绿叶兮紫茎；满堂兮美人，忽独与余兮目成。

入不言兮出不辞，乘回风兮载云旗；悲莫悲兮生别离，乐莫乐兮新相知。

荷衣兮蕙带，倏而来兮忽而逝；夕宿兮帝郊，君谁须兮云之际。

与女游兮九河，冲风至兮水扬波；与女沐兮咸池，晞女发兮阳之阿；望嬁人兮未来，临风怳兮浩歌。

孔盖兮翠旌，九天兮抚慧星；竦长剑兮拥幼艾，荪独宜兮为民正。（《少司命》）

与女游兮九河，冲风起兮横波；乘水车兮荷盖，驾两龙兮骖螭。

登昆仑兮四望，心飞扬兮浩荡；日得暮兮怅忘归，惟极浦兮寝怀。

鱼鳞屋兮龙堂，紫贝阙兮朱宫；灵何为兮水中。

乘白鼋兮逐文鱼，与女游兮河之渚，流澌纷兮将来下。

交手兮东行，送美人兮南浦；波滔滔兮来迎，鱼隣隣兮媵予。（《河伯》）

成礼兮会鼓，传巴兮代舞，姱女倡兮容与。

春兰兮秋鞠，长无绝兮终古！

《九歌》的形式大概都是这等。从表面上看去，似觉与国风大离异了，其实和《邶风》的“绿兮衣兮”、《郑风》的“萚兮萚兮”等组织还是相同，不过面目稍变罢了。

《九歌》《招魂》《大招》最足令人们奇怪的，是语尾一用“兮”，一用“些”，一用“只”。我对于它们的解释止有一句话：因为它们产生于楚国小乡里之各别，而其人民之语音有异，所以有用“些”“兮”“只”之不同。此在《国风》中亦是常有的事，并不见得特别。如《周南》的《樛木》《采芑》《关雎》等语尾皆用“之”，而《汉广》又用“思”，《麟之趾》又用“兮”了。《邶风》的《旄丘》和《鄘风》的《墙有茨》《君子偕老》等诗语尾之用“也”，《齐风》的《著》语尾之用“而”，但同时也用“兮”。凡此都是根于某个小乡里的人民日常说话之习惯不同，所以从他们产生的歌辞也就自然生异了。倘若有人说因为《齐风》中的“俟我于著乎而，充耳以素乎而，尚之以琼华乎而。”一诗与“东方之日兮，彼姝者子，在我室兮；在我室兮，履我即兮。”一诗太不相类了，便疑心它不是《齐风》或不是国风，这不是太笑话了吗？所以那怕它语尾用字尽管不同，总是与风诗同一体例，总同是楚国民间的风谣。

讵料这等风谣是经过楚国本地文人的装饰，所以汉人把它总集起来，呼为《楚辞》；若是经过朝廷之士的笔削和乐工的度谱，自然便也国风了。这便没有什么希奇。

倘若有人不承认我上面所举的各种材料不①是风诗，则我将请他另为我举出这个时代的风诗来；倘若他举不出，则必须承认这种东西一定是战国时楚国的风诗。因为它篇中所表现的是楚俗，而且也一般的和《三百篇》一样可歌可舞。无论你从形式上或意义上或用途上说，它都有可与《三百篇》适合之处，所以必得要说它是《三百篇》后的《楚风》，是《三百篇》后的《风》诗。

倘若反对的人虽则不能指出别的东西可以说是《三百篇》后的《风》诗，然而终是反对不已，这便不足与言了。

何以故呢？“诗”是无论甚么时候都有的，只要有人类就有诗，只要有欲望就有诗。人类发达、进化，诗也跟着发达、进化，这是无须疑心的。

春秋时代的诗既然已是如此其盛而至集成总集，则其时诗之发达也可知。何以以如彼盛行诗的时代，转瞬而降及战国，诗便绝宗灭种？不特是用进化论的学说讲不通，即举“文学史”的眼光也看不清白。

班孟坚说:“自孝武立乐府而采歌谣，于是有代、赵之讴，秦、楚之风。皆感于哀乐，缘事而发，亦可以观风俗，知薄厚。”所以自西汉而下，那怕你两晋、南北朝、五代、宋……各时代之扰乱，而他们的歌诗都历历可寻。诗是甚么时候都有的，而战国独没有，岂不咄咄可怪！

谓战国无《风》诗有三不可：（1）在它之前有《三百篇》，

① 按上下文，此处应没有“不”字。

在它之后有汉、魏以下各时代的乐府，从文学史演进的程序上说，它不应该有中断的事实。(2) 不能以战国的杀伐利害为风诗不作的理由，因为五胡十七国的侵害，宋、齐、梁、陈，梁、唐、晋、汉、周的干戈替代，也不亚于战国，然而他们的乐府歌诗是有的。(3) 若竟以为《风》诗至战国而即断，至汉乃始兴，试问这三百余年的《风》诗作者是如何的消灭法？何以消灭了数百年，到了西汉时忽会然[①]再兴？所以说《风》诗是断而再兴，则于文学史上绝无线索可寻，是绝对讲不通的。犹之乎垂直一线然，上下两段皆有线形，惟中段独空断无物，那里有的事！

所以我说《三百篇》后的《风诗》是有的：北方的《风》诗此时似已无可考究了，其显而易见的南方《风》诗，便只有《九歌》《招魂》《大招》等篇可以当得，人们绝不可因其已名《楚辞》而疑心。也许汉人集的《三百五篇》之中仅有一些是战国之世的《风》诗（南方的和北方的）也说不定。

《招魂》《大招》《九歌》等既然是被屈大夫们改造过了，我们今日要想知道那些辞句是原来民间的，那些辞句是屈大夫们的笔削，这竟和周廷士夫与乐工之于《三百篇》的修改一样，那简直是不可能！

十五，九，五日在福州协和大学。

① “忽会然”当作“会忽然”或“忽然会”。

读诗辨说——写在“三百篇后的风诗问题”之后[1]

《诗辨说》一卷，宋季赵德编。朱记荣云：“德字铁峰，为宋宗室子，举进士，入元，隐居豫章，盖高节之士也。所著又有《四书笺义》一书。”

我既作《三百篇后的风诗问题》以后，偶然翻阅此书，觉得它有许多处所颇有可以供我前说之资助的，所以把它的大意摘述出来：

第一，何以《国风》之中无楚诗呢？赵氏说：

或谓《春秋》外楚，且《诗》云：“蠢而蛮荆，大邦为雠。”《鲁颂》曰：“荆、舒是惩”，《殷颂》曰：“奋伐荆楚”之类，皆见于《诗》；则楚虽有诗，圣人必删之矣。然吴季札观乐于鲁定公二十九年，则固未经夫子之删；而当时所观《国风》已无楚诗矣。孰知楚之封域正在江、汉、汝、沱之间，以《汉广》《汝坟》《江有汜》数诗观之，其民被文王之化，得于耳濡目染者有素，而流风善政，犹有存者，则其诗亦楚之诗也。然圣人以归之周公、召公，其意深矣。迹楚怀王之时，《离骚》作，而楚之为楚可知，古诗之体变矣。

① 原载《北京大学研究所国学门月刊》1926年第1卷第3期，第268—271页。署名“郑宾于”。

孔子删诗之说，我们当然是绝对不能信其实有其事，不过他以《汉广》《汝坟》《江有汜》等篇来作为是楚诗的解答，是颇有见地的。楚何尝无诗呢？不过名目改变一下罢了。至于他以《离骚》为系继《汉广》等诗的变体的话，虽亦不无偏颇之弊，然而我们正可从此看出《九歌》《招魂》《大招》等篇的确是楚国的土风的理由来。

虽然如此，但是，他的“吴、楚皆南方诸侯，何以独无诗”的解答未免与他上面所说的意思太相矛盾了！他说：

陈诸侯之诗者，将以知其阙失，省方设教，为陟降也。时徐及吴、楚僭号称王，丕承天子威令，则不可黜陟；今弃其诗，夷狄之也。吴、楚僭王，《春秋》多有其事；徐亦僭者。《檀弓》云：“邾娄考公之丧，徐君使容居来吊，其辞云：‘昔我先君驹王。’”是其亦僭称王也。

《三百篇》既已不是孔子所删而是周代的诗歌总集，当然更无所谓褒贬之意！徐、吴之所以无诗于《三百篇》之中者，并不是它无诗，乃是当时采集的人未曾搜罗全备之所致（今时尚有吴、徐歌谣可证）。至于楚诗，则《周南》《召南》皆是，实已在采集之中了。即赵氏自己亦说《汉广》《汝坟》《江有汜》等是楚诗矣，今因不得其解之故，遂以之与吴、徐并列而说：“今弃其诗，夷狄之也”，何其矛盾糊涂到了这步田地哩！

第二，鲁与宋何以无风呢？赵氏说云：

先儒以为时王褒周公之后，比于先代；宋，王者之后，时王所客，巡狩述职，不陈其诗，理或然也。或又谓夫子有所讳而削之，则左氏所记当时列国大夫赋诗及吴季札观周乐皆无曰鲁风者，其说不得通矣。

又，濮氏曰："鲁无变风，不知如《敝笱》《载驰》《猗嗟》诸诗，夫子窜之而系于齐矣。"（原注：《山堂考索》）

赵氏此说与"《鲁颂》《商颂》何以皆列于周"条之说大异，且其前后牴牾，实已不能自立其说。其说云："鲁僭天子之乐久矣，于是乎有颂以为庙乐，又自作诗以美其君，亦谓之《颂》。王肃又云：'季孙行父请命于周，而史克作是《颂》'；然则，其体固列国之风，而所歌者乃当时之事，又皆有先王礼乐教化之遗意。且夫子鲁人也，安得不录之乎？"（原注：《山堂考索》）他不知道《风》与《颂》的出产不同，体制不同，内容不同，用处不同，技术不同，遽然以《颂》当《风》，此乃无知妄说。且既曰"有颂以为庙乐，又自作诗以美其君矣"，而乃谓其体固列国之风，明知其毕而固同之，此乃强不同以为同也。既已谓《鲁颂》即是《风诗》，又说"鲁与宋无风"，颠颠倒倒的说，漫不加考，虽欲自固其说之新奇，无如说理太没有论理的条贯了。

按鲁与宋之无《风》诗，其理由正与吴、楚相同，不得谓比鲁于先代便没有风！巡狩述职便不陈其诗！意者，鲁史陈诗，不及土风；而宋之土风又了无裒次，所以《三百篇》中竟无鲁、宋之诗耳。

篇中所引濮氏之说（不知濮氏何许人）甚有过人的见地。诚然，如鲁国果无《风》诗，则《敝笱》《载驰》《猗嗟》诸诗将用何法解释呢？世人特见其第于《齐风》之下，遂群相谓以《齐风》矣。不知此乃编次上的窜入，并不是鲁国本来即无《风》诗！

第三，“诗之盛何独见于周”呢？他的解释是：

自有天地，有万物，而诗之理已具。非特始于《康衢》虞廷之作也。文至周而大备，故诗之咏歌，于斯为盛；而采诗之官，所以首见于周也。夏、商之去周已远，固不可得而考；然观《五子之歌》《猗那》之颂，则二代未始无诗也。特杞、宋为之后，而文献不足耳。若正考父得《商颂》十二篇于周太师，绝无而仅有者，又亡其七篇，概可知矣。

商、周以前的诗歌不特是“文献无征”，实在是史不足信。《康衢》虞廷之歌是绝不可凭信的。《五子之歌》，古人说法已自不同，假伪的成分自然是很多的了；至如《猗那》，本系周诗（因为《商颂》全部皆系周诗，说详拙著《中国文学史革》），今乃说它是商时故物，未免太妄诞了。

周诗独盛的原因只有两个：一、是时代演进的关系。时代愈演进，历时愈长久，诗歌的分量自然是会增加的。你不见六朝诗歌的增加胜于汉、魏，唐人诗歌的增加胜于六朝吗？二、是商代的诗歌并未经人采集过，流行于民间的自然不能长久保存；且周代所采的诗歌，其中未必没有商代传流之物，不过及周而始加以采集，乃见其全耳。因此，世人见《三百篇》即知其为周时，故遂谓诗歌独盛于周耳。

除上所举数条外，如说“《雅》不言周而《颂》独言周”者，周是孔子所加的，这是他承受孔子删诗说的流毒。然而谓“《鲁颂》与商、周之《颂》不同”的理由，却是非常新奇可喜而极恰于事情的，今录其说如下：

《鲁颂》：三《颂》之中，《周颂》《商颂》皆用以告神明，而《鲁颂》乃以为善颂善祷。后世文人献颂，特效鲁耳，非商、周之旧也。

他这一段话真是发前人之所未发，立论确切之至。朱记荣说他疏证分明简要多得者，也并不是过分之词。

其他诸篇虽然也颇有谬误或精到的，但比诸上列数条，则已无甚重要，所以便不再说了。

附清朱记荣《诗辨说跋》：

《诗辨说》一卷，旧刻附在元人朱倬《诗疑问》后，国朝纳喇氏刊《通志堂经解》时只刻《诗经疑问》七卷，而不及此，以故世罕获见。道光间，海宁蒋氏刊《别下齐丛书》，始以此一卷附刻于后。自经兵燹，版已无存，传本亦绝希矣。今陈文桂庼以其篇帙过简，尤易亡佚，因假录其副，属为校刊存之（此书在朱氏《槐庐丛书》中），以为说《诗》家取资焉。窃意说经诸书，大都简要者多得，繁芜者多失；只此一卷，于《诗》之大旨，疏证分明，读《诗》者正不为无裨尔……

十五年十月二十三日，于福州协大。

秦风与豳风[①]

系拙著《中国文学流变史》，比时因欲力求简略之故，所以对于三百篇诗，都未曾有详细的论列；比较讨论得较详的，只有《国风》，只有《国风》中的《周南》《召南》（楚风）；然而，就我现在的学力看起来，也还颇有许多地方应该补充的。

《周南》《召南》都且如此，则其余之十三国风诗之不能满足我意，自不用说。本年九月之初，当我正在讲授《国风》的时候，因为感觉那篇太为简单之故，乃始乘兴就便之补苴：预备补苴竟事，修改全册既毕；然后举付北新，要他三版出书时再改正。

这篇《秦风与豳风》，就是我补苴国风许多篇中的一篇。现在，因为建国中学要编印校刊，今天得着建中校长姚勤如先生的信，要我于两周以内缴卷。想我入世以来，为了谋生，疲于奔命；金钱虽无重负，而文责[②]多至"交关"。它事虽讫未能完，而文债不可不偿也。因检此篇以付之，或亦读者所谅与？

一九三一，十二，二十七日夜，

宾于记于成都支矶石公园。傍之澹庐。

秦地跨有禹贡、雍梁二州之地：其界自弘农、故关以西，京兆、扶风、冯翊、北地、上郡、西河、安定、天水、陇西；南有巴、蜀、广汉、犍为、武都；西有金城、武威、张掖、酒泉、敦

① 原载《建国中学校刊》1931年第1期，第11—15页。文章标点与今多有不同，整理时尽量保持原貌。

② "文责"或为"文债"。

煌；又西南有牂柯、越嶲、益州。其在风诗，实即兼秦豳两国焉：

（1）秦风：周幽王败于犬戎之后，平王东迁雒邑；而秦襄公以率兵救周之功，受封列侯，居有郊酆之地："五方杂厝，风俗不纯。其世家则好礼文，富人则商贾为利，豪杰则游侠通奸。濒南山，近夏阳，多险阻，轻薄，易为盗贼，常为天下之剧。又郡国辐凑，浮食者多；民去本就末。列侯贵人，车服僭上；众庶放效，羞不相及。嫁娶尤崇侈靡，送死过度。天水、陇西，山多林木，民以板为屋。及安定北地上郡西河，皆迫近戎狄，修习战备，高上气力，以射猎为先。故秦诗曰：'在其版屋'（师古曰："小戎之诗也"，言襄公出征，则妇人居板屋之中而念其君子。）；又曰'王于兴师，修我甲兵，与子偕行'（《无衣》）；及车辚四驖小戎之篇，皆言车马田狩之事。"（说见《汉书·地理志》，诸诗今不繁引。）

秦风除"尚武用兵""好大喜功""游侠通奸"而外，其尤可征者，如"送死过度"，则穆公埋葬，乃以生人为殉，临穴惴慄。"（黄）鸟列侯贵人，车服僭上"[1]；则"锦衣狐裘，颜为渥丹"；"黼衣绣裳，佩玉将将"。终南之诗，此指襄公。"郡国辐凑，浮食者多"；则前者"夏屋渠渠"（姚际恒云："夏屋渠渠，即藏食有余在内之意。"自郑康成不喻此意，以夏屋为食具；近世杨用修力证之，谬也。），而今也"每食无余"；前者"每食四簋"，而今也"每食不饱"矣！（权舆）"嫁娶尤崇侈靡"，实等赗送之事；以故康公送舅，既赠以"琼瑰玉佩"，复加以"路车乘黄"也。（渭阳）如此浮华，宜乎众庶响风仿效，而每羞其不相及了。

且如黄鸟一诗，原系"挽歌""悼歌"之流，沉挚悲切，刻

① 此句当作：（黄鸟）"列侯贵人，车服僭上"。

画最真。二千数百年后之吾人，偶读其诗，虽不见其人，但觉闻其声：幽情悱恻，有余恸焉。其诗曰：

交交黄鸟，止于棘。谁从穆公，子车奄息；维此奄息，百夫之特。临其穴，惴惴其慄。彼苍者天，歼我良人，如可赎兮，人百其身！

交交黄鸟，止于桑。谁从穆公，子车仲行；维此仲行，百夫之防。临其穴，惴惴其慄。彼苍者天，歼我良人，如可赎兮，人百其身！

交交黄鸟，止于楚。谁从穆公，子车针虎，维此针虎，百夫之御。临其穴，惴惴其慄。彼苍者天，歼我良人；如可赎兮，人百其身！

“秦穆公卒，以子车氏之三子为殉；国人哀之，为之赋黄鸟。”（《左氏传》。此文公十六年事。）讲诗的人，以穆公为贤主，因遂归过康公（惟《左传》说：“秦穆公之不为盟主也宜哉！”似直斥穆公，然亦误。）；朱熹《集传》，师承其说，便谓康公从父之乱命，其罪应有所归矣！不知从戎之事，乃秦戎狄之俗为然，非关于君之贤否也；何必为穆公回护而归罪康公哉？（此本姚际恒说）“且秦时风俗，不雄心于戈矛战斗，则逞技于猃歇射猎。（指四载诗言）至其声利所驱，虽豪杰亦且侧足于寺人媚子之间，方以为荣，而不知愧；其义士亦且沉酣豢养，与君为殉，而不可赎。盖靡然矜侠趋势之甚矣！”（唐顺之）诗之产出，岂有徒作无病之呻吟耶？

又有《蒹葭》一诗，语调颇似周南之汉广，此因秦之东境，与楚毗连以故其俗亦渐偶同欤？

蒹葭苍苍，白露为霜，所谓伊人，在水一方；溯洄从之，道阻且长；溯游从之，宛在水中央。

蒹葭萋萋，白露未晞；所谓伊人，在水之湄；溯洄从之，道阻且跻；溯游从之，宛在水中坻。

蒹葭采采，白露未已；所谓伊人，在水之涘；溯洄从之，道阻且右；溯游从之，宛在水中沚。

这诗的技艺，则写情状景，妙趣天成。姚际恒说:“在水之湄，一句已了；重加‘溯洄’‘溯游’，两番摹拟，所以写其深企愿见之状。于是于下‘在’字加一‘宛’字，遂觉点睛欲飞，入神之笔。”（《诗经通论》）《史记·封禅书》说:“自威宣燕昭，使人入海求蓬莱方丈瀛洲:此三神山者，其传在勃海中，去人不远；患且至，船风引而去。盖尝有至者，诸仙人及不死之药皆在焉。其物，禽兽尽白，而黄金银为宫阙。未至，望之如云；及到，三神山反居其下；临之，风辄引去。终莫能至云:[①]”这种境界，完全相类；蒹葭之伊人，等于封禅书之三神山:伊人宛在水中央，而三神山，反居水下；伊人从之不得，三神山亦即之不得也。艺境造极时，诗与散文，各臻其妙！司马迁的这样写笔，皆从蒹葭一诗造化出来！

然而伊人是谁？自无违诂[②]:姚际恒以为系“贤人隐居水滨，而人慕而思见之诗”；唐顺之则直认为隐士，他说:

① 冒号系误用或误排。

② “违诂”当作“达诂”。

而乃有遗世独立，澹乎埃壒之外者；岂所谓一国之人皆若狂，而此其独醒者欤？而优游肥遁，若后来凿坏羊裘之徒者，在当时固已有人欤？予独惜其风可闻，而姓名不著，不得与诸人并列隐逸传中。然凿坏羊裘之徒，以其身而逃之；蒹葭伊人者，乃并其姓而逃之，此其所以为至也。

我以为凡三百篇与楚辞中之所谓“美人”“伊人”“君子”之类，皆系指陈尽美尽善之寄托的，然则正不必拘泥佗①为男女，为贤人，为隐者了。

在秦风中的诗，尚有与蒹葭同义者，仅只《晨风》之三章耳。诗云：

鴥彼晨风，郁彼北林，未见君子，忧心钦钦。如何如何，忘我实多！

山有苞栎，隰有六驳；未见君子，忧心靡乐。如何如何，忘我实多！

山有苞棣，隰有树檖；未见君子，忧心如醉。如何如何。忘我实多！

彼言伊人，此言君子，意内言外，致概②大体相同。至于说到“文境”比于《蒹葭》，则这《晨风》相差实在太远了。

（2）豳风：“昔后稷封斄（钱坫曰：“字应作部”）公刘处豳，大王徙郊），文王作酆，武王治镐，其民有先王遗风，好稼穑，务

① “佗”疑为“它”。

② “致概”或为“致慨”。

本业。”“有鄠杜竹林、南山檀柘，号称陆海，为九州膏腴”。“故豳诗言农桑衣食之本甚备”。七月之诗，总凡八章，首章即陈衣食之义。诗云：

七月流火，九月授衣。一之日觱发，二之日栗烈。无衣无褐，何以卒岁！

是说“衣”的重要，其下接云：

三之日于耜，四之日举趾。同我妇子，馌彼南亩，田畯至喜。

则是说“食”的重要了。次章咏豳公之宫女将随其女公子适嫁为媵，爰特采桑治蚕以备嫁奁（衣裳之类），时正春日，景物添情；行将偕嫁，女心缘是以伤悲耳。尽态极妍，情境宛合。“后世咏采桑女，作闺情诗”，无以复加于此辞者矣！诗曰：

七月流火，九月授衣。春日载阳，有鸣仓庚。女执懿筐，遵彼微行，爰求柔桑。春日迟迟，采蘩祈祈，女心伤悲，殆及公子同归。

三章四章皆承次章诗义以为言。叙足女公子备嫁之事：

七月流火，八月萑苇。蚕月条桑，取彼斧斨；以伐远扬，猗彼女桑。七月鸣鵙，八月载绩。载玄载黄，我朱孔阳，为公子裳。

此章辞旨，盖乃变文取新之义耳。衣裳的嫁具既已办妥（三章)，于是遂更进而完其裘袍之服焉（四章)。

四月秀葽，五月鸣蜩，八月其获，十月陨萚。一之日于貉。取彼狐狸。为公子裘。二之日其同，载缵武公。言私其豵，献豜于公。

豳地盖在西北，气候严寒，非有重裘不能御其酷冷；是故北人尚武，秦豳为最：取彼狐狸，田猎攫取之事。固亦豳人生活之一种也。此诗首章即说“无衣无褐，何以卒岁?”于是承其后者，次章则宫女执筐以采柔桑，三章则裁制丝绩之物以为衣裳，而于四章，则“取兽为裘，亦兼为褐”（姚际恒语）盖亦假借这女公子出嫁预办陪奁之事，而陈说豳地四时之季候与其衣服之设备耳。

五章一首，应有二义：一为指陈农人栖息之时际，一为陈说其“改岁入室”之风俗。它说：

五月斯螽动股，六月莎鸡振羽；七月在野，八月在宇，九月在户；十月蟋蟀入我床下。穹室熏鼠，塞向墐户。嗟我妇子，曰为改岁，入此室处。

其为指陈农人栖息之时际者，满清御纂诗义折中之说，允为确当；其说曰:“圣人观物以宜民，一夫授五亩之宅；其半在由，其半在邑。春令民毕出，如在野而动股振羽也；冬令民毕入，如在宇在户而入床下也。豳民习此久矣!”至于谓其为“改岁入室之俗”者，则有姚际恒主张之。盖言岁时之寒暖，皆可从物类上见到:“五月斯螽已动股矣！六月莎鸡已振羽矣！七月犹在野，八月则已依人之宇下矣，九月尚犹依人而在户内，十月则蟋蟀且更进入于我之床下矣！以见豳地孟冬蚤寒如此。……首言‘斯螽’‘莎鸡’、末言蟋蟀，中三句兼三物言之；特以斯螽、莎鸡不入人床下，惟蟋蟀则然，故点蟋蟀于后。古人文章之妙，不顾世眼如此！”（《诗经通论》）此诗从五月写至十月，关于气候寒冷之次第，有条不紊，尤属超绝。且其诗意所呈，偏于言物，物由在野而至入床下，人亦由野而至入室处。因物以推人，循理更可以观见其风俗气候。此诗之妙，全在乎此！

六章分写各种食物，何者可以享老年，何者可以供农夫；琐碎食谱，逐月尝新。但凡菜豆瓜果以及酿酒取薪之事，靡不琐细详述机趣横生焉。它说：

六月食郁及薁，七月亨葵及菽。八月剥枣，十月获稻。为此春酒，以介眉寿。七月食瓜，八月断壶，九月叔苴。采荼薪樗，食我农夫。

七章统言公私收获之际，亟应分治邑居（上入执宫功）野庐（亟其乘屋）用为蓄藏，以待来年。故说：

九月筑场圃，十月纳禾稼。黍稷重穋，禾麻菽麦。嗟我农夫！我稼既同，上入执宫功。昼尔于茅，宵尔索淘①。亟其乘屋，其始播百谷。

八章诵言“岁时伏腊，田家作苦，烹羊庖羔，斗酒自劳”之意。以故首陈藏冰之寒冻，继述田家之欢乐，津津乐道，宛如目

① “淘”当作“綯”。

击，每届年终，劳作寝息。朋聚而称觞庆祝，愿复更待来兹耳。可见豳民之忠厚，与夫北方风俗之淳朴也：

二之日凿冰冲冲，三之日纳于凌阴。四之日其蚤，献羔祭韭。九月肃霜，十月涤场；朋酒斯飨，曰杀羔羊。跻彼公堂，称彼兕觥，万寿无疆！

（宾于按，公堂并不是豳公之堂，乃是公众会聚之所。《毛传》解为学校，亦不得实。）

《国风》记咏民俗风土之情况者，要以《豳风·七月》为真实：言其“鸟语虫鸣，草荣木实，似月令；妇子入室，茅绹升屋，似风俗画；流火寒风，似五行志；养老慈幼，跻堂称觥，似庠序礼；田官染职，狩猎藏冰，祭献执功似国家典制书。其中又有似采桑图，田家乐图，食谱，谷谱，酒经。一诗之中，无不具备：洵天下之至文也”。（《诗经通论》）

现在《豳风》所集之诗，虽然共有七篇；然而《鸱枭》以下，皆谏诤王室与歌咏周公之诗。其讽谏王室者，或属周公自作，其歌咏周公者，盖即四国颂美思慕之辞。所以如此等篇，自应属之周公（所谓《周南》之诗，或应有此数篇。）；而今竟隶豳风之中者，想系秦火以后，汉人编次，任意杂厕，漫不加考，遂致有此错误耳。

然则所谓《豳风》之诗，秦火以后，仅存七月一篇，可断言也。（说详周南一叚①中）

一九三一，九，二六。

① “叚”当作“段”。

文学史研究

刊印单篇《长短句》自序[1]

“长短句”是拙著《中国文学流变史》的一篇，并不是单独的述作；所以在我那全书未产出以前，骤看此篇，于文学底流变上不能得到整个的概念而且觉其片面。关于这一点，是要请读者原谅的。

“长短句”在文学史上特别提出来讲说的，前此无人，实自我始；因为他们都从没有注意到这一点。

在我的初意，原没有打算把它先期出版；而且它也没有先与世人见面之必要。然而有许多朋友读了此篇，都极端地怂勇[2]我先期刊印单行本，使社会上多生了一点东西，出版界增添一种出版物。这个主张，要算我去年在保定育德中学校时的同事谢采江、沈子韵两先生和我的学生李锡璋为最早了。在我的《文学流变史》中，我看出有两个时期是文学演进最重要的时期，而为从来研究“中国文学史”的人们所未曾知道的。——这两个时期，一便是南北朝，二便是五季（其理由详见拙著《中国文学流变史》）。“长短句”即是得力于南北朝人们最大的一种产物。

“诗”变而为“词”，“词”变而为“曲”，这是任何人所不能反对的。可是“诗”变为“词”究竟没有像“词”变为“曲”那样直接，而且竟是间接的。严格地说起来，便应当是“诗”变为“长短句”，“长短句”变为“词”，“词”变为“曲”了。

① 《长短句》，“郑宾于箸”，海音书局，1926 年版，第 1—9 页。

② “怂勇”当作“怂恿”。

"长短句"并不是在"诗"和"词"的中间显然作了个间格，乃是与"诗"并行的一种革新创造。有"长短句"而又有"诗"，也正和有"词"而"诗"不废，有"曲"而"词"亦未完全灭迹一样，不过"长短句"所占有的势力不能如"词"和"曲"那样大，所以材料也就很少！

"长短句"之所以能够产生的原因，是全靠着南北朝的男女们不甘于束守那有规律格式底"诗"而擅自趋新的创作。论功行赏，要以简文帝、沈休文、陈后主、隋炀帝、侯夫人及"隋宫人"的功劳为最大（沈休文这个人很怪蛋，他一方面在那里造"平头""鹤膝""蜂腰"……和"四声""八病"的诗律，一方面却来作解放诗体的"长短句"。沈约的才具本自不凡，"长短句"正是所以发展他才具的东西，他必要造出很烦琐底诗律者，其亦有意陷害天下文人欤！）不过他们所创造的成绩到了唐朝，便被那一般复古的文人菲薄了。所谓初唐四杰，因为犹有南北朝人创作之风的原故，遂至扑灭殆尽；可幸"天道好还"，徧①偏遇着唐明皇这个风流天子，杨玉环是个妖娆皇后，而李长庚（名白，字太白，又名青莲。）又是放荡不羁的文人，后来又继续着一个极端趋新的白居易。他们都能各自在那里制作新词艳曲，不与古侔；所以匪特是能够承继南北朝时"长短句"的工作而已，尤且更进一步而促使这"长短句"的成功！

"长短句"的成功便是"词"，这个功劳须得让给李长庚和白居易，不过李长庚创作之功却居第一。

究竟"长短句"的变迁是如何？内容是如何？请读者翻看原书好了，此处用不着来说许多费话！

---

① "徧"当作"偏"。

本书因为有上面所说的各种创见，大都为前人所未发；所以护得朋辈的许多推许与敦促，私意亦窃以所作为不谬。适值育德中学校的同学甄永安、张毓堃诸君的海音书社成立，索予此稿付印；又因为《中国文学流变史》的工程太浩大了，全书出版必在数年以后，觉得出世太迟，而朋侪希望目睹此篇之情甚切，以是不复自晦，而慨然地允予付印了。

现在书将付印了，序文尚未作：本来也实无话可说，因亦不想作那“负赘县疣”之序以示无味了。思之再再，终以有序为愈！因为本书既是割取《中国文学流变史》中的一篇，而又无序以说明其原委，则其势必将使读者茫然迷惑，无以知其旨意云何也。

前者在京时久欲成一序文，因为在国立北京中俄大学校授课忙碌之故而未果。今兹南下，留滞天津，旅次寂寥，觉得时间抛弃可惜了，乃始展纸拭笔写成之。

中华民国十五年四月二十日，

宾于在天津河北大马路悦来旅馆序。

《中国文学流变史》（上）题语[①]

所谓“文学流变史”者，盖谓这文学的源流派别是有变迁和因革的；而这变迁和因革，即是时代的创造。如“诗”之流为“赋”，演为“唐律”，再变而为“宗词[②]”“元曲”；散文之演为各家各派的“古文”以及“杂文”“小说”之类，都是变，都是革，都是创造。

讲到编制呢，则：叙诗止于唐，词止于宋，曲止于明而流及于清……文学本是时代的产物，当前的便是活的，已往的便是死的；故必得要捉住时代，注重创造的文学。

此外，也还要注重各个文学之系统的叙述：如纪诗赋的本末与词曲小说杂文等的本末是。（这便叫做以文学为纲）其用意，盖重在于文学本身的系统之流变，而不以朝代的更替划分之也。

“文学史”本应以“文学的范围”为范围，不应窜入其它一切的非文学；本书之作，实也注意到此一点。现今流通于书肆间的许多文学史，我想，若称之为“国学史”或“国故史”，恐怕比较还要恰当些罢？

秦代为甚么没有诗？《三百篇》的诗体本来已算大备，为甚么人们还要说“十九首”是汉人的创作？是诗之起始？再如六朝之于诗，五代之于词，宋人之于小说，究竟有怎样的努力和成绩？清代究竟有没有文学？（创造的文学）……举凡这些问题，都为

① 据北新书局1936年8月版。

② “宗词”当为“宋词”。

本书所讨论，而为前此的“文学史”所忽略的。

又，人们每于中国的学术，便道“先秦”；每于辞赋，便称两汉；每于诗词，便指唐宋……重视已成。漠察未著，其弊，则正患于不能通达之过也。夫我则不然！偏要注重五代，注重六朝，注重战国两汉之际的秦。

以上这些意思，本在“前论”里已经说得很详，无须乎再事申说。

我以为非如此编著，不能使读者对于文学史有整个的系统的概念与了解。当我以此教授于国立北京中俄大学及福建协和大学时，即颇得到一些良好的结果；故能深切地自信，用敢献于读者。

顾书何以要有序呢？“序盖所以为作者之意。”——这便算作全书的自序了罢。

十七年四月七日，宾于于上海。

本书计共为四册，凡若干章；而此三章便即为其第一册。在这第一册里，有好些地方是和一般的见解不相同的，兹特就其大者摘录若干条，即希读者予以批评和留意。

属于第一章中者：

(1) 叙述古代的诗歌始于殷商，盖因为自那时才有信史。

(2) 孔子不曾删《诗》，打破从司马迁以来主张孔子删诗的谬说。

(3)《风》《雅》《颂》是声乐部分之名，或者竟是汉初众人自以己意分别之名目。

(4)《商颂》绝非商代人所作，乃是周代宋国人所为。

(5)《周南》《召南》都是“楚风”，而且，《诗经》中也并没有南之一体。

（6）《三百篇》之在孔丘当时，其价值适与现今之所谓“民俗学”“风俗学”“社会学”同样。

（7）《诗经》中的乐歌，大都是由徒歌改制而成。

属于第二章中者：

（8）春秋战国时代的文学有南北二派：北派的代表是荀卿、李斯，南派的代表是屈原、宋玉之徒。

（9）这个时代的“诗”与“赋”已经显示出了些微分别，故赋在汉代能够达到完成。

（10）书中特地标出“荀卿的赋”和“荀卿的诗”两个题目来一新文学史上的耳目，这的是前人从未见到过的。

（11）荀卿之所谓“赋”，与汉人及汉以后人之所谓“赋”截然不同。

（12）《楚辞》的名称当是起于王逸，并不起于汉武帝与汉宣帝之世，《朱买臣传》与《王褒传》所说俱不可信。

（13）谓屈原本无其人之说太谬。

（14）《九歌》《招魂》《大招》，皆是楚地民间的巫歌，且更经过屈原、宋玉、景差们的“改篡”“修饰”与润色的。

（15）请读者更要注意两篇《附录》，因为它对于“诗的问题”之讨论颇有许多独到的地方。

属于第三章中者：

（16）“汉诗”和“三百篇”的关系到底怎样？

（17）汉代三四五六七言等诗究竟是怎样的产出？

（18）古诗十九首的作者到底是谁？从空间上说，它是那一部分人的产品？

（19）所谓“古诗”“古歌谣”等，究与乐府有怎样的关系？

（20）《孔雀东南飞》是汉季的产品么？是六朝的产品么？是

曾受了《佛本行赞》的产品么？

（21）从古诗和古歌谣中觇出两汉的社会乱离和其儇薄谲诡的民情习尚。

（22）甚么是乐府？甚么是乐府诗？

（23）注重于乐府曲调的叙释，期读者能够在音乐的文学史上得有相当的了解。

十七年十二月七日，宾于于上海。

《中国文学流变史》（中）第一页[①]

这《中国文学流变史》的第二册，也是三章（从四章到六章），不过分量却较第一册更是增加了。

写完了这一册，我觉得有几处须要约略表白的；所以也便撮录十条，冠之卷首。

1. 这个编制法是比较可认为有系统的：察其目录就可以知道某体某派的作者是谁，诗歌的趋向怎样，已可了然于其流变的大概；至若进而再即其内容，当更可贡献读者一个深切明白而新颖的意思了。

2. 扼要的地方，似乎亦稍稍和别的作家有些不同；六朝诗歌，前此的作家都不曾重视它，惟我适得其反，（这见解已于《前论》中提到过）我始终主张南北朝与隋都是往后一切诗歌的总酝酿时期，所以对于那时的叙述却是较为详尽的。譬如说，“唐律”是怎样起的？“宋词”是怎样的渊源？想要解答这些问题，都不能不注重这个时会。

3. 魏晋诗歌，止是承继两汉的扩大；直到西晋而后，才开始有很多新的述作，渐与齐、梁作风接壤。

4. 在政治上，曹操、梁武帝、陈后主、隋炀帝等都常遭了世人的诟骂，但他们在诗歌方面所占的地位却又怎样呢？

5. 李白是复古么？杜甫开新的结果是好亦是坏呢？

6. 白话诗的来源怎样？元稹、白居易的新乐府乃是继续李公

① 据上海北新书局1936年版。

垂而努力创作的结果，并非他们自己的创造。

7.“唐诗”是怎样的起来，“唐诗”也是怎样的回去。关于这一点，却是很值得研究的。

8.“唐诗”何以会盛？而盛的状况又是怎样？唐诗何以会止？而亡的状况又是怎样？

9. 所谓采诗入乐是怎样的采法？乐府与诗的关系怎样？古诗和乐府的分别，唐代诗歌和乐府的一般现象怎样？与前此又有那些不同？

10.《木兰辞》不是盛唐间人所作的故事诗么？是否有木兰这个人呢？

11. ……

12. ……

关于这一册所要提出的太多了，老是写下去，不知还有若干条，就此停止也罢。

末了，还得附带一句，所谓“诗的原委”，是继续前册的第三章的。

——本书想必也有许多错误之处，希望读者随时赐正，信寄上海北新书局李小峰先生转。

一九二九，五，七。宾于在上海善钟路。

《中国文学流变史》（下）序[①]

在“文学的历史”上，每一个时代，都各有其特殊的创造的产物。

自从“律”“绝”云亡，而后“词调”勃兴；由晚唐以迄初元，五百年间，尽是“词”家之天下，其势可谓极盛了！

这《中国文学流变史》的第三册，我们简直可以叫它做“词的历史”。册内共分两章：第七章，由晚唐以及五代；第八章，由北宋以迄南渡之亡。写完之后，觉得有些地方，尚须先行揭示，俾资研讨者，略为写定如左方：

1. 词的来源怎样？它和诗有怎样的差别？什么是词？并且它有怎样的价值？……

2. 所谓历史，虽然重在纵的方面的叙述，但也不可过于忽略了横的方面的空间。五代的小词，我所以要把它分开叙述者，正欲藉此确知彼时各个国度的文风之轻重耳。

3. 词在两宋，何以会有那样隆盛的成绩？何以会有那样普遍的现象？

4. 两宋的词，究是抄袭五代呢？抑是另辟格调呢？如其是另辟，则五代两宋，究有什么的不同？

5. 讨论两宋的词，究竟应不应该划分时代——“三宋”“四宋”——去叙述？所谓“三宋”“四宋”的名词，在“词史”上，究竟有无存在的价值。

① 据北新书局1936年版。

6. 我对于宋词的叙述，只是分为“豪放”与“婉约”的两个派别去叙述它，更从这“豪放”与“婉约”的两根平行的直线当中，各各加以“北宋”和“南宋”等名目去约略地划分它的年代。就是这样的方法，只是我一个人独用的方法；在前乎此者的“一切文学史”的编纂当中，确是不曾有过的。

7. 自来的批评家们，都满装了传统的观念：他们于词，惟独看重“婉约”一派，因为他们以为“婉约”一派才是正宗。因此，所以他们鄙视那豪放词调的作者，众口一辞，咸目苏、辛为外道。我因为要纠正他们的错误，弥补他们的过失，所以特别重视苏、辛。叙述“豪放”一派的词格，大非“婉约”可比矣！

8. 由唐末以迄元初，词的递变究是怎样？两宋之世：“北派”的渐变若何？“南派”的渐变怎样？取以相较，孰为优劣？

9. 词调之沦亡，宋季作者，谁应负其全责？

10. 周清真、姜白石等人的专究音律，对于词调的本身，究竟是功是过？

11. 词调何以会沦亡？彼其亡也，究是突然消灭？抑是逐渐更替？

12. ……

在这“词的历史”当中，所要提出来讨论的问题尽多；不过其中重要的，约略如此罢了。

编这一册书，足足耽搁了七个年头：民国十五年的夏天，初在福建写成了第七章中第一节里的四段（中惟第二段是现今所补）。此后因偿它债，屹屹未遑。十八年夏天，流寓沪上，于生活奔竞中，始将前面两册，足成付印。是秋抵省，公私交忙，无复编纂之时日矣！

十九年春，应李劼人之请，为之接胫于成都大学；因为是继续他所编印的“文学史讲义”① 而讲授，也就不由我不努力了。于是，方才奋笔直书，草成晚唐、五代的一节（即第七章的第二节）。

去岁，从春到夏，前两册书都已出版；因而北新主人，便又屡次向我催稿了！逼得我无法，只好写下去。

旧稿零乱，整理经时；事情翻覆，作息无端。直到昨天，此册工程始完全告竣。

第一册书，居然能于半年以内再版，这是谁也梦想不到的事！最近的将来，我想把它大大的改削：即如论《国风》一段，必须分别的评叙；而于其起始，更当加入《〈中国文学史〉应该从什么时候讲起?》的一文。

关于前两册书的出版，在错误极多中，还公然邀了许多读者的厚爱，这是令我十分惭愧的！容元胎（肇祖）兄自广州岭南大学来函云：

兄所著《中国文学流变史》，未曾得见；初来广州的一批，闻已不胫而走！当即购阅，以慰相思也。（民国二十年五月九日函）

成都黄毓荃兄，特自四川大学文学院中致函云：

尊作一出，不啻与某某等公（按此系指成都之“斗方名士”

① 陈玉堂在《中国文学史旧版书目提要》（上海社会科学院出版社 1985 年版）曾对此有过介绍：《中国文学史讲义》，“李劼人（四川华阳人，1891—1962，曾用笔名老懒、菱乐等）于一九三〇年前在四川讲学时编。一九三〇年春，郑宾于应李邀返川，任教成都大学，曾以此讲义授课。据郑著《中国文学流变史》第三册序言著录。原书待访。”（第 46 页）

以为言）之大著一致命伤；诚学术界之幸，学子之福，而腐朽之厄也。（民国二十年十月二十二日函）

论到我这部书，本也算不了甚么；然而言乎销路，竟能“不胫而走”，六个月内再版；以言价值，则又“诚学界之幸，学子之福”。至如给予他人以“致命伤”，则又非始意之所能料的了。

一九三二年二月十六日，郑宾于，记于成都之澹庐。

附启：如承读者是正，即希赐函上海北新书局编辑部李小峰先生转交为盼。

作者，同日午夜。

《中国文学流变史》前论[1]

我国文学的著述自来无所谓“史”，有之，亦只是文学的材料与选集；这种现象，不特是文学如此，其他的一切学术思想也是一样。

然而近三十年内受了“洋化”之候[2]，作“中国文学史”的人竟不知有多少，所以“中国文学史”也就不知有多少了，然而他们那种“文学史”的作物都是包罗万象，无奇不有！举凡是前乎此者之用文字写出来的东西，不管它是属于“文字学”的也好，属于“哲学思想”的也好，属于“图录”“谱牒”的也好，属于……的也好，在他们的“文学史”中，都统统地把它搜罗起来，凌乱杂沓地都说他[3]是“中国的文学”，都说它是前此“中国的文学”。据我的眼光看起来，似这般“杂货铺式”的东西，简直没有一部配得上称之为“中国文学史”的作品！

本来，“文学”的界说也是很难确定的，若依章太炎先生《国故论衡》中《文学总略》的说法，则是一切“有韵”“无韵”，“有句读”“无句读”，以至于“表谱”“图画”“算式”……凡是写在纸上的东西，都尽说它是文学，故曰:“文字[4]者，以有文字著于竹帛，故谓之文；论其法式，谓之文学”。谢无量即是受章氏影响的一个人，所以在他所著的《中国大文学史》中曾经画了一

① 据北新书局 1936 年版。该《前论》置于上卷的开首。

② “之候”当作“之后”。

③ “他”当作“它”。

④ “文字”当作“文学”。

个文学分类表。在这表中，他把“批判”“告示”“诉状”“录供”“履历”“契约”“目录”“报章”“姓氏书”一类的东西都一例的平等去看待它，都将它请入“文学史”的宝殿里来坐把“文学交椅”。

我们只要忠实地考察“中国文学史”上应有的质料，便知道他们这种说法是“玩世欺俗”“荒谬绝伦”。

试问：若要把“录供”“诉状”一类的东西认为是“文学”，认为是“文学史”上应有的质料；那吗，必须要把中国四五千年以来的时间和四百五十一万五千六百四十方哩的空间所有的大小衙门一律造遍，而且还要这些衙门都必保留着这种东西而无遗失，这是一件可能的事吗？从文学的价值方面说：它们这种东西并不是要描写一种事物或抒情，乃是用心陷害他人的刻削刀笔，是一种无艺术的东西，没有文学的价值，所以本质上便不能认它为“文学”。

至于“告示”“批判”一类的东西，也还与它们同是鲁、卫兄弟之国，半斤较八两，分不出什么高下或长短来，虽然有许多人说《尚书》中有好些篇目都是当时的告示，然而它也是文学，但却从不知道时变事变的原故，后此的告示却不能够与《尚书》中的告示相提并论而媲美，这原因，就是因为《尚书》中的告示能够表示那个时代人们的生活与思想，并不如像后世或现代的告示一样，东拉西扯地说话，七乱八糟地押韵，然而这仅仅是它们本身大相差异的一点。

在章太炎先生之前的阮元，他在《揅经室全集》中也曾毅然地说:“必沉思输藻①，始名之为文”，因为他是主张骈文的人，所

① “输藻”当作“翰藻”。

以他把“文”“笔”这两个东西分得非常之严格，他以为必须要“偶语”和“韵文”的作品才是“文”，反之，则都是“笔”，我们只要看他儿子阮福的《文笔对》，便可以知道得清楚了。

阮元下的界说太狭窄了，不能够赅括文学的全体，所以我们也绝不能采用这种说法。

确实的，中国文学之所谓派别与西洋文学之所谓派别截然不同，西洋文学中的“浪漫派”“写实派”“象征派”等又却与中国的什么桐城派，阳湖派等截然大异；何况往昔的中国文学也就本来没有所谓派别这个东西，虽然也有所谓“韩柳古文派”等，但那究竟是止于文体力趋古奥渊深，并不是从主义上、方法上或艺术上而有根本之差异的，平心而论，韩柳的古文，比那“玉台新咏”体底诗的艺术恐怕实在相差得太远罢？

虽然如此，但若要讲“中国文学史”，就不可不说明这文学的范围；倘若没有范围，则这部“文学史”又将从何讲起呢？所以这文学的界说是非常重要的。或许也有人要说：文学的界说（定义）是研究文学者们的任务，不是讲“文学史”的人们所宜讨论的问题，那更是毫无理由了。

文学的界说在中国既不易得，在欧美可是极多，但都各有所偏，不甚确当，即以我的认识而论，要以下列二家之主张比较是最完密，最良好的文学界说了。

（1）波斯耐脱（Posnett）说:“文学是包括散文或诗的一切著述，不但能表现反省，并且能表现想像，其目的不特教导国民，使发生一种实际的效果，而且还要给予他们一种愉快。所以文学是普遍的，而不是特殊的。”

（2）韩德（Hant）说:“文学是用文字写下来的思想的表现，必须要有想像，有感情，有趣味，能使普通一般人们对于它容易了解而发生兴味，并不是一种专门学艺的形式。”

除了以上二说之外，还有人说：“文学是世间男女写下来的思想和情感，有很好的布置，可以使读者愉快；若使一篇文章里没有体裁，没有艺术，而且结构不善时，那却不算得文学。”也有人说：“文学就是组织美丽的文字。但现在的人们很多主张文学是人生的表现和批评的。”——这话也极有理由。我今总合各家的说话而制成一个比较周遍的文学定义：

“文学是基本于感情的：有思想（无论好和坏），有体裁，有想像，有趣味，有艺术的组织，有美的欣赏，有普遍性与永久性的特长，是人生的表现和批评。”

自然，在中国文学里得不到纯粹批评人生或表现人生底产物，但那富有想像、感情、趣味、艺术等的作品实在很多。所以，如果要用文学本身所具有的原理去看中国的文学，则在中国的文学作品中亦尽有被征选的价值，因为它们也是很具有文学的价值的。

（一）胸中有了牢骚或感触，而感情又趋于激烈时，由咨嗟咏叹之间自然流露出来的一种产物。

（二）有心理描写或暴露社会上的事物和情致，而用艺术的方法与手腕所制作出来的一种篇什。

现在我即依据以上两个原则来规定文学的范围，即以此范围内所占有的文学分布于中国四五千年以来底成绩来做我底“中国文学史”。

昭明太子在《文选序》里说得好：

若夫姬公之籍，孔父之书；与日月具悬，鬼神争奥；孝敬之准式，人伦之师友，岂可重以芟夷，加之剪裁？老庄之作，管孟之流；盖以意为宗，不以能文为本。今之所选，又以略诸。若贤人之美辞，忠臣之抗直，谋夫之话，辩士之端，金石泉涌，金玉相振，所谓坐狙丘，议稷下，仲连之却秦军，食其之下齐国，留侯之发八难，曲逆之吐六奇，盖乃事美一时，语流千载，概见坟籍，旁出子史；若斯之流，又亦繁博。虽传之简牍，而事异篇章，今之所集，亦所不取。

萧统对于选集文学的态度本来要算是很对的了；不过姬公、孔父、老庄、管孟、贤人、忠臣、谋夫、辩士等人的篇章只要果具有文学上的质素时，也未始不可以登诸文学之坛，何必因其保有一种潜势力的原故而遂致于一概抹杀呢？至如根本上就不是“以能文为本”的作物，当然是应该在屏弃之列的了。

在中国前此的一切“选文”之中，当然要推萧统的《文选》独冠，但因为他的去取太严，凡是入选的文字都是作者精神所激注而始作为底“文”，确是曾在艺术方面讲究过的一种作物，并不是“以意为宗”的东西。在这一方面，本来没有甚么不好；然而，因为他所标立的“体例”太腐杂①了，所以遗下了后人许多口实，甚而至于讥弹他的不通。

现在再来讲一讲文学“体例”的问题。甚么叫做“体例”呢？在西洋修词学中也有种种的分别：如视内容与文体的均衡以为主旨的，则分为“简洁体”与“蔓衍体”；以文体的强弱立论的，则分为“刚健体”“优柔体”；依文章修饰之多寡立论的，则分为“干燥体”“平明体”“清楚体”“高雅体”“华丽体”等等。但在中国就不然！他们之所谓体例（亦称分类）也者，就是“诗赋”“论”“策”“书”“表”“启”“奏”“箴”“铭”“词”“曲”

① “腐杂”或为“复杂”。

各类的名称。自从任昉《文章缘起》分别八十三体，《文选》分别三十七体以来，一直到了明朝吴讷的《文章辨体》和徐师曾的《文体明辨》，竟分别为五十余体以至百余体之多，所以毛西河也曾痛骂徐书之妄诞。清季姚鼐所选的《古文辞类纂》又约之为十三类，曾国藩的《经史百家杂钞》更约之为十一类，至于吴曾祺的《涵芬楼文钞》则又更事增广许多类别出来，——于是乎这“文体”也就莫名其妙了。总之，他们这些分体的方法，不管分多分少，都是毫无价值，不过止于闹到一蹋糊涂①而止；怎奈一般作“文学史”的先生们也竟然依据他们的样儿画起葫芦来！我在前面曾经说过，他们的书没有一部可以配得称为“中国文学史”者，恐怕这也是个原故罢。

我今所作的“中国文学史”便与他们截然不同而两样了。也不管你甚么“类”和甚么“体”，都把它一概弃掉不讲。也不重在用周秦、两汉、魏晋……以来的朝代名词来分期，作那种“杂货铺式”的“文学史”。

因为文学的背景虽然也受着“政治”“社会”“环境”……的影响，然而大体的趋变和成功，究竟与因政治之改变所获得的朝代名词有些两样！所以我却要从纵的方面叙述这四五千年以来的“中国文学”，要从这个长时期的“文学史”中来追寻它的变迁和趋势的原因；要作一部从来没有人用过这种方法来作过的“中国文学史”。

“体例”并不是绝不可用，因为被从前的人用得“繁”“滥”，而且太坏了，所以一慨拼弃②，何况人们自来对于体例之名，简

① “一蹋糊涂”现作“一塌糊涂”。
② “一慨拼弃”当作“一概摒弃”。

直是弄不清楚呢？至于朝代的称谓，我则以为终当避免为是。因为它是国家政治改革上的名词，而文学的变迁却不能同政治一样地完全符合；用朝代之名来嵌在“文学史”上，未免有些不伦！

然而我的方法并没有甚么奇特，说来也颇简单。即是从文学的方法和形式上去区分它为散文（Prose）与韵文（Verse）二部：

（一）有韵文学部：从“诗”“谣”“铭”“辞”以至于“诗”“赋”“词”“曲”“骈体”“四六”等。

（二）无韵文学部：从散文以至于某派某派的古文和杂文小说等。

至于音韵、训诂以及经传诸子……中的文字，有未可以被我采入这部“中国文学史”中者，当然是留给专门研究音韵、训诂、经传……的学者们去讲述，本书只好一律抛弃不理了。但若只要是合于上项条件的东西，不管它的作品好和坏，都是应该请进我这“文学史”中来的；因为文学史的性质本是不管它（文学作品）好和坏的，只要它真是文学上已往的陈迹就该论列。法兰西的批评家孙伯夫（Sainte Beuve，1804—1864）说：“今日的文学史之撰述，应当和博物史一样，也必依据观察与采集二者而后成。”本书的纂著就是应用这个方法的，不过因为要力趋简略之故，不能一一从事搜罗与编述罢了。而主旨却是没有变更的。

用这种“纪事本末体”（编制的系统）和归纳（材料的搜集）的方法来作“文学史”，虽然免不了人们的讽刺，但我自信它是唯一无上的妙法，而且也非用此方法去作，不能使读者得到“中国文学史”上一个具体的概念。

这样，则我并不是要著古典的古文的，或贵族的文学史；也并不是要著语体的或平民的文学史。我只是要著有真正文学价值之文学底“文学史”，却不拘于古文和白话。

总之，文学乃是作者生命力之流露，是应时代底需要而产生的东西；姑无论你“庙堂文学”也好，“山林文学”也好，或“田园文学”，……也好，终归是循着时间之迁异而波状似的起伏着。所以，我著底“文学史”，一方面固然是要叙说他们的衰微和兴替，而另一方面，还是要注重时代下底社会情形，以及作者所处的环境与生活。

老实说罢，我并不能有像“梁启超们”那样聪明——“为学问而学问”。所以，我便并不是“为文学史而著文学史”，这是因为要述说已往的文学在历史上的趋势和其现象变化之迹。然后，却才从这些地方一层一层地去侦察各样文学所分别走去的道路和归宿。

举个例来说：譬如，“楚辞”与“诗三百”（这是古已有之的话）的关系到底怎样？何以从“诗三百”到“汉诗”之间的一个长时期中没有诗？究竟有没有？两汉何以会“诗赋道分”？而诗呢，沿历汉、魏、晋、宋的繁衍而后乃有“齐梁体”的声律，“五言”的声律，“五律”的声律；到唐而后衍为“七言”“七律”“排律”等的声律；卒之，因为声调格律太严之故，往往束缚住文人的作品而遂至于不合时用，所以唐末五代赵宋的人们才改造了“词”出来代替它；其后，这“词”也不合于时用，而规律又愈趋严格，“弥见拘束”了，于是宋末金元的人们乃始一变而为曲；曲之流衍，在初期本为平民的，其后兴波助浪，递渐变为贵族的、空文的了，由是乎遂致于促成清代之“乱弹腔”等，以及今日之所谓戏剧界。（自然，它的变迁也受有外来的势力）而世人之所谓“诗”也者，则自唐以降，愈下愈古，愈后愈死板，早已失其自在发抒的效能，毫无一些儿文学上的创造性了。所以，虽然由五代而宋元明清，而现代的人们也还伏案吟俄①，自谓名士，但终归于不成其为文学。这当儿，又滑突受了西洋文学的影响，于是乃始产生出所谓中西合璧式的“新诗”。

赋呢，却曾在两汉演过一翻②“铺张堆垛”“字斟句酌”“洋洋洒洒”“宏壮富丽”的世界；凑巧，汉人又“重赋”“轻诗”，所以，它在当时竟盎然称雄独霸，“势倾朝野”；魏晋作家在这一方面虽然比较逊色，但总不愧为其余裔，然亦终不过余裔而已。这实在因为他们对于赋的本身太少改变创作之故。南北朝可就不同了，他们用赋来写“风花雪月”，用赋来写内心的感情；体裁上，辞句上，都能给予它（赋）一个根本的改造，这在赋坛上总觉得很是异样的。

再下，唐人虽然惟知胎息魏晋或摩拟魏晋，而宋代却有一种极大的改革，这可举四川的苏东坡来作为一个代表（如前后《赤壁赋》之类）；此后，则亦无非“依样画葫芦”而已，更有何叙说之可云呢？

以上，是说“有韵文学”在历史上所表现的状况。至于“无韵文学”呢，则大概可以区分为下列三种去讲：

（1）散文的：这类文学从大体上去看，可以说没有甚么较大的变动；其实，历代的论著已是委实不同。汉魏不同于周秦，明清不同于唐宋，这已经是很显明的事实了；所以前人往往有所谓“时文”之说；时文者，即谓有以异乎古昔之文也。这一类，凡杂文，小说，语体文之流属之。

（2）骈体文：这一种文学发轫于战国秦汉，造极于六朝两唐；

① “吟俄”当作“吟哦”。

② “一翻”当作“一番”。

自后惟有因袭，亦渐衰替。

（3）四六文：这一种文学创始于晚唐，大行于南北宋，元明以来，虽有间作，然皆末技，盖不足以矜尚了。

这“文学流变史”就只根据这种方式来作一个时代文学的叙述，例如唐之诗，元之曲，汉魏之赋，六朝之骈体……的变化等是。善夫，焦循《易余籥录》之说曰：“一代有一代之所胜……汉则专取其‘赋’，魏晋六朝至隋则专录其‘五言诗’，唐则专录其‘律诗’，宋专录其‘词’，元专录其‘曲’。”文学史虽然不重在专录，然而我对于各时代文学的兴替和沿革，却是绝对的采取这种精神的；对于各时代文学的创造，都是要特别表彰的。这便是本书之有以异于其他文学史之著述者也。

文学之产出是在于“用”的，并不是徒供士大夫们的消遣。但这“用”，又可有两方面：一是属于音乐的，二是属于生活的（生命力与感情等），凡文学的产生不合于这两个条件而只图敷衍者，时代的作家便要给予它一番改造的工作，而更崭新地去创造它。你不见“诗”“词”“曲”三者的代替么？你不见“四六”之于“骈体”和“古文”么？你不见汉魏六朝人之于“赋”，“时文”之于“古文”么？吴讷《文章辨体》云：“‘四六’为‘古文’之变，‘律赋’为‘古赋’之变，‘律诗杂体’为‘古诗’之变，‘词曲’为‘古乐府’之变。”懂得了这个，便知道文学之所以有“变”，完全是前人对于它底努力精神之实现，便懂得了本书所以命名为“中国文学流变史”的意义与旨趣。

像谢无量、曾毅等辈所著一类的“文学史”，有许多人都美其名曰“广义的”；反之，则如我的“文学流变史”便是狭义的了。

然而我终于认定：惟有“狭义的文学史”才是真正的文学

史；所以，便毅然决然地照此做去。至于那广义的，我只好称之曰“杂董”。

凡是用这“流变”的眼光和“纪事本末体”的方法去研究中国文学或文学史者，必对于中国的文学有相当的觉察和成绩。

一九二六年二月，于国立北京中俄大学。

《中国文学流变史》前论（修订稿）[1]

迻附：这是修正《中国文学流变史·前论》的“定稿”，本来应该放在第一册之前面的；但是，因为我想将第一册再行修改，恐怕最近不得出版，故更迻置此处，来向读者求教。作者谨识。

（引子）凡是一门学问，总该自成系统，不应万汇杂陈！文学亦复如是。中国人往往把中国的文学视为“不通的国学”，五花八门，应有尽有。此其错误糊涂，不可收拾。

我以为“中国的文学”也应和“哲学”“史学”“社会学”等一样，应该从那所谓“国故”“国学”之中把它钩剔出来，成为独立的一种学科；所以才下决心来著这部《中国文学流变史》。

自从我在着手写著这部《中国文学流变史》之时，我便时刻在思索这“文学的定义”。从十八年夏天将这书的前两册交与北新书局主人李小峰先生之后（全书共计八册，计为有韵文五册，无韵文三册。），我更时刻思索到这文学的定义。现在，才猛然觉得我旧时在“前论”中所下的定义仅止算得界说，并不即是“定义”。定义虽则是很容易下，但又确是很难适当：古今中外的人，尽管对于文学的定义下得极多，但我始终觉得都不恰当；不是太偏，就是太泛，或者模棱两可，全不亲切。因此，我才把它毅然改正，改正成为现在这个定义。——现在这个定义，是我十年来思

① 据北新书局1936年版。该《前论》置于下卷的开首。

索之所得；此后将必不致更改，可以成为“盖棺”了罢。

我于定义改正以外，也还将全文增修润色；比之初印更为妥善了。本欲亟付北新，无如地隔七千里，赶递不及，今时则已出版来蓉矣！别无办法，只好赘入第三册的卷首，用以补吾前缺。

一俟全书印成，或即第一册三版时，势必再将此文刊诸卷首，务请读者原谅！

一九三一年四月十七日，宾于记于成都。

我国文学的著述自来无所谓“史”，有之，亦只是文学的材料与选集。这种现象，不特是文学如此，其他的一切学术思想也是一样。

然而，近三十年来受了“洋化”之后，作“中国文学史”的人竟不知有多少，所以“中国文学史”也就不知有多少了。然而他们的那种“文学史”，都是包罗万象，无奇不有！举凡是前乎此者之用文字写出来的东西，不管它是属于“文字学”的也好，属于“哲学思想”的也好，属于“图录”“谱牒”的也好……在他们的“文学史”中，都统统地把它搜罗起来，凌乱杂沓地都说它是“中国的文学”，都说它是“前此中国的文学”；据我的眼光看起来，似这般“杂货铺式”的东西，简直没有一部配得上称为“中国文学史”之作品的！

本来，“文学”的界说也是很难确定的。若依章太炎先生《国故论衡》中《文学总略》的说法，则凡是一切有韵无韵，有句读无句读，以至于“表谱”“图画”“算式”……凡是写在纸上的东西，都尽可说它是文学。故曰：“文学者，以有文字著于竹帛，故谓之文；论其法式，谓之文学。”谢无量就是受章氏影响的一个人，所以在他所著的《中国大文学史》中曾经画了一个文学分类表，在这表中，他把“批判”“告示”“诉状”“录供”“履历”“契约”“目录”“报张”“姓氏书”一类的东西都一例平等地去看待，都将它请入“文学史”的宝殿里来坐把“文学的交椅”。

我们只要忠实地来考查“中国文学史”上应有的质料时，便知道他们这种说法是“玩世欺俗”“荒谬绝伦”！

试问：若要把“录供”“诉状”一类的东西认为是“文学”，认为是“文学史”上应有的质料，那吗，必须要把中国四五千年以来的时间和四百五十一万五千六百四十方里的空间，所有的大小衙门中一律造遍，而且还要这些衙门都必保留着这种东西而无遗失，这是一件可能的事吗？从文学的价值方面说，他们这种东西，并不是要“叙事”“说理”与“抒情”，乃是用心陷害他人的刻削刀笔，是一种无艺术的记载，没有文学的价值，所以在本质上便不能认它为“文学”。

至于“告示”“批判”一类的东西，也还与他们同是鲁、卫兄弟之国，半斤较八两，分不出什么高下或长短来。虽然有许多人也曾提出“《尚书》中有好些篇目都是当时的告示，然而它也是文学”的话来作为非难的理由，但却从不知道时异事变的原则，——后此的告示，却不能够与尚书中的《典》《谟》《训》《诰》相提并论而媲美！这原因，就是因为《尚书》中的文字能够表示那个时代人们的生活与思想，并不像后世或现代的告示一样，东拉西扯的瞎诌，乱七八糟的押韵。然而这还仅只是它们本身大相差异的一点。

在章太炎先生之前的阮元，他在《书昭明太子文选序后》中也曾附和萧统而毅然地说道：“惟沉思翰藻，乃可名之为文。”因为他是主张骈偶的人，所以他把“文”“笔”这两个东西分得非常之严格。他以为必须要“偶语”和“韵文”的作品才是“文”，反之则都是“笔”。我们只要翻看他儿子阮福的《文笔对》，便可以知道得清楚了。

阮元下的界说太狭窄了，不能够赅括文学的全体，所以我们也绝不能够采用这种说法的。

确实的，中国文学之所谓派别，与西洋文学之所谓派别截然不同。而西洋文学中的“浪漫派”“写实派”“自然派”“象征派”等，又确与我们中国的什么“桐城派”“阳湖派”等，截然大异。何况往昔的中国文学，也就本来没有所谓“派别”这个东西呢？虽然也有所谓“韩柳古文派”等的名目，但那究竟是止于文体力趋古奥渊深的改进而已，并不是从文学本身的观点上与方法上或艺术上而有根本之差异的。平心而论，韩柳的古文，比之“《玉台新咏》体”底诗的艺术，恐怕实在是相差得太远罢？

虽然如此，但若要讲“中国文学史”，就不可不说明这文学的范围；倘若没有范围，则这部“文学史”又将从何讲起呢？所以这文学的界说又是非常重要的。或许也有人要说：文学的界说（定义）是“研究文学者”们的任务，不是讲“文学史”的人们所宜讨论的问题，那更是蔽于一曲底偏颇之论了。

文学的界说，在中国既不易得，在欧美可是极多，但都各有所偏，不甚确当。即以我的认识而论，要以下列数家的主张，比较上算是最完密、最良好的文学界说了：

（1）波斯耐脱（Posnett）说：文学是包括散文或诗的一切著述，不但能表现反省，并且能表现想像，其目的不特教导国民，使发生一种实际的效果，而且还要给予他们一种愉快。所以文学是普遍的，而不是特殊的。

（2）韩德（Hant）说：文学是用文字写下来的思想之表现，必须要有想像，有感情，有趣味，能使普通的一般人们对于它容易了解而发生兴味，并不是一种专门学艺底形式。

除了以上二说之外，也还有其它的解答。例如说："达意达得好，表情表得妙，便是文学。"再如说："文学是世间男女写下来的思想和感情，有很好的布置，可以使读者愉快；若使一篇文章里没有体裁，没有艺术，而且结构不善时，那却算不得文学。"又如说："文学就是美丽的文字组织之技术，它是人生的表现和批评。"

更据美人郎（Long）君之意，则：文学是纪载人类之"精神""思想""情绪""热望"的，而且它是人类惟一之历史；故凡是用真实和美妙的语言文字以表现"人生"的作品者，便是文学。

我今总括各家之长，参以己见，另给文学下一个"完善恰当的定义"，如次：

"文学是以超越现实的功利、美的情感为其本质；并是一切种类的外界真实给与人的印象，以及人对于这些真实之思索的纪录。"——至其条件：则必有体裁，有想像，有趣味，有艺术的组织，有美妙的音调，有个人的风格。有"时代性""地域性""民族性"等的表现，有"普遍性""永久性""暗示性"等的特长。它是人心中富有情思而最能动人快感的最佳记述，并不是"真的知识"或"善的说教"。

以上便是我对于文学所下的定义。在故籍中，凡有合于上项界说的作品的，便是好文学，便是有力的文学，有生命的文学，都应该在这《中国文学流变史》里来享祚百年的。

自然，在中国全部文学里很难得到纯粹批评人生或表现人生等底产物，但那富有"想像""感情""趣味""艺术"等的作品，实在还是不少！所以，如果要用文学本身所具有的原则去看中国的文学，则在前此的文学作品中，亦尽有被征选的价值。

（一）胸中有了牢骚或感触，而感情又趋于激烈时，由咨嗟咏叹之间自然流露出来的一种产物。

（二）有心描写“人的生活”或暴露社会上的事物和情致，而用艺术的方法与手腕所制出来的一种文字。

现在，我即依据以上两个原则来规定文学的范围，即就此范围内所占有的文学以分布于中国四五千年以来底成绩来做我的《中国文学流变史》。

昭明太子在其所选集的《文选序》里说得好：

若夫姬公之籍，孔父之书；与日月具悬，鬼神争奥；孝敬之准式，人伦之师友。岂可重以芟夷，加之剪裁？老庄之作，管孟之流；盖以意为宗，不以能文为本；今之所选，又以略诸。若贤人之美辞，忠臣之抗直，谋夫之话，辩士之端；冰释泉涌，金相玉振。所谓坐狙丘，识稷下，仲连之却秦军，食其之下齐国，留侯之发八难，曲逆之吐六奇；盖乃事美一时，语流千载；概见坟籍，旁出子史；若斯之流，又亦繁博。虽传之简牍，而事异篇章；今之所集，亦所不取。至于记事之史，系年之书，所以褒贬是非，纪别异同；方之篇翰，亦已不同！

萧统对于选集文章的态度，完全是以文学的定义为其范畴，那范畴是：“若其《赞》《论》之综缉辞采，《序》《述》之错比文华；事出于沉思，义归乎翰藻，故与夫篇什杂而集之！”他主张以“能文为本”做条件，所以就排斥那“以意为宗”的撰述了！昭明用这种纯文学的眼光去选集《文选》，所以有一贯的主旨，划然的界限，并无驳杂含混的弊病：在选家中，古今实无有匹！不过，姬公、孔父、老庄、管孟、贤人、忠臣、谋夫、辩士等人的篇章，只要果然具有文学上的特性时，却也未始不可以登诸文学之坛；何必因其保有一种历史上底因袭的潜势力的原故，而遂致于一概抹杀呢？

推萧统之意，以为凡讲“人伦”“道德”的，不得称为文学，故排斥经传；凡讲“哲学思想”的，不得称为文学，故排斥诸子；凡讲“是非同异”的，不得称为文学，故排斥史籍。从组织上说，则凡“贤人”“忠臣”“谋夫”“辩士”之华辞，因其篇幅过长，不合文体的规定，也都应该摒弃的。是则萧统之所谓文：在形势上不能令之过长；在内容上，则凡有关于“礼教学术”之陈迹者，皆即不得称之为文学也。以此为衡，故在中国前此的一切“选文”之中，当然要推萧统的《文选》独冠了。

不过，它的弊病，也就不少！章学诚说：

《文选》者，辞章之圭臬，《集》部之准绳。而淆乱芜秽，不可殚诘。则古人流别，作者意指，流览诸集，孰是深窥而有得者乎？（《文史通义·诗教下》）

又说：

每怪萧梁《文选》，《赋》冠《诗》前，绝无义理！而后人竟效法之，为不可解！（《校雠通义·汉志诗赋第十五之三》）

因为它没有注意到文学的流变，又好强分门类，妄标体例，遂致遗下后人许多口实，甚而至于讥弹他的不通！

现在，且让我再来讲讲文学上的“体例”问题。甚么叫做“体例”呢？此在西洋修辞学中，也有种种的分别，如视内容与文体的均衡以为主旨的，则分为“简洁体”与“蔓衍体”；依文体的强弱以立论的，则分为“刚健体”与“优柔体”；依文章修饰之多寡以立论的，则分为“干燥体”“平明体”“清楚体”“高雅体”“华丽体”等等。但在中国就不然！他们之所谓体例（亦称分类）也者，就是“诗”“赋”“论”“策”“书”“表”“启”“奏”“箴”“铭”“词”“曲”各类的名称。自从任昉《文章缘起》分别八十三体，《文选》分别三十七体以来，一直到了明朝吴讷的《文章辨体》和徐师曾的《文体明辨》，竟分别为五十余体乃至于百余体之多，所以毛西河、朱竹垞等，直且痛骂徐、吴之书，分类烦驳，析体妄诞；逆情干誉，毫无足取者，此也。清季姚鼐所选的《古文辞类纂》，则约之为十三类；而曾国藩的《经史百家杂钞》，更又约之为十一类；至于吴曾祺的《涵芬楼文钞》，则又更事增广了若干类别，于是乎这“文体”也就莫名其妙了。总之，他们这些分体的方法，不管分多分少，都是毫无价值，不过止于闹到一塌糊涂而止。怎奈一般作“文学史”的先生们，也竟然依据他们的样儿画起葫芦来！我在前面曾经说过，他们的书没有一部可以配得上称之为“中国文学史”者，恐怕这也算是一个原故罢？

我今所作的“中国文学史”，便与他们截然不同了：也不管你甚么“类”和甚么“体”，都把它一概弃掉不顾；也不重在用周、秦、两汉、魏、晋……以来的朝代名词来分期画代，作那种断烂零乱和“杂货铺式的”或“畸形的”或“万宝全式”的“中国文学史”。

因为文学的背景虽然也受着“政治”“社会”“环境”等的影响，然而大体的趋变和成功，究竟与因政治之改变所获得的朝代名词有些两样！所以我却要打破朝代的划分，把这四五千年以来整个的“中国文学”来研究，追寻它的变迁及其趋势的原因，要作一部从来没有人用过这种方法来作过的“中国文学流变史”。

至于“体例”呢，也并非是绝对的不可用；但为被前此的“蹩脚文人”们用得太“繁”“滥”，而且太“坏”了，所以我今便一概摒弃而不采用；何况人们自来对于体例之名更是弄不清楚呢！至于朝代的称谓，我则以为终当避免为是。因为朝代也者，乃是在历史上因政权迭变与一姓兴亡而起的一种名词，无关文学；而文学的变迁，却又不能同政治一样地完全符合；用朝代之名来嵌在“文学史”之上未免有些不伦！

然则我的方法，并不见有甚么奇特，说来也颇简单。即是从文学的方法和形式上，去区分它为散文（Prose）与韵文（Verse）两部：

（一）有韵文学之部：从“歌”“谣”“箴”“铭”以至于“诗”“赋”“词”“曲”“皮黄”“新诗”等。

（二）无韵文学之部：从散文以至于某派某派的古文，“骈体”“四六”“杂文”“小说”和“时文”“制艺”等。

至于音韵训诂以及经传诸子……中的文字，有未可以被我采入这部“中国文学史”中者，当然是留给专门研究“音韵”“训诂”“经传”“诸子”……的学者们去讲述，本书只好一律抛弃不理了。但若只要是合于文学原则的东西，不管它的作品好和坏，都是应该请进我这“文学史”中来的。因为文学史的性质本是不管它（文学作品）的好和坏，只要它真是文学上已往的陈迹，就该论列。法兰西的批评家圣佩韦（Sainte Beuve，1804-1864）说：“今日的文学史之撰述，应当和博物史一样，也必依据观察与采集二者而成。”本书的撰著，就是应用这个方法的，不过因为要力趋简略之故，不能一一从事搜罗与编述罢了。然而主旨则是没有变更的。

用这种“纪事本末体”（编制的系统）和归纳（材料的收集）

的方法来作“文学史”，虽然免不了人们的讽刺；但我自信它是唯一无上的妙法，而且也非用此方法去作，不能使读者得到“中国文学史”上一个具体的概念。

这样，我并不是要著“古典的”“古文的”或“贵族的”文学史；也不是要著“语体的”，或“平民的”文学史，我只要著“有真正文学价值”之“文学底文学史”，却不拘于古文和白话。

总之，文学乃是作者生命力之流露，是应时代底需要而产生的东西：姑无论你“庙堂文学”也好，“山林文学”也好，或“田园文学”也好……终归是循着时间之迁异而波状似的起伏。所以我底“文学史”在一方面，固然是要叙述他们隆替盛衰的因果，而在另一方面，还要注重时代下底社会情形，以及作者所处的环境与生活。

老实说罢，我并不能有像“梁启超们”那样的聪明——“为学问而学问”。所以，我便并不是“为文学史而著文学史”。这是因为要述说已往的文学在历史上的趋势和其现象变化之迹；然后，却才从这些地方一层一层地去侦察各样文学所分别走去的道路和归宿。

举个例来说：譬如“楚辞”与“诗三百”（这是古已有之话）的关系到底怎样？何以从“诗三百”到“汉诗”之间的一个长时期中没有诗？究竟有没有？两汉何以会“诗赋道分”？而诗呢，沿历汉、魏、晋、宋的繁衍，而后乃有“齐梁体”的声律，“五言”的声律，“五律”的声律；到唐而后衍为“七言”“七律”“排律”等的声律；卒之，因为声调格律太严之故，往往束缚住文人的作品，而遂至于不合时用；所以唐末、五代、赵宋的人们，才改造了“词”出来代替它，其后，这“词”也不合于时用，而规律又愈趋严格，“弥见拘束”了；于是宋末、金、元的人们乃始一变而为曲；曲之流衍，在初期本为平民的，其后推波助澜，递渐变为贵族的，空文的了，由是致遂于[①]促成清代的“乱弹腔”与“皮黄”……以及今日的所谓戏剧界。（自然，它的变迁也受有外来的势力。）而世人之所谓“诗”也者，则自唐以降，愈下愈古，愈后愈死板，早已失其自在发抒的效能，毫无一些儿文学上的创造性了。所以，虽然由五代而宋、元、明、清，而现在的人们也还伏案吟哦，自谓“名士”；但终归于不成其为文学。这当儿，又忽然受了西洋文学的影响，于是乎乃始产生出所谓“中西合璧”式的“新诗”！

赋呢，却曾在两汉演过一翻“铺张堆垛”“字斟句酌”“洋洋洒洒”“宏壮富丽”的世界；凑巧，汉人又“重赋”“轻诗”，所以，它在当时竟能盎然称雄独霸，“势倾朝野”！魏、晋作家，在这一方面虽然比较逊色，但总不愧为其余裔；然也终不过余裔而已。这实在因为他们对于赋的本身太少改变创作之故。南北朝可就不同了，他们用赋来写“风花雪月”，用赋来写内心的感情；体裁上，辞句上，都能给予他（赋）一个根本的改造；这在赋坛上总觉得很是异样的了。

再下，唐人除“律赋”外，虽然惟知胎息魏晋或摩拟魏晋，而宋代却有一种极大的改革；这可举四川的苏东坡和江西的欧阳修来作为一个代表（如《前后赤壁赋》和《秋声赋》之类）。此后，则也无非“依样画葫芦”而已，更有何叙述之可云呢！

以上是说“有韵文学”在历史上所表现的状况，至于“无韵文学”呢，则大概可以区为[②]下列四种去讲：

---

① “致遂于”当作“遂致于”。

② “区为”之间，疑有“分”字脱落。

（1）散文的：这种文学，从大体上去看，可以说没有甚么较大的变动；其实，历代的论著已是委实不同。汉魏不同于周秦，明清不同于唐宋，这已经是很显明的事实了。所以前人往往有所谓“时文”之说；时文者，即谓有以异乎古昔之文也。这一诗①，举凡一切杂文（议论记叙之属）以及各时代的语体文之流皆属之。

（2）骈体之诗：这一种文学，发轫于战国（假如要说得更古一点，也可以推源于《十翼》），而造极于六朝；自后惟止因袭，亦渐衰替。

（3）四六之文：这一种文学创始于隋唐，而大行于两宋，元明以来，虽有间作，然皆末技，盖已不足矜尚了。

（4）小说：小说这种文学发生最早，远在邃古之初；虽然稍后于有韵的歌谣，但实胎始于神话。我们可以这样说，初民的神话即是小说的开始，故神话便是小说。后来历世演进，百家载籍，咸多创作：由周、秦、两汉、魏、晋的短记，而演为六朝、唐、宋的单篇与诗话，而演为由元、明以迄于清的章回。现在，受了欧化之后，作家辈出，所谓短篇小说，中篇小说，长篇小说者，更是成绩斐然，气焰大炽了。

我这《文学流变史》，就止根据这种方式来作一个“时代文学”的叙述，例如唐之诗，元之曲，汉魏之赋，六朝之骈体，两宋之四六……的变化等是。善夫，焦循《易余籥录》之说曰：“一代有一代之所胜……汉则专取其‘赋’，魏晋六朝至隋，则专录其‘五言诗’，唐则专录其‘律诗’，宋专录其‘词’，元专录其‘曲’。”“文学史”虽然不重在专录，然而我对于各时代文学的兴替和沿革，却是绝对的采取这种精神的；对于各时代文学的创造，

① “诗”字不通，或为“类”。

却是要特别表彰的。这便是本书之有以异于其他文学史之著述者也！胡适之先生说：

我们在文学方面，也应该把《三百篇》还给西周、东周之间的无名诗人，把“古乐府”还给汉魏六朝的无名诗人，把唐诗还给唐，把词还给五代两宋，把小曲杂剧还给元朝，把明清的小说还给明清。每一个时代还给那个时代的特长文学，然后评判他们的文学的价值。不认明一个时代的特殊文学，则多诬古人而多误今人！（北京大学《国学季刊宣言》）

文学之产出是在于“用”的，并不是要徒供士大夫们的消遣！但这“用”又可有两方面：一是属于音乐的，二是属于生活的（生命力与感情等）。凡文学之产出，有不合于这两个条件，而只图敷衍者，时代的作家便要给予它一翻改造的工作，而更崭新地去创造它。你不见“赋”“词”“曲”三者的代替么？你不见“四六”之于“骈体”么？你不见汉魏六朝人之于“赋”，“时文”之于“古文”么？“四六为古文之变，律赋为古赋之变，律诗杂体为古诗之变，词曲为古乐府之变”（吴讷《文章辨体》）。这种“一代有一代之所胜”底“时代文学观”“创造文学观”，在“五四运动”之时，胡适之先生尤其主之最力。他认为这是一种文学革命，故在他那《劄记》里说道：“即以韵文而论，《三百篇》变而为《骚》，一大革命也；又变而为五言七言，二大革命也；赋变而为无韵之骈文，古诗变为律诗，三大革命也；诗之变而为词，四大革命也；词之变而为曲，为剧本，五大革命也。……文亦遭几许革命矣！自孔子至于秦汉，中国文体始臻完备，六朝之文……亦有可观者，然其时骈俪之体大盛。文学以工巧雕琢见长，文法遂衰。韩退之所以称“文起八代之衰”者，其功在于恢复散文，讲求文法，此一革命也。宋人谈哲理者，深悟古文之不适于用，于是语录体兴焉，此一大革命也。至元人之小说，此体始臻极盛。……总之，文学革命至元代而极盛：其间之词也，曲也，剧本也，小说也，皆第一流之文学……其时吾国真可谓有一种活文学出现。……”（见《尝试集·自序》引）

懂得了这个，便知道文学之所以有“变”，完全是前人对于它的努力改造精神之实现，也便懂得了本书所以命名为“中国文学流变史”的意义与旨趣了。

像谢无量、曾毅等辈所著的一类的“中国文学史”，其实只是一部“国学史”；但还有许多人却都美其名为“广义的”；反之，则如我所著的《中国文学流变史》，便是只好名之曰“狭义的”了。

然而我终于认定：惟有这“狭义的文学史”，才是真正的“文学史”，所以便毅然决然地的①照此做去。至于那广义的，我只好称之曰“杂董史”了。

凡是用这“流变”的眼光和“纪事本末体”的方法去研究中国的文学或文学史者（其实不特中国，也不必文学），必能对于中国的文学有相当的觉察和成绩。

一九二六年二月，宾于在国立北京中俄大学教授时写。

① “的”当属衍字。

文字因缘

论“淫书”[1]

不幸得很，近半月来我这耳朵里充满着间接或直接的“淫书”底声浪，有时我高兴了，还问问“甚么是淫书啊！”

日子久了，所获的答案却也不少：《情书一束》是淫书，《性史》是淫书，《结婚的爱》是淫书……忘记了，不写了罢。

从这些举例看起来，似乎他们还没有明白“淫”字的意义罢？不然，就不会如此瞎说。

今夫“淫”也者，是指凡事过度而无节制底意思，原来也并不是专指男女两性之间的色欲和性欲。所以，《庄子》说：“乱五声淫六律”；刘向《说苑 · 文质篇》说：“好乐声色者淫也。”是声音也可说为淫了。《说文解字》说：“久雨为淫。”是雨也可以说为淫了。引申之，凡过于迷恋女色的亦曰“淫”。《左传》成公二年记申公巫臣之言曰：“贪色为淫，淫为大罪。”然而圣人却说：“《国风》好色而不淫。”这更可以证明“好色”也绝对不能斥之曰“淫”！

现在，世俗既然把“淫”字用作了人类男女肉欲上的形容字(禽兽的肉欲不算)，而且也成了专名，于是乎“淫”字便占据在男女“两性生活”之上而成了罪过，遂不能复晓其本义，此为不出[2]“淫”与“不淫”之别者矣！

---

① 原载上海《新文化》月刊第 1 卷第 2 期，第 147—151 页，1927 年 2 月出版。署名“郑宾于”。《张竞生文集》（下卷）收（广州出版社，1998 年 2 月版，第 454—457 页），但末尾无“竞复”，且文字、标点多有出入，处处可见整理者的随心所欲。

② “出”，《张竞生文集》中作“识”。

我们承认这“淫”是两性间的一种“过度”底性欲生活，确实不是得真正的人底生活，但绝不能说男女两性间底肉欲即是“淫”！

《金瓶梅》我们不能不说它是淫书了，因为它书中所描写的潘金莲、李瓶儿、春梅、西门庆等人的性欲生活是兽性的生活，是没有节制底过度性欲生活，是非人底生活。因为她们和他每天每夜除吃饭之外都是在想方设计的要求如何才能满足那“兽欲”，其余的人间一切事情便一点也不去作。老实说，她们同他连吃饭也不是“人的吃饭”，那酒肉的竞逐正和肉体的竞逐一样。所以，它是配得上称为淫书的。

然而这淫书的产出与否是由于作者的态度如何：作者以非人生活的，兽性态度去处理书中人物的行径，其结果便产生了所谓“淫书”。如作者真的了解了“人生”，知道人生除衣食住外还有比较更重要的事情——性欲在①，那吗，他所产生出来的著作一定不会是淫书了。

以《上海销金窟》《海上繁华梦》《九尾龟》《肉蒲团》《灯草和尚》等书与王实甫的《西厢记》相比较，立即可以辨出该作者对于人生所持的态度和其是“淫书”或“非淫书”的判断出来。(因为《西厢记》历来是被人们误认为淫书的，所以我这里把它拿来比较起说。)

《情书一束》《性史》《结婚的爱》三书却并不是在宣淫，并不是在奖励淫行为。《情书一束》是描写那有一等青年男女所抱的人生观是那样的一种态度，《性史》是在讲求要用怎样的艺术方

---

① 原文如此。《张竞生文集》将其调整为“知道人生除衣食住外还有比较性欲更重要的事情在”。

法来完成人类底性交的欲求，《结婚的爱》是要使人类用极精美而且适当底科学方法去处理他们的交媾和节欲。他们三个所共通的一点是要使人们了解这两足动物底真实生活和改良人类。不特不是“诲淫”，而且还要教人“节欲”，教人怎样的去“节欲”。

张竞生先生亟怕人们误会了此一点，所以他在《性史》的序上特别提出来说:“岂有淫书，主张少年男女每星期仅交媾一次就够了?”

因此，描写性欲的书不必就是“淫书”，要看作者的态度究竟如何?实行性交的人不必就是淫人，还要踪迹他们和她们对于性底行为究竟是否艺术，是否适当。

这作者对于其作品所持的态度便是文学上底艺术，行性交的人对于其交媾所施行的种种方法便是性欲底艺术。

惜乎懂得真的人生的意义而用文艺写出来的作物太少丁①，有好些作物，不特是不了解人生的意义，而且也实在不是文艺。所以，说到作者的态度么，他根本上就没有。

但同时也不能不分罪于读者了，有好些很有价值的作品，都被了他们的误会或恶意底诬蔑。严格点说，文艺的赏鉴者即是文艺的创作者，以故这能真正赏鉴文艺的人也确实是很不容易的。

凡是文艺的作品都是多方面的，四面八方里里外外都得通通看到，若仅见到表面的淫字而便妄下评判，这未免浅薄而且无聊赖罢。

所以，真正的文艺是在于有好的创作者和好的鉴赏者。

复次：一般人对于“淫书”的误会，尚有其浅薄的根源：

① 此处“丁”当作“了”。

因为语体文的作物比较文言的要易于懂得的缘故，①

所以一般妄人看了它们说到男女之事的便群相惊诧以为“淫书”。《左传》中记载男女相通的事实岂少也哉？然而人们不说它是淫书。《周礼·春官》说：“仲春之月，奔者不禁。”女子在这些时候可以任意找男子行性交！《诗经·齐风·鸡鸣》叙述男女睡眠之狎昵，《卫风·株林》叙述陈灵公和夏姬的通奸等，然而人们并不说它是淫书。此无它，古代的文言没有现在的白话容易了解故也，虽然是有所谓圣人也者作为它们的护符。

且夫“淫书”非不可阅也，端在赏鉴者之识见高下如何耳。以旧小说论：《水浒》《红楼》，非不佳也，然而一般的评论者却说它是“诲盗”“诲淫”。《金瓶梅》《九尾龟》《肉蒲团》《灯草和尚》，非不淫也，然而我们正可由它而知道作者的生活和其所处的环境，与乎当时的一种社会现象，并能由此而认识作者底文学艺术。

且也，我们之所以要识《金瓶梅》《九尾龟》《肉蒲团》《灯草和尚》等书者，正是为要赏识它的“淫”！它也正是因为描写了“淫”，所以才有它底特别价值。因为在那举世“扳面孔②”的时代，而作者竟敢于犯天下之“大不韪”，这才是作者的精神集中。我们正要赏识作者这种“大无畏”底态度和精神，他那不顾举世非难底精神。

人有恒言：“大多数的意见是错误的。”仁者见仁，智者见智，文艺的本身原是不会说话的。

如果我以上所说的话不错，则赏鉴文艺的人岂不比创作文艺者更是重要了吗？

---

① 原文如此。此处不宜也无需分段。

② “扳面孔”宜作“板面孔”。

十五年十月十四，于福州协和大学。[①]

这一篇文章本来是我的《文艺琐谈》[②] 之一，所以颇多关于文艺的说话，今以其内容有些和新文化接近，故特抄付张竞生先生。冰鱼附记。

所说指为那些书是淫书者，最出力的为天津南开大学校长张伯苓先生。我与此人有一段辨论趣史，俟暇时录上一笑。(竞复)

① 《张竞生文集》作“1926年10月14日于福州大学”。

② 《文艺琐谈》似是郑宾于的专著，但其出版情况不详。

我读了文化学社印行胡适之先生的《国语文学史》①

北京文化学社出版的胡适《国语文学史》，就是民国十一年他给国语讲习所编的讲义。那讲义，我从前似乎也曾胡乱翻阅过一次，但印象都已模糊了；这回，在许文玉②君处借来这本《国语文学史》，于是便欣然地读下去。

七月间，我在西湖，接到从福建转来“新月书店开幕纪念”一纸，我就知道《国语文学史》是要在该店出版的了；然而那广告却说“曾经钱玄同先生在北京印行过一千部。”现在这书面到是“疑古玄同”写的，然而细玩“代序”，则知并不是钱玄同先生所印，而是黎锦熙先生将稿付与文化学社所印了。——假如“广告”上所说即是此本的话。

“代序”，本是黎锦熙致文化学社张陈卿、李时、张希贤们的一封信，这信述及付印此书的原委和他对于本书的意见。——现在因为此书无序，而且必得把它刊在头上了，所以叫做“代序”。

---

① 原载《新文化》1927年第1卷第6期，本期第9—16页，总第115—122页。署名“郑宾于”。

② 许文玉，别字维周，浙江奉化人。1927年3月，与丰子恺、夏承焘、孙伯刚、王任叔等一道，受聘为浙江省立第四中学教师。1929年毕业于北京大学国文系（《北京大学日刊》第2274号，1929年11月6日）。后留校任预科国文讲师（《国立北京大学职员录（十九年五月）》）。其编著有《金源的文囿》，发表于《小说月报》17卷号外“中国文学研究”专号，1927年6月出版。后有香港明伦出版社版本。《古诗书目提要》，“许文玉编，刊于《语言历史研究所周刊》9卷第109期，1929年”。《诗品释》，“此为许氏《中国诗歌史研究丛刊》之一。北京大学出版部发行”（郭绍虞《中国文学批评史》）。《唐诗综论》，北京大学出版部1929年10月初版，98页。后有南京钟山书局版本。另有《汉诗综论》，刊《暨大文学院集刊》（第1集）。

他在序里说：

陈卿诸兄：前回您来谈及您和好几十位同学打算集资把胡适之先生前几年所编的《国语文学讲义》排印出来，恰巧有文化学社邵砚田先生愿意承印，也好！……

……学校里要教《国语文学史》的，想得到胡先生原来的讲义的还很多，虽然是首尾不完之本。只因没有得到著作者的许可，书坊里不敢出版；此次你们印作自己的参考讲义，我想没有甚么问题……

……所印份数不可太多，让文化学社能收回纸张印刷费就得。

这样，岂不确然是黎锦熙先生印的么？然而是否只印千本，那就不可得知！

黎锦熙先生总还有几许道学气，在这部《国语文学史》中，他把胡适之先生所引的词，而又是他认为有过露的香艳的几首，通删去了。他在“代序”（即是他的信）中说：

在五代的词内，我教的时候，曾经删去他所引的荆南孙光宪的《浣溪纱》一首，南唐张泌的《江城子》一首，因为其中有过露的艳句，用在讲堂上有时不大相宜，若给那些所谓“教育家”看见了，尤其觉得碍眼，只得割爱。……

黎先生所删去的两首词，我这里虽然没有胡先生的原稿，不可必知；然而据我的揣测，那孙光宪的《浣溪纱》一定是：

静想离愁暗泪零，欲栖云雨计难成，少年多是薄情人！万种保持图永远，一般模样负神明，到头何处问平生？

我猜黎先生的意思，以为那“欲栖云雨”等字样，对临学生时有些难于启口，所以把他删掉，假如不是，则必定然是“醉后爱称娇姐姐，夜来留得好哥哥，不知情事长久么？”一首了。——然而我以为决不是它！至于张泌的《江城子》，当必是：

“浣花溪上见卿卿！脸波秋水明，黛眉轻；绿云高绾，金簇小蜻蜓。好事问他来得么？和笑道，莫多情。”

我想，这一首我一定猜得不错，那“欲栖云雨计难成”和“好事问他来得么”二句，实在是“用在讲堂上有时不大相宜”，该删！

然而所谓“有时不大相宜”者，犹言有时也还有些小相宜处，有小相宜，为何要删？若是因为在讲堂上有碍启齿，那就不讲好了；难道你在《国语文学史》中删掉了它就可使之绝灭了么？以此，所以我说黎锦熙先生总还有几许道学气！

起先，我在“代序”里读——

自此以后，我在北京师范等处有时也讲讲《国语文学史》，就把他的改订本再改订增补了一些，印作临时讲义……

一段，究竟不知道黎先生所改订是那些，现在始恍然大悟了。

以上所猜的两词究竟中否，只有待新月书店出版的来改正。假如是错，那便是我错了。但如胡先生也竟然地[1]把他删了呢，

① “竟然地”，现多用“竟然”。

那便只好去求正于胡先生。

胡适之先生大概也是未能免于此俗，他在本书《北宋的词》一章中曾说：

> 秦观有些词，在现在人的眼里，颇觉得太淫亵了，如“瘦杀人，天不管”一首。……（页一五九）

所谓“瘦杀人，天不管”的词，即是少游的《河傳》之一，现在，我且将那全文录在下面：

> 恨眉醉眼甚轻轻，觑着神魂迷乱。常记那回。小曲栏干西畔：鬓云鬆，罗袜铲。丁香笑吐娇无限，语软声低，道我何曾惯！云雨未谐，早被东风吹散！闷损人，天不管！

淮海的词，的确是有些淫亵，如《好事近》的“楚台魂断晓云飞，幽欢难再期”之类，在他的词中是很多的。毛晋引《朝溪子》的话，谓“少游歌词当在东坡上”，并说：“但少游性不耐聚稿，间有淫章醉句，辄散落青帘红袖间，虽流播舌眼，从无的本。……”这亦可证得少游词是淫亵的了。然而在我的意思，总以为赏鉴文学不应该抱那样的态度。

在这部《国语文学史》中，我们知道白居易的诗和柳耆卿的词都是同样的流行于社会，脍炙人口，被诸弦管：页一五一引叶梦得《避暑录话》说：“教坊乐工每得新腔，必求永为词，始行于世。……余仕丹徒，尝见一西夏归朝官云：‘凡有井水处，即能歌柳词。’”页六十引白居易《与元微之书》云：“再来长安，又闻有军使高霞寓者，欲聘娼妓，妓大夸曰：‘我诵得白学士《长恨歌》，岂同他妓哉？’由是增价。又……昨过汉南日，适遇主人集众乐娱他宾；诸妓见仆（乐天自谓）来，指而相顾曰：‘此是《秦中吟》《长恨歌》主耳。’自长安抵江西，三四千里，凡乡校佛寺逆旅行舟之中，往往有题仆诗者，士庶僧徒孀妇处女之口每有咏仆诗者。……”同叶又引元微之《白氏长庆集序》说：“……禁省观寺邮候墙壁之上无不书，王公妾妇牛童马走之口无不道。……”六十一页又引李戡骂他们的话道：“自元和以来，有元白诗者纤艳不逞？……流于民间，疏于屏壁；子父母女，交口教授，淫言谍语，冬寒夏热，入人肌骨，不可除去。”

求其所以风行的原因，就是因为它们是新腔艳词，有为“旗亭画壁”的妓人所赏识，而绝非庄士雅人所喜之故。

然而秦淮海也不就亚于他们，毛晋说他“淫章醉句辄散落青帘红袖间”，也正可以见得他的本领了。

以上三位（也许还不止三位），都是大无畏的文学家，也只知道产生文学，并不计到摆弄文学的架子；现在我们知道了。

这一处所要说的，便是不懂：

第一章，《古文是何时死的》文里，胡先生参用《史记·儒林传》和《汉书·儒林传》所引的一段话，我不懂得——

> ……小吏浅闻，弗能究宣，无以明布谕下以治礼。掌故以文学礼义为官迁留滞。……（页四）

胡先生在此段引文之下注明是“《史记》《汉书》《儒林传》参用”的，因此，我们且看《史记·儒林传》的原文：

> ……无以明布谕下，治礼，次治掌故，以文学礼义为官，迁

留滞。……

裴骃的集解在“治礼次治掌故”下注曰:“徐广曰，一云‘次治礼，学掌故。’”则其意义更为明白了。所谓“迁留滞”者，盖言或有迁，留，停滞之意耳。参之《史记·儒林传》和《集解》，则我的句读是:

亡以明布谕下，以治礼，掌故，以文学礼义为官，迁留滞。

其次，便是《汉朝的平民文学》章里所引的《孤儿行》了:

……大兄言办饭，大嫂言视马，上高堂行取殿，下堂孤儿泪下如雨。……肠肉中怆欲悲……（页一六）

我以为此处的断句应该是

大兄言办饭，大嫂言视马；上高堂，行取殿下堂，孤儿泪下如雨。……肠肉中，怆欲悲。……

“上高堂”，是“大兄言办饭”；“行取殿下堂”，是“大嫂言视马”。为此，所以孤儿便“泪下如雨”了。“大兄”两句与“上高堂”两句本是平列对说的，所以应当如此断句；若从胡说，反而窒碍不通了。至如“肠肉中怆欲悲”本为三字句二句甚明，绝不能够勉强使他为六言一句的。

以上都是句读的不懂，下方所引，则是颠倒得不懂了:

愿还我蒂！兄与嫂严，独且急归，当兴较计。（页一七）

我不记得，我从前所读《孤儿行》的句法是："愿还我蒂，独且急归，兄与嫂严，当兴较计。"不知为甚么，这书里要把它掉换过？

如此说来，上面所引三则，倘若不是"手民之误"，则胡先生竟是"错"了。

胡先生于《中唐的白话诗》章中引了杜甫的

漫道春来好，狂风大放颠，吹花随水去，翻却钓鱼船。（页五〇）

一首诗，并且解说道："他不说[①]大把船翻了，偏要说那些花朵被风吹去把船撞翻了。这是绝妙的风趣。"

我说，这是因为你要故意讲得离奇新颖，使成"绝妙的风趣"之故所致。细玩诗句，应该是说春天的狂风，把花吹落水里，鱼船吹翻水中。那点句应该是：

"漫道春来好，狂风大放颠，吹花随水去，翻却钓鱼船。"

若必如胡先生那样解释，则此诗的末二句不应割断，"吹花随水去翻却钓鱼船。"宁有是理。

本书把寒山、拾得的生世搬到晚唐来（见页八〇至八一）的确是一件大翻案，而且是从来人们所不曾注意的一件事体。又，于《北宋的词》一章里引黄庭坚的《鼓笛令》云：

见来便觉情于我，厮守着新来过。人道他家有婆婆，与一口管教屎磨。副靖传语木大，鼓儿里且打一和。更有些儿得处啰，

① 此处有"风"字脱落。

烧沙糖，香药添和。（页一六二）

使人看了，知道“方言”不特是可以入曲，而且可以入词；而且，由此更可要注意到方言文学了。

至于，他说陆游不满意于那藻绘的诗，反对温李以下许多玩意儿的诗；“他自己做诗只是真率，只是自然，只是运用平常经验与平常话语”。并引陆游“诗到无人爱处工”一句和《示子遹》一诗作证（页一三〇），这能使帘外人知道那诗的可贵处所。他又引杨万里“我诗只道更无题，物物秋来总是诗”（页一三五二）句来说明那天然美的诗辞，便更能开示人们以“甚么是诗”了。

附胡适之先生信①

《国语文学史》是北京有人翻印的，不曾得我的同意。此乃未定之稿，本不敢拿出来问世，也不值得严格的批评。现全部改作，已排印将完，改名为《白话文学史》。我盼望郑君对此定本另有批评。

黎先生删的正是《娇姐姐》《浣花溪上》两首，宾于先生猜的不错。

适

十六十十四

① 查《胡适书信集》（耿云志、欧阳哲生编，北京大学出版社，1996年版），此信失收，可为之补遗。

我和鲁迅先生的一段文字因缘[①]

当一九二四年西湖雷峰塔倒掉的时候，鲁迅先生在《语丝》第一号上发表了《论雷峰塔的倒掉》一文。文中说："雷峰塔应该写作'保俶塔'，是钱王的儿子造的。""杭州人又叫这塔作保叔塔。"鲁迅先生把文章交给孙伏园先生看，伏园说："雷峰塔并非就是保俶塔。"鲁迅先生回答道："那么，大约我是记错了！……"

鲁迅先生的论断本来没有错，可能因为忘掉所看之书的原故，被伏园一诘，便疑自己有误了。我于是根据明季朱国桢《涌幢小品》第十四卷和《钱塘县志》第十七卷《吴越世家》的记载，反驳孙伏园先生，证明鲁迅先生的说法是对的。

《涌幢小品》说：

钱忠懿王俶，以天成四年八月二十四日生，宋太宗端拱元年八月二十四日卒，刚一甲子，复与父元瓘卒日同，人皆异之。杭州有保俶塔，因俶入朝，恐其被留，作此以保之。称名者，尊天子也。今误为保叔，不知者，有"保叔缘何不保夫"之句。

---

① 原载《草地》1956年10月号增刊（纪念鲁迅逝世20周年专辑），四川人民出版社出版，第9页。署名"郑宾于"。原文中的书名俱无书名号。该辑目次如下：《毛主席著作中谈的鲁迅（摘录）》，陈炜谟遗作：《萌芽和发展》，林冰骨：《我所记忆的四十五年前的鲁迅先生》，林如稷：《怀念鲁迅先生》（诗），郑宾于：《我和鲁迅先生的一段文字因缘》，陈思苓：《鲁迅的诗歌理论及其诗歌批评》，石天河：《大海的启示》，田原：《像鲁迅那样关心人》，王国祥：《〈理水〉》，易刚：《鲁迅作品中人物的特征》，曾福廷：《鲁迅先生与民间文学》，野马：《少年儿童文学作家向鲁迅学习什么?》，吕琳：《鲁迅像》（木刻），叶其宗：《鲁迅像》（雕塑）。

《吴越世家》说：

俶卒年六十。以天成四年八月二十四日生，至是八月二十四日卒，复与元瓘卒日同，人皆异之。

《钱塘县志·山川类》又说：

雷峰又名回峰，郡人雷就于此筑庵，又称中峰，见林和靖诗。峰有塔，吴越王妃建，俗称王妃塔。又以地产黄木皮，遂讹为黄皮塔。

《钱塘县志·方舆览胜》云：

塔在黄皮园，昔有人于塔下劚得小条石刻《华严经》，小楷绝佳，盖筑塔时藏以压胜者。

雷峰塔是于一九二四年九月二十五日下午一时半倒掉的。塔砖长一尺六寸许，阔八寸，厚二寸，一端有小孔，约较当十铜元略大，深二寸许，每孔藏经一卷，大批乞丐及贫民，日往雷峰附近捡拾砖中经卷，好事者争相购取。每经初仅索值二角，渐后涨至二三十元。经名“陀罗尼”，阔二寸，长三尺余，字迹娟好，颇有晋唐小楷的神韵。卷端题有“天下兵马大元帅吴越国王钱俶，造此经八万四千卷，舍入西关砖塔，永充供养。乙亥八月记。”题后有一女子礼佛图，疑即所谓王妃也。图后为经，凡二七一行，行十字，印刻工整，仿佛宋版书字样。

根据这些事实，于是我大胆地断定雷峰塔就是保俶塔。那个宝石山上的塔（此塔至今未倒），本来叫做宝石塔，后来以讹传讹为保俶塔了。最靠得住的证据是雷峰塔的每块砖都藏有“陀罗尼”经一卷，一块一块都自诉它们是保俶塔，或者黄妃塔。我想，虽有善于逞辩的人，也是不能够否认的。

所谓黄妃塔，实在就是“王妃塔”的讹传。《钱塘县志·列女传》说：“汉乾佑二年，忠懿俶妃孙氏，承制拜夫人，周显德末年，敕封吴越贤德夫人，开宝九年，随俶入觐，敕封吴越国王妃。”

然则，我说雷峰塔就是保俶塔，铁证如山，这还不是事实么？一九二四年十二月十八日，文章在《京报副刊》上发表了。孙伏园先生加以敬案道：“郑先生所举非常确凿，我不但不想来推翻，并且无法来推翻。……好了，好了，现在弄明白了。我在末了，恭恭敬敬的[①]向鲁郑二先生道歉。”于是鲁迅先生于二十四日在《京报副刊》上发表写给我的信说道：

孝观先生：（宾于按“孝观”是我当日在校的名）我的无聊的小文，竟引出一篇大作，至于将记者先生打退，使其先敬案而后道歉，感甚佩甚。

我幼时没有见过《涌幢小品》……所以无从复案。……鲁迅。二十四日。（《鲁迅全集：集外集拾遗》页617）

鲁迅先生编《集外集拾遗》，又在那信的后面加上了一段案语：

① “的”，现多作“地”。

我在《论雷峰塔的倒掉》中，说这就是保俶塔，而伏园以为不然。郑孝观先生遂作《雷峰塔与保叔塔》一文，据《涌幢小品》等书，证明以这为保俶者盖近是。……一九三五年二月十三日。(《鲁迅全集：集外集拾遗》页618)

鲁迅先生编《集外集拾遗》加案语的时候，距发表有关雷峰塔文章时，已隔十一年了，可见鲁迅先生对于一个小问题也极为注意。

诗四首[1]

海水群飞天混茫，南朝花草种兴亡。蜀国风光都寂寞，郑［园］戚女共称觞。竹篱茅舍春无数，淡饭粗茶我退藏。白眼看他人共笑，翻云覆雨斗新妆。

（右一九四九年正月生日杂诗一律。）

云海苍茫昼夜寒，林林总总沐猴冠。漫天撒下龙鳞甲，大地嵌装白玉槃。厚薄高低关气象，方圆平直欢才难。雪山暗残烽燧恶，处处梨花覆载宽。

（右一九四四年雅安大雪作。）

六王余雪起长城，白练西横照日星。宛（蜿）蜒南北三千里，自迩中华失太平。

（右同年冬月五日雅安六王山余雪。）

流水绿潺湲，西风［霏］野烟。蔡山笼积雪，冷月照荒年。木叶萧萧下，芙蓉楚楚虔。长歌不是路，尚想奈何天。

（右同年九月廿五日雅安始雪。）

绪光同学［郢］政：

郑宾于一九五三年六月八日。

① 此即道客巴巴网站所传郑宾于手札，释文为衡阳师范学院邬德平所辨记，但个别文字极难确认，故以方括号存疑。郑宾于工书，亦可由此见出。

◇关于合并四川省内各大学以成立国立四川大学的呈文

◇『中学生读书法及其基本读物』之一：国文

◇论我国民族文化之『不长进』与『线装书』

教育教学

关于合并四川省内各大学以成立国立四川大学的呈文[①]

窃维改造社会，首重教育。而良好之教育，必基于完整之学校。[假使学校办理不善，必致教育徒然，文化□□且养成荆棘，社会被其恶化。] 故学校毋计多寡，而贵事有其实。四川高等教育办理多年，成立学校亦不下十数，而稽其成绩，则江河日下，今不如昔，名实乖离，图希延誉。名曰专门，而其设备之简陋，组织之粗疏，课程之缺谬，生员之浇薄，实有中级学校之不若者。又无[②]名称歧出，学生寥寥，耗费滋多，无补实际。如外国语、中国文学两科，大学之文科即是以范围者，而必独立别为两校（成都有外国语专门学校、国学专门学校）。且商专学生人数犹少于其教职员，彼亦自成一校，月靡数千余金。而蚕、茶两专校与农业专门性质相同，亦皆分立，鼎峙为三。此其流弊所至，则财力交弊，庸愚滥竽，苟且从事，有名无实。彼此坐困，进展无期。以故四川目前之专门学校非不多也，然而欲求一名实相符、真有学术事业表现的成绩之学校，卒不可得。

[广耗金钱，贻误□学，此皆有心教育事业者，可为□常歉意，而思有以改造之也。] 再查四川又有所谓成都大学者，自号国

---

① 呈文标题为编者所拟。该呈文见四川省教育厅公函，十七年教字第 10369 号，“川大档案”第 1 卷。王东杰：《国家与学术的地方互动——四川大学国立化进程（1925—1939）》（生活·读书·新知三联书店 2005 年版）曾有大略的征引。此处以王东杰整理和引述的文字为主干，方括号中的文字系郭盈伶（四川大学文学与新闻学院 2011 级博士生）代为查阅并补入。

② 引文如此。

立，而实未向任何机关备案；名曰大学，而校址与经费亦漫无着落。以上所陈，不过四川教育目前颓废纷扰之一班①，犹未能尽其情也。宾于等均籍隶四川，或奔走国事于外，或自海外留学归来，或在他地任教，或则出省考察教育，常见他省教育均日有进展，惟吾川教育则纷乱难治，同人相与筹商，佥以为四川为西南文化之渊薮，不可任其堕落。学校之设置与其多而扰，不如约而精，有其名必验其实。目前改造四川教育之方，允宜仿照广东、杭州、南京各中大例，应将所有各专校一律分别省并，另组国立四川大学。集中人材，节省财力，组织必□改善，内容□求充实。扫除从前一切苟且□□之弊。

［按此议，□□年四川□召集讨论新教育□会议时，经多数会员提出，□□时僚主张，以成都高师校吸收各专校，遂至各专校校长疑心成高别有作用，反对而止。但多数尤以为理由甚□，事劳利便，此业未能成立为恨。］盖此议若果实行，利益孔多。前文未尽，请再申言之。

（一）财力集中，耗用数减。［四川虽素号天府之邦，但年来兵变频仍，民生困瘁，财库空虚，寅交卯粮，尤实不足。］故就目前形势言之，独办一大学，财力尚可胜任，如求十专校并驾齐驱，均臻富裕，势必无成。且各校分立，一切设备者悉具，如图书馆与理化实验室等之设备，必有彼多此缺之憾，断难充备。合在一处，则供求便易，无忧不给。［此财力集中之利也。］（二）人材集中，聘用较易。川省人材不谓不多。然分在各校，其势遂弱。且各校薪额不一，因之聘员遂成难易之势。又有以各校设备不完，不乐从事者。故无论海内名师难希其驾，即本省通才亦多外就。

① “一班”当是“一斑”。

若学校改观，力量充实，孰不愿欣然来归，尽心桑梓乎？[此人才集中之利也。]（三）教育宗旨可趋一致。目下国家方厉行党化教育，现今四川各专校之当事者，是否果能知其义，或能见诸实行者，尚属疑问。合之为一，则步趋可齐。盖求一领袖之才与求数十领袖之才孰为易得，其中消息不俟烦言。[此教育宗旨可谋一致之利也。]（四）教育经费易资整顿。现在四川省立各校经费，纯恃肉税维持。计其每岁收入，除交拂省立各校外，尚有盛余①。川中各军往往藉口省立各校办理不善，恒将驻防区肉税截作他用。故省立各校日趋困窘，愈窘愈劣，愈劣愈窘。救济之法，实维更新。若合各校为一，规模渐整，自身无缺，据理力争，彼更何所藉口乎？[故改设大学□为整理目前经费之惟一妙法。此又经费整顿之利也。综观上举，皆利核之。目前情势，则各□校之合并与不合并，大学之必成立与否，其利□□可见□。]

至其成立后之办法，请试并陈其愚：（一）组织。即依照中央所颁大学区规程，并参酌地方情形办理。各专校更名为某学院，其性质相近者更并为一院，而统称国立四川大学。（二）地址。择适中之校为中枢机关，综揽大学全部事务。其余各校得就原地改组或斟酌省并。（三）经费。即以各专校现有经费更加整顿，以充用度。设用不足，再行筹措。（四）学生。除招收新生外，悉将现有各专校学生分别试验，编入相当学级。并将现在成都大学学生亦同时收编，则不独前述各弊可去，诸利可致，西南文化必蒸蒸日上矣。[四川地据长江上游，西南□区为□，□□动阔大而谋图，此不可不加之意□。] 惟兹事体大，非事前详为规利②，难

---

① “盛余”现作“剩余”。

② “规利”当为“规划”。

期□□。应请钧院充拣熟习川省教育情形及富有教育学□若干人为筹备委员，就四川教育厅组织筹备会，即定为国立四川大学筹备会，并以现任教育厅长为当然委员，共同筹备，限期竣事，则大功可竟矣。[□今国运□□，正需良好之党化教育以培国本，钧院负有统筹全国教育之责，又方锐意毕躬之秋，□时雨之加，不遗僻远，西南文化，可庆光辉矣。所有□愚，今设国立四川大学负责统筹，并陈明合并各专门学校缘由，是否有□理合并，呈钧院惠予□校施行。] 谨呈中华民国大学院院长。旅沪川人郑宾于、杨富民、程愚、宋德璋、苑[1]春膏、陈肇琪、魏崇元、李世覆、魏子兴等四十一人。

① “苑”疑为“范”。范春膏，四川内江人。四川同盟会会员。曾任四川省议会议员。

“中学生读书法及其基本读物”之一：国文[①]

但凡是用中华民国的“方格宇体[②]”所装点出来的文章，那便叫做“国文”，则这国文也者，岂不真是“庞杂”“博厚”的一座“线装纸宝塔”吗？然则于此而欲对之有所研究，岂不戛戛乎其难！

因此之故，所谓“国文研究”云云，对于中学生言，止不过是一种求学兴会之引起，并不真要它们在那“线装纸宝塔”里果有若何之获得与成功。（例外的中学生，对于国文特别有研究的，那只算是例外。）

研究，虽然是没有标准的；但中学生之于国文的学习，的确又是有标准的。教部对于高初中学生学习国文之目的与教材等项，都有详细适当的规定，用不着我来哓舌：只要先生按着那样教，学生按着那样学，便算能事已毕，尽可称为“国文中学通”了！不过，那还算不得是中学生的研究。

怎样才是研究呢？对中学生说：第一，是要它们善于怀疑，更由怀疑而产生出较有价值的问题；第二，是要它们对于那些问题能有适当的解答，解答的时候，务要搜求可靠的证据；第三，是要它们能够把那些“疑问”“解释”，很有组织地排比出来，而且务使那些思想成为系统化。

如此这般，便算中学生对于国文有了精切的认识，有了心得

① 原载《统一评论》第1卷第18期“中学生专号”，第6—7页，1936年5月11日出版。署名“郑宾于”。

② “宇体”当作“字体”。

与创获。如此这般，才有精密的头脑，锐利的眼光；绝不至于“摸门不出”“食古不化”。如此这般，才能够应用科学方法研究陈腐的国文，整理线装的古董。

一般读线装书的先生们之所以只能成为“书蠹”而终于赶不上时代者：第一是由于它们“不善疑”“不敢疑”；第二是由于它们没有方法，没有系统；第三是由于它们“雷同相从，随声是非”。——虽然也还犯着其它的毛病，但必终于以此三点最关紧要。——不敢疑，故尔为古人所愚；没有方法，故遂成为七乱八糟的字纸篓，终是“钻书的虫”；盲目附和，于是人云亦云，担着半截就开跑。即以此故，于是乎开倒车，讲退化。认定古代的好，现在的不好；于是乎就“以古非今”。它们要想把二十世纪的中国装入三代以前的口袋里去，要想把它自己的躯壳（因为没有灵魂）赶入坟墓里去，它们“起码”就是一个“行尸走肉”，所以相背而驰，越赶而距离越远，非仅止于落伍也。

总之，所谓研究，是在“求真”与“求是”，我希望现代的中学生要以现代的科学精神去研究学问，所以写下那些方法，是要中学生们去仔细“体会”的哟！

不过，中学生们要用什么方法才能把那些思想“清典可味”的写出来？请看《作文讲话》（章衣萍作，北新出版）。怎样才能使那些辞语合文法，请看《马氏文通》（马建忠作，商务书馆出版）。怎样才能使那“说法”不矛盾。请看《思维术》（刘伯明译，中华书局出版）。至于说到“要怎样写”才能达到隽美的境界，那就全靠着中学生的才智，非仅阅读“修辞学”一类的东西所能为功的了！

还有，中学生果然能把文章做得通顺流利了，尤须存储若干粮食，以为助长研究学问之资源。那些资源是：

（一）《国学概论》（商务印书馆出版，钱穆著）：因为高中学生对于本国各时代的学术思想，应该了解个大概。

（二）《文艺史概要》（武昌时中合作社发行，张资平著）：因为高中学生对于西洋各时代的文学主义和派别，应该有个约略地了解。

（三）《中国文学概论》（开明书店出版，孙俍工译）：因为高中学生对于其祖国的文学，应当了解个轮廓。——因为，无论研究甚么学问，“历史的眼光”是万不可少的，所以假如你还要想知道我国文学的源流变迁和趋向，还要想有更为深切而有系统的研究，则将请你阅读《中国文学流变史》。（北新书局出版，郑宾于著）

（四）《一个新信仰的宇宙观及人生观》（在北新出版之《吴稚晖学术论著集》中）：因为高中学生应有一个新的宇宙观及人生观之认识：有此认识，才不至于埋头乱窜，到处碰钉子；植身社会，才能略有把握地去应付环境，将可免于“行尸走肉”“非愚则诬”。

此外，国立编辑馆出版之《中学国文特种读本》两册（商务印书馆售），其中选材，纯以唤醒我国固有民族精神为主旨。我认为中学生应该有那副头脑，应该有那些智识；而且是很合于时代化的精选。所以我认为那两册读本才是中学生所万不可少的“基本读物”哩！

二十五年五月二日写。

论我国民族文化之“不长进”与“线装书”

——为建中第四届毕业同学录作

我虽然是个研读“线装书”的人，但却不愿诸君“穷日尽年”地去专习“线装书”；线装书，只要有少数人去读它好了，这原因，不是害怕诸君将来“抢行”，却是为的它“非当务之急”，平心的说，处于现在这种时势之下，有谁相信线装书是可以救国的呢？

因此，所以我虽然是读“线装书”，但也常时在读“非线装书”。

凡读线装书的人，必须要读非线装书：这事情，我以为是绝对的应该，否则将必变为“腐蠹”：读书虽多，仅只是钻书的虫；钻书的虫，国家无所用之，社会无所用之，人类无所用之，是以读线装书的人愈多，国家势必愈不进步，愈益退化了！

我老是觉得，我国的历史，如就文化上面去观察，则竟止有“上古”“中古”，而无“近古”。假如不在时间上去加以宰割的话，临到现在，即是我和诸君所处的这个时地，所谓思想，所谓文明等等，也才勉勉强强说得上是“近古”。

何以言之？且夫先秦以前之为上古，这是尽人之所公认者。然而自两汉以迄清末，虽其间有所谓汉唐“训诂”“考据”之学，宋明孺者[1]之“理学”“心学”，清代经师之“今古学”等之不同；但如详加考察，在此二千二百年中，那一个朝代的政治文化，

① “孺者”当为“儒者”。

不是被“一般经师”“一般儒者”的“天罗地网”所笼罩着？那一个朝代的经师儒者不是想把它们当时的国家社会装入它们的“六经口袋”里去？所以如此者，他们的意思无非是要用那六经孔孟之所谓道义也者等的法宝来推行之于“修齐治平”之上耳。这样，于是乎二千二百年来的中国，专在“六经口袋”里“打旋子”（天旋子，地旋子，五花八门，无奇不有。），专在经师儒者的爱憎之下讨生活。在这偌长的时期中，所谓“思想”“文化”，老不长进：一直古今同风，千载一致；并不曾“改换门楣”“另起炉灶”，所以我便指称那几个朝代为中古。所谓中古，纯是经师的昌帜，儒教的抬头。

这样，于是我国民族，就在中古时期里滚来滚去到处瞎碰；虽然几次沦于异族，但亦究竟因为我们周公孔子神通广大，悯念后世，异族终归同化了！所以它们虽然脑壳碰肿，到[1]也摇尾自得，满不在乎！讵意碰来碰去，甲午一战，竟然伏尸百万，割地赔款。

这颗钉子可就碰大了！可也碰好了！虽然碰伤了元气，碰现了原形；然而我们国家民族，自尔以后，才稍稍醒转过来，打个呵欠，伸个懒腰，想要从此爬到“近古的阶叚[2]”上面去。

我们可以这样说：假使洪秀全、杨秀清辈的革命运动成了功，则我们民族的“政治”“文化”……即便早已踏上“近古的阶叚”！不，早已“现代化”，可与欧美列强并驾齐驱了！不幸得很，偏偏有那“功狗式”的曾国藩、曾国荃之流出来将他铲平；遂把国家民族依然使之回复到那“中古时期的封域”里去。

① “到”当为“倒”。
② “叚”当作“段”。下同。

我们须要晓得，曾国藩是“桐城文派的殿军”！所谓桐城支派[1]者，姚姬传[2]说是拿他来集“考据”“词章”“义理”之大成的。于是乎“谬种”之言曰“自姚先生之书（《古文辞类纂》）出，四书五经竟可束诸高阔[3]，而《古文辞类纂》不可不读也”。呜呼！从姚氏的《古文辞类篡》[4] 到曾氏的《经史百家杂钞》，其间所蓄之威力，竟能征服太平天国，扭转时代数世纪，则此线装书之“大开倒车”“危害民族”也，岂不“铁案如山”哉？

然而，曾不三十年，东邻的日本，便有明治维新的政策。日本明治维新而台湾、琉球、朝鲜等地，便即相继沦丧了！那时拥护线装书的人物：第一是曾国荃，第二是曾纪泽，第三是李鸿章，第四……第五……

因为明治维新而有甲午战败；因为甲午战败而有康梁政变，六君子被杀；因为康梁政变而有义和团起，八国联军，帝后蒙尘。——故自甲午战败以来，而素主“修德怀远”，务“以道义征服四裔”的清廷士大夫，始和“纸老虎”之不足恃也，因以产生康梁之宪政。然而，慈禧不爱维新，义和团怕枪炮。及到联军入京，国几不国，割地赔款，苟活偷安之后，乃教载泽等人去考察四裔的政治，召开国会，选举议员。李鸿章既已使俄归来，深知“纸糊灯笼”，已被戳破，此后当亦［无］甚煊赫之可言；于是自以为得风气之先也，遂以开示后来张之洞辈“中学为体，西学为用”的主张。本来，“识时务者为俊杰”，李鸿章张之洞辈薰陶于数千年线装书的环境里之当时，怎样能有如今日的吴稚晖先

① “支派”当作“文派”。
② 姚鼐，字姬传，一字梦谷。
③ “高阔”当作“高阁”。
④ “篡”当作“纂”。下同。

生“那样大的魄力，尽举线装书而悉投之毛厕之中”哩！

可怜得很！所谓辛亥革命，只是“君主”“民主”底“政体”之不同；其于政治文化之诸端，并不曾踏着新的途径。所以当时一般士夫，正还迷恋着小题正鹄、程朱四书、秀才、举人、状元、进士。虽然变科举而为学校，实也不过汤头换了，病根未除；排场虽新，内容仍旧。那时的民众，正犹回味着“皇帝老官”与乎“读书戴顶子”的趣味者，百分之百，皆系如此。大梦方酣，莫明其妙！

自有五四运动而举国振荡，学子抬头；四书五经，渐被抛撇（然而今日依然有存者）。于是学校教育，由明清八股而变为“洋八股”，由古文选集而变为高头讲章。一般智识份子也渐觉醒了！他们从此更进而留意到欧美文明，国家时势，世界潮流；所谓“欧风东渐，美雨西来”，迩时一般国民，固犹未尝实地受其膏泽也。

自民国十六年革命军北伐成功后，于是国人始信民众力量之不可侮；自从“九一八”“一·二八”事变之后，于是国人始知“广土众民”“文化悠久”之国家之不足恃。要想救亡图存，实须自己振拔；如欲自己振拔，实非廿①读线装书多读非线装书不可！故自复兴的口号提出以后，国人之思想言论行动，便已大不如前：非仅是“想”，还须要“说”，非仅止“说”，还须要“做”。换言之，此时的中华民族，已是由理想空谈的时期而渐入于实行硬干的时期了！

由是而言，则所谓线装书也者，岂不从此让开地盘，任那自然科学加快速率，在这泱泱大国里横冲直撞么？然而不然！方今

① “廿”或为“少”。

我国之“君子”，正复崇拜姚曾二氏之不暇；只要有部《古文辞类纂》和《经史百家杂钞》，便可“安天立命”，登台讲学！津津焉，味味焉，目空一切，忘乎其形，俨然不知其身躯之宜安置何所矣！

呜乎哀哉！彼姚曾二氏之选集断送我国土地者屡矣！甲午以来，丧权辱国，史不殚书；然而士夫君子之徒，恬不为怪，竭尽毕生精力，为之奔命提倡之不暇；遂致家弦户诵，人有其书，是则大可怪诧者耳。①

所以，中华民族在时期上虽已走入了现代，而在文化方面，则犹仍是近古。因为，不特没有全盘承受西方文化，而且中古文化也还未能完全脱离。我想，□如要能全盘承受西方文化的话，最低限度，必须是在那“遗老遗少式”的“妖孽”“缪②种”之徒扫数死掉之后。

所以，中华民族，老是过着“两种不同的生活”：在思想上，老是受着线装书的支配；在物质上，老是受着西洋文明的压迫。因为，姑无论把线装书认为怎样神圣，电灯不能不用，大菜不能不吃，公路机器不能不有，轮船火车不能不坐；虽至地上的洋房，天空的飞机，杀人的毒物，灭国的军火，……几无一件不是叫它们“惊奇恐怖”“倾瞻醉心”的。于是，生存在这样矛盾的国度里的民族，遂致狐疑而徘徊，由徘徊而遂至于不长进。对于物质文明，只有享受的利益，没有支配的权能。它们这享受，也犹之乎四门进城的肥猪之安然躺在“板板车”上一样。因此之故，所以地面上虽然也有许多新的事业和建设，只能算是外人的供给与

① 此为本文的第一部分，原载《统一评论》1936年第2卷第4期，第9—11页，1936年6月21日出版。署名“郑宾于”。

② “缪”当作“谬”。

侵略，准你享受，不能支配。文化既已没落，国格当然减等了！

日本的学者说："当着明治天皇维新的时候，我们伸手承受了西方文明，从事'改良''建设''创造'，早把那印度文明葬送在坟墓中去了！（中国的佛教正还十分兴盛哩！）当着那个时候，谁叫你们要高唱'中学为体，西学为用'，而不全盘承受西洋的科学文明呢？对于东方固有的文明，我们是抱着征实的态度去研究他的，谁叫你们要犹然而'寻章摘句''人云亦云''确守陈法''按本宣科'呢？所以，你们贵国文化民族之不振，主权土地之日蹙①，都是由于你们贵国的老前辈之不争气啊！"如此说来，则知"线装书文化"之必受着西洋科学文明的压迫也无疑，而我中华的民族，当然要受着东邻三岛的冤气了！

我们中国人的脑筋，是十九世纪以上的；而其躯壳，却又正是二十世纪的。夫以十九世纪以上的"线装书脑筋"，要想在这二十世纪里求得生存，能不"急起直追②""努力愤发"，以期有所创获，能够有所成功么？

所谓创造，并不是得坐飞机，也不是得驾飞机；最低的限度，是要能够造飞机。至如真正的创造，是要能够发明欧美科学家们之所"未曾发明的发明"。

这样，中华民族才能抬头，我们的国家才得复兴！

现在，我们再来逆数一翻罢：我以为晚周诸子的蜂出并作，是有科学的"精神""方法"和"价值"的；自此以后则不然！两汉魏晋，只有经师的面孔，如其也要说有科学的话，那便只有魏伯阳的符咒，葛仙翁的炼丹！试问，唐宋以来，除却"道德仁

① 此字当为"蹙"。
② "迫"当为"追"。

义”“四书五经”之外，还有甚么？而且，自从朝廷规定取士以来，由诗赋而经义，而八服[1]；由童生而秀才，而进士。所谓桐城阳湖，也不过是八服之变形；所谓姚曾之选集，也不过是小题正鹄之别派。况且，宋人提倡经义，何至会亡于金元？明人八服视宋尤为高绝，何以会亡于满清？以于[2]清人的八服，简直是集古今之大成了，何以割地赔款之不足，而便继之以亡国？桐城阳湖之古文，姚曾二氏之选集，可谓不得了者也，何以毕竟不能致诸隆盛，挽其危亡呢？夫以历朝大政典章文化之所系，世人之所归者，都无补救国家于毫厘；则线装书之亟应“消毒”，亟应“葬埋”，可无惑矣！

因此之故，所以我奉劝各位：可以不读线装书，不可不读非线装书。因为“线装书的毒患”太大了，所以吾家板桥，最恨秀才，也恨和尚！他说：

> 和尚是佛之罪人，杀盗淫妄，贪婪势利，无复明心见性之规；秀才亦是孔子罪人，不仁不智，无礼无义，无复守先待后之意。秀才骂和尚，和尚亦骂秀才。语云：“各人自扫阶前雪，莫管他家屋瓦霜！”

板桥以为秀才和尚，同是线装书的“毒汁”之结晶！并且，他们确是一般的人格，各有劣迹，不可掩饰。因为他们同是“不事生产”“妨碍社会”“贼害社会”的鼠蠹！他这认识，真是深刻已极，与众不同！

---

① “八服”疑为“八股”。以下同。

② “以于”或是“至于”。

黄黎洲①说:“宋世学术之盛，安定（胡瑗）泰山（孙复）为之先河。”试看安定之学果何如？刘彝对神宗之问曰:“臣师胡瑗，以‘道德仁义’教东南诸生。……臣闻圣人之道，有‘体’有‘用’有‘文’；君臣父子，仁义礼乐，历世不可变者，其体也；诗书史传子集，垂法后世者，其文也；举而措之天下，能润泽斯民，归于皇极者，其用也。国家累朝取士，不以体用为本，而尚声律浮华之词，是以风俗偷薄。臣师当宝元明道之间，尤病其失，遂以明礼达用之学授诸生……故今学者明夫圣人体用，以为政教之本。”当时的儒者，的确是以“道德仁义”“体用兴文”等是可以“修己治人”“治国平天下”的。其后伊川振起洛学之统，而其魁杰皆推上蔡（谢良佐），不可谓之不贤矣！然而黄氏犹曰:“关洛陷于完颜，百年不闻学统，其亦可叹也”！宋世学术，关洛最大；亡国之后，亦没办法，是则线装书之遗害民族国家，岂不更是证据确凿吗？

明白些说，我不是以为凡是线装书皆不可读，不过是说有些部份不可读，而那可读的部份，又［便］往往流毒太深，读它的人，遂便取其糟粕，遗其精华。求山语录云:“今之学者，读书只是解字，更不求血脉。”况夫读书仅是解字而犹不能清白的人，正复多多。那还能够谈得上“求血脉”“识大体”呢？

故夫读线装书的人，贵在“贯通”“适时”“创造”。王船山说:“洪荒无［揖］让之道，汉唐无今日之道，则今日无他年之道者多矣！”不能贯通者，无由知其统纪；不能适时者，无由辨②其存废；不能创造者，无由推动前进。诚如前力所论者，方今我们

① “黎洲”当作“梨洲”。

② “辨”疑为“辨”。

国家［以］内的文化，究竟“近古”呢？是“现代”呢？最盼各位同学之努力，至于要后[①]现在度到将来，则这创造文化的责任，尤非各位同学挺身担负不可了！

我还要声明：我之所谓线装书，自然是“广义的”之所谓中国文学；而所谓“非线装书”，却不能说是“狭义的”之所谓“西洋科学”。凡是独立成为一个门颇[②]的科学，与夫用科学方法，所整理成功的著述，都是属于非线装书的一类。我以为，有益的线装书太少了，而有用的学问太多了，以今日有用之青年，固不宜将其精力全都消耗在那上面去。

——否则诸君必将蹈我覆辙，读线装书；那［吗］，也必千万多读几本非线装书。因为，读非线装书，可以营养身心，切合时势，可以免于“书蠹”之诮也。人之恒言，曰读书，曰讲学，所谓书[③]讲学，原木[④]仅是对于翻读线装书的说法。国人群聚而钻攻线装书，于是国家前途，民族复兴，无举办法[⑤]。所[⑥]陆世仪曾经大声疾呼地说道：

“天下无讲学之人，世道之里；天下皆讲学之人，亦无道之衰也！”

所以如此者，因为读线装书，则凡百思想而论，政事举指[⑦]，都要去六经里面找根据，如读非线装书，则以上这些都只求在科学上面找证明也。我以十分诚恳的态度，盼望诸君今后留意此等

---

① “后（後）”疑为“从（**從**）”。

② “颇（**頗**）”当为“类（**類**）”。

③ “书”前当有“读”字脱落。

④ “木”当作“本”。

⑤ “无举办法”固可解，如作“无法举办”，则更通顺。

⑥ “所”字之后疑有“以”脱落。

⑦ “举指”疑为“举措”。

处，只要诺[1]君能够负此“救败起敝”的责任，则吾华民族之复兴，亦庶几乎有望了。

（编者按：郑先生这篇文章的绪论和结语，都是专对建中毕业生说话，因为篇幅所限，致未登出，抱歉之至。）[2]

① “诺”当作“诸”。

② 此为本文的第二部分，原载《统一评论》1936年第2卷第6期，第6—8页，1936年7月11日出版。

附　录

冉云飞关于郑宾于的考述

2002年10月27日，冉云飞在成都草堂寺文物旧书市场，以10元之价，购得一册《中国文学史大纲》，1933年成都甫澄中学①石印线装书，题署郑宾于著。彼时冉云飞对郑宾于尚一无所知，故在其博文《反动居购书呆账》中说："未审何人，留待他日详考。"至2013年7月16日，冉云飞对郑宾于其人其事，终于形成初步认识，并在博客发表《物理学家写成的文学史》。其文如下：

物理学家而写文学史，在中国目下这种非常工具主义的应试教育之下，你会视为不可能的"天方夜谭"。可这在民国乃至清末，却并不鲜见，如物理学家丁西林写有不少戏剧、地质学家丁文江写不错的政论和游记等。大名鼎鼎的军事专家蒋百里与学者梁启超一同赴欧洲考察，蒋著《欧洲文艺复兴史》一书后，请梁为其序，梁的序最终写成了《清代学术概论》一书以应。这说明社会分工并没有让大家各自抱残守缺，株守知识的一隅，而是在知识的海洋里遨游。更有进者，民国有名的法学家吴经熊先生，别说在法学上的贡献有目共睹，单是他一小册《唐诗四季》，其对唐代诗歌的细部理解和整体把握，可以让许多专门吃文学研究这碗饭的人"歇菜"。王维诗中的韵味和灵魂，阐释者何止万千，

① "甫澄中学"后文作"浦澄中学"，有误。甫澄中学，全称"成都私立甫澄中学"，为刘湘创办。刘湘，字甫澄，故名。

但均没有吴经熊先生说王维“有一颗天蓝色的心”来得更加令人震撼，正点而到位。

这位撰写文学史的物理学家名叫郑宾于，是中国固体物理的先驱、天线理论方面的专家。他出生在浙江乐清一个贫困的家庭，与著名数学家苏步青同学于浙江艺文中学，并于16岁时考取官费留日生，留日12年取得东京帝国大学物理学硕士。本来应著名物理学家施士元（居里夫人为中国培养的唯一博士）之请准备到中央大学物理系教书的，后来携妻一行入川旅游，被时任成都大学的校长张澜强留下来，遂成为成都大学、四川大学等大学的物理学教授。对物理学教授郑宾于在专业方面的具体成就，我不甚了然，也没有相应的知识能够了然，但对于他的“旁门左道”却算是略知一二。大抵郑宾于在日本学习物理学的同时，也热爱中国传统学问，以我有限所见，曾于1926年《北大国学月刊》见到他两篇关于《诗经》的探讨文章，其一为《论三百篇后的风诗问题》，其二为《诗问题之后》。此间他还曾向史学大家陈垣先生请教谚语“赵老送灯台”的问题，陈垣在1925年的《北京大学研究所国学门周刊》专门作文“答郑宾于”。对于郑宾于的学问与成就，其浙江前辈蔡元培也不吝鼓励，曾集欧阳修句赠送他：“高文落笔妙天下，清论挥犀服坐中。”

查诸种资料，更加令人吃惊的是北新书局1930年至1933年陆续出版了署名郑宾于的《中国文学流变史》三卷（是书曾于1938年重版），在二十世纪文学史的写作与研究中占有一席之地。但由于我没有读过《中国文学流变史》一书，无法完全证实其书中有多少创获，但从间接所知其为薛涛翻案来看，也算自成一说。别的且不说，单从写作和出版时间来看，其引领文学史写作和研究的新潮是可以想见的。就我粗略所知，在郑著前面出版的，也就曾毅《中国文学史》(泰东图书局，1915年)、谢无量《中国大文学史》(中华书局，1918年)、范烟桥《中国小说史》(苏州秋叶社，1927年)、谭正壁《中国文学进化史》(光明书局，1929年)等少数几种，而胡云翼《新著中国文学史》(北新书局，1932年)、郑振铎《插图本中国文学史》(北平朴社，1932年)、钱基博《现代中国文学史》(世界书局，1933年)、刘大杰《中国文学发展史》(中华书局，1941年)等诸种享有大名的文学史，则在时间上瞠乎其后。

有人会说，你既然没看到过这部《中国文学流变史》，却又来说他写的一部文学史，那不是无中生有么？我多年搜旧书的经历中，有许多意外的收获，八年前我于旧书摊以十元之价得一册石印线装《中国文学史大纲》，十三叶二十六页(成都中南大街复兴公司代印)，署名郑宾于著。此书是为浦澄中学所编的讲义——浦澄中学即为军阀刘湘所办，如建国中学为邓锡侯所办一样，彼时四川军阀在辟公园、修公路、办教育三件事上还是颇热心的，大学老师兼中学的课在民国时非常普遍，彼时成都石室中学的师资就比如今许多大学都还要强。《中国文学史大纲》内容只有第一编《叙论》，内容由引言、文学史是否科学、何谓文学、文学之起源、文学史之定义、本书之作意六部分组成。本书开篇辟首第一句即出人意表："四千余年来，我国学者在学术上共同努力之总成绩，除了'七乱八糟的一团'而外，再也别无其他长物，可以值得表彰者！"对科学的信仰加上激进主义风气传染，得出这样的结论，并不令人吃惊。

我手中的《中国文学史大纲》是作者的一个自留校改本——即书出后作者自行修订，以便下次重版时拿出来订正的作者自留本，满本是作者红笔的校正和添加，连"叙论"写竟的日子

“1933 年 3 月 29 日”都是红笔添加上去的。如果北新书局所出的《中国文学流变史》系同一个郑宾于所为的话，那么这个“叙论”或许是从该书省编而成。郑宾于对日本用“支那学”来称呼中国学深致不满，留日多年的他对日本文化充满一些不冷静的态度，甚至不惜逸出正文来一段“爱国教育”:“且夫既为中华国民，要必自尽其天职！秉笔之士，既不克执干戈以卫社稷，如能举其固有之文化，以求发扬光大于世界，不亦尽其爱国之责欤?”（页11—12）不是说这段话不好，不是说它无意义，这在寇氛日深的年月非常让人理解。从另一个侧面亦可以看出，郑宾于虽然是一位科学家，但其情感之喷发于一般文士也不遑多让。

《中国文学史大纲》虽然只有薄薄二十六页，但内容却并不单薄。他非常提倡用科学的方法研究和撰写文学史，对历来的经史子集分类法极尽痛诋之能事。“夫经史子集，原非科学之专名，仅止著述之例类，国人安于所习，蔽所希闻，未尝睹科学之条贯，妄谓其研求为已足。怀‘抱残守缺’之志，存‘狭恐见破’之心，遂自以为可以振兴学术，发扬文化，多见其不自量也!”（页2）郑宾于用培根和冯特对于科学的分类及阐释，来做“科学分类表”和“东西方文学之质量表”，这在彼时所撰的文学史中可算是别出心裁的。并说“各种科学之特殊性质虽不同，然皆有其共通之目的。一切科学，皆系将多数人之‘经验’与‘事实’，凭藉知的构造用极‘精准’‘简单’与切实之文字记述者也。而此精确之记述，皆以表明各种事物互相关联之法则为归宿，故必对于种种事物，加以精密之观察与深刻研究，然后乃可发现其自然之法则，而为最有效力之思想者焉。”（页 11）此种对科学与相关学科关系的精准论述，恐非他这样的科学家不能道出。

他在探讨文学史、文学的定义时，从章太炎、胡适、谢无量、梁启超、圣伯夫，到《古史辨》，旁征博引。但在阐述本书主旨时，却也非常清醒地意识到："矧以本书之作，原为讲习之应用，尤非专门之著述，故于渊源流别之外，尤应注意其材料之征引也。谨悬此旨，以为之鹄。倘若不幸而获世之诟厉，则犹庶几可存作者一家之言也。"（页 13）对于一个科学家来说，于文学能有这样较深的研究已属难得，但这样的成就却非幸致。抗战时郑宾于家住华西坝，其往来密切者均系出名的艺术家，如庞薰琹、吴作人、叶浅予、戴爱莲、李有行、沈福文、马思聪等，此前老同事吴虞在日记里亦记述过与郑宾于同赏京剧的雅事："闻郑宾于与女生陈俊修来访，即往宾于处，听留声梅兰芳《祭塔》、程砚秋《玉堂春》、徐碧云《女起解》三折。"（《吴虞日记》1931 年 2 月 24 日）物理学家而风雅若此，大概只有善拉小提琴的爱因斯坦、著有《眼睛看不见的东西》的汤川秀树可以媲美了。

冉云飞笔下的郑宾于，与笔者的考证颇多乖离，兹聊备一说。不过，冉云飞也是酉阳人，此番邂逅，却是"儿童相见不相识，笑问客从何处来。"

文学史家郑宾于生平考述①

王作良

引 言

初次得知文学史家郑宾于先生，是在攻读博士学位的第二年。当时因为检讨资料的需要，曾经通读了其著作《中国文学流变史》。读后即被作者敏锐的问题意识，颇为新颖的观点所吸引。此后，出于好奇的心理，翻阅了一些文学大辞典之类的工具书，有关郑氏生平的资料，所得非常有限。在网络技术飞速发展的今天，有时企图通过号称无比强悍的网上搜索引擎查阅郑宾于生平的相关资料，所获依然寥寥无几。如此，好奇心渐渐不存，想着其人声名不显，随着时间的推移，文献记载及相关资料的缺失在所难免。

不想，今年暑假，一个偶然的机会，笔者在网上看到了冉云飞先生的鸿文《物理学家撰写的文学史》（笔者按：为行文简洁，

---

① 关于郑宾于的生平，已得到越来越多的学者关注。2013 年 10 月 20 日至 22 日，中华文学史料学学会古代文学史料研究分会 2013 年年会在广西桂林举行，陕西师范大学国际汉学院王作良副教授曾提交论文《文学史家郑宾于生平考述》，“引起与会者兴趣”，且“多位学者做了补充”（王丽娟、饶玉群《中华文学史料学学会古代文学史料研究分会 2013 年年会综述》，《文学遗产》网络版 2013 年第 4 期）。2013 年 12 月 29 日，笔者曾致函王作良先生，表达请教和共享的意愿。2014 年 1 月 13 日，王作良先生特将此文发与本人。文章考证精细，而其邮件更见学人精神：“飞宇君台鉴：来信收悉，迟复为歉。……‘令人无限向往’云云，读后令人汗颜。我所作的，只是想尽力（试图）回到曾经的历史现场，勾勒被湮没的学人一些行踪及其论著的概况，实不足挂齿。拙文中的一些观点，会上有学者（与我同房间的我的师辈）指出拙文有关先秦时名与字关系的理解即有偏差，但我亦未发现明确的记载，若熊君有高见，望不吝赐教。文中有与君商榷之处，祈请多多海涵。祝一切安好！作良”。

以下简称“冉文”），一方面为冉氏的富于收藏和博学多识击节叹赏，另一方面，对文中的相关说法和观点也产生了质疑，如下面一段话："这位撰写文学史的物理学家名叫郑宾于，是中国固体物理的先驱、天线理论方面的专家。他出生在浙江乐清一个贫困的家庭，与著名数学家苏步青同学于浙江艺文中学，并于16岁时考取官费留日生，留日12年取得东京帝国大学物理学硕士。本来应著名物理学家施士元（居里夫人为中国培养的唯一博士）之请准备到中央大学物理系教书的，后来携妻一行入川旅游，被时任成都大学的校长张澜强留下来，遂成为成都大学、四川大学等大学的物理学教授。对物理学教授郑宾于在专业方面的具体成就，我不甚了然，也没有相应的知识能够了然，但对于他的‘旁门左道’却算是略知一二。大抵郑宾于在日本学习物理学的同时，也热爱中国传统学问，以我有限所见，曾于1926年《北大国学月刊》见到他两篇关于《诗经》的探讨文章，其一为《论三百篇后的风诗问题》，其二为《诗问题之后》。此间他还曾向史学大家陈垣先生请教谚语‘赵老送灯台’的问题，陈垣在1925年的《北京大学研究所国学门周刊》（以下简称《周刊》）专门作文‘答郑宾于’。对于郑宾于的学问与成就，其浙江前辈蔡元培也不吝鼓励，曾集欧阳修句赠送他：‘高文落笔妙天下，清论挥犀服坐中’。查诸种资料，更加令人吃惊的是北新书局1930年至1933年陆续出版了署名郑宾于的《中国文学流变史》三卷（是书曾于1938年重版[1]），在二十世纪文学史的写作与研究中占有一席之地。但由于我没有读过《中国文学流变史》一书，无法完全证实其书中有

① 此处的重版年份有误，应为1936年，冉文也许是笔误。

多少创获，但从间接所知其为薛涛翻案来看，也算自成一说。”①之所以不厌其烦而不惮背上“文抄公”之名大段地加以引用，实在是心有所感，仅仅几十年功夫，作为郑氏邑人的冉云飞，尽管对郑宾于充满了尊崇之情（此种尊崇之情包含部分误解的成分），由于种种原因，不知是出于隔膜，还是有所疏忽，对郑氏生平的相关记载已颇为离谱。估计得知郑氏真正的出生地之后（博文中言郑宾于为浙江乐清人），思想新锐而观点犀利的冉云飞肯定又要“吃惊”了。

后来，在一个偶然的机会，看到“至清代，魏建功、郑宾于等人更是引用佛教撞钟习俗与记载，并列举大量事实，证明了夜半钟是写实”② 一小段文字，更不禁产生了深深的岁月无情之感。于是，对郑宾于生平探求的好奇心又死灰复燃，只不过这一次，不仅仅是出于好奇心，连带产生了探本溯源而求得对其有所研究的心理，想着在文学史研究、民俗研究方面曾经名噪一时的学者，不应这样被默默地淹没在悄然流逝的历史长河中。于是，假期中就开始了无比繁忙的资料搜集爬梳、整理归类等方面的工作。一番忙活之后发现，先于笔者，已经有专家熊飞宇对郑氏的生平事迹、行止交游、论文专著有所关注，其文献的爬梳整理、资料的繁复翔实着实令人佩服，《〈中国文学流变史〉作者郑宾于生平考略》及《〈鲁迅全集·集外集拾遗〉“郑孝观”（宾于）注释补正》（简称《考略》《补正》）就是其研究成果的集中体现。珠玉在前，不免生出木椟之感。但一想到“愚者千虑，必有一得”的古训，决定研究郑宾于生平就由想法变成了行为。因准备《中国

① 冉云飞：《物理学家撰写的文学史》，冉云飞的博客，2013-07-16。

② 柯继承：《寒山钟乍动风景忆当初——〈枫桥夜泊〉写作年代考及其他》，《传统文化研究》第16辑，群言出版社2008年版，第195页。

文化史》的教学，笔者对《吴虞日记》（简称《日记》）多有关注，对郑宾于其人其文的认识也获得了全新的感受。在此过程中，搜检到《日记》等一些与郑宾于生平相关的资料，为熊飞宇鸿文所忽略或利用不足。本文正是在《考略》《补正》等研究成果的基础上，查漏补缺、正误解疑，对郑宾于的生平有关情况以及《考略》《补正》未曾涉及（或未曾寓目）的一些作品加以考订补正。限于个人水平，加上时间有限，疏漏之处在所难免，恳请大方之家不吝赐教。

一

需要说明的是，上引冉文"物理学家"云云，以冉氏的见识，也许并非空穴来风，"准备到中央大学物理系教书"，"被时任成都大学的校长张澜强留下来，遂成为成都大学、四川大学等大学的物理学教授"云云，必然另有其人，是否亦名郑宾于，俟考。

对郑宾于生平的介绍，一般的文字资料，只限于生年、籍贯以及 1949 年以前行实的介绍，唯一例外的是以下一条："郑宾于（1898—1986）四川酉阳人，1959 年入四川省文史研究馆。北京师大毕业。曾任中俄大学、福州协和大学教授。成都师大、四川大学、成都大学教师"[①]。其中有误记，亦有可疑之处，下文一一详述之。郑宾于的生年，各家记载相同，众口一词，想必必有所本，至于说法的来源，则有待于考订。其籍贯四川酉阳，除了冉文提供浙江乐清新说外，其他记载皆无异议。《考略》中已提供了一条证据，此外，还可补充以下一条资料，见一九二五年一月

① 郑宾于，百度百科。

四日的《歌谣周刊》第七十五号“腊八粥专号”:“《歌谣周刊》所得‘腊八’的答案，也有人证明当地无行此事的，专号列其姓氏籍贯如下：浙江绍兴、孙伏园……四川酉阳、郑孝观……广东东莞、容希白。”

郑宾于亦称郑孝观，二者关系如何，颇有歧说。一种说法认为二者是原名和后用名的关系，如《鲁迅在广州》中就有如下文字:“郑宾于，原名孝观。”① 新版《集外集拾遗》《鲁迅著译编年全集》中也采用了这种说法②。另一种观点认为，郑孝观与郑宾于是名和字的关系，如《宋词大辞典》说:“【郑宾于】字孝观。”③ 此说流传颇广，周家珍编著《20世纪中华人物名字号辞典》（法律出版社2000年版）等皆加以采用。还有一种说法注意到郑宾于与郑孝观并存的事实，却未标明二者的关系，颇有“语焉不详”的意味，如“郑宾于（孝观）”的记载④，但若考虑到这是作者为《中国文学流变史》所作的提要，作者生平本非重点所在，“语焉不详”也就可以理解了。《补正》一文中，对这个问题有相当精细的考订，其中先引用陈玉堂《中国近现代人物名号大辞典》的记载，再根据《〈哭泉孟姜女祠记〉》文末署“弟郑孝观宾于在保定上”的事实，推论认为，“信末署名‘郑孝观宾于’并用，按中国人姓名的使用惯例，则郑孝观为本名，宾于为字，后以字行，故陈玉堂的说法，有倒错之嫌。至于将原名和现名并

---

① 中山大学中文系编:《鲁迅在广州》（资料专辑），广东人民出版社1988年版，第88页。

② 《鲁迅全集》(第17卷)(人民文学出版社2005年版,第163页):“郑孝观（1898—?），又名宾于。”

③ 张高宽等主编:《宋词大辞典》，辽宁人民出版社1990年版，第856页。

④ 类似的意思亦见于《鲁迅全集》（第7卷）（人民文学出版社2006年版，第19页）:“郑孝观（1898—?），后改名宾于。”

置，更是鲜有其例，全集（按：指《鲁迅全集》第7卷）注释也有费解之处。”《补正》中提到的陈玉堂书中的说法，其实早见于上文提及的“宋词大辞典”。当然还有另一种说法，《补正》中亦曾涉及，说法如下：“郑孝观为姓名，别号宾于”，其说来源于《保定文史资料选辑 第12辑·育德中学资料选辑》中的记载。当然，《育德中学资料选辑》中的说法亦缺乏证据，属想当然之词。以上说法及《补正》所言，皆有不当之处，辨析如下。

先秦时，称谓中往往名和字连用，此后即不常见。对名和字连用的情况，唐人孔颖达《左传正义》对“皇父充石”有以下疏解：“古人连言名字者，皆先字而后名。”① 先秦以后，名、字连用的情况已经很少。因而《补正》中“按中国人姓名的使用惯例”云云，依孔颖达的说法，则显然有误。再有，从郑宾于论文的署名情形和时人对其的称谓分析，“郑孝观为本名，宾于为字”的说法，也有值得商榷之处。值得指出的是，《补正》中使用“郑孝观为本名”的说法，本身也有含糊其辞之处。依惯常的思维，有“本名”，自然就有后改的名字，这样似乎间接承认了“原名”存在的事实。若承认有原名，则“宾于为字”的说法就有欠妥之处。初唐四杰之一的骆宾王，字观光；南宋词家高观国，字宾王。依此判断，则宾于与孝观，揆之常理，一应为名，一应为字。之所以判断孝观为字的说法，应与鲁迅写给郑宾于书信的抬头“孝观先生”的称谓方式有关。旧时惯例，出于尊重，多以字称呼对方，鲁迅初次得知郑宾于，恐怕始于《雷峰塔与保叔塔》的发表，该文署名即是郑孝观。一段时间以来，鲁迅的著作大为风行，

① 杜预注，孔颖达等正义，黄侃经文句读：《春秋左传正义（附校勘记）》（《十三经注疏》之七），上海古籍出版社1990年版，第329页。

孝观为字说法的产生也就不足为奇了。至于“原名孝观”的说法[①]，或许亦与《雷峰塔与保叔塔》一文有关联，而此文亦是鲁迅与郑宾于交往的一个契机，尽管在此之前《江南风俗一零》发表时署名就用的是郑孝观。[②] 其实，在此之前，《歌谣》“十一年十二月二十四日第二号”第四版“来件”上载：十二月二十日收到四川郑宾于酉阳歌谣十四则。”这是笔者搜集到的有关郑宾于生平较早记载的原始文献。此后 1923 年 4 月 20 日出版的《歌谣》第十五号“来稿照登”中以下一段文字最后的署名也用了“郑宾于”:“《歌谣》第十一号民歌选录里载舒大桢湖南晃县民歌一首，颇与我所知道的一首民歌相合。”《雷峰塔与保叔塔》以后，郑宾于赴福建协和大学任教之前发表的论文，据笔者考察，以《周刊》为多，也有少数篇目载于《歌谣》。除了《歌谣中的婚姻观》[③] 署郑宾于外，大多用郑孝观署名，间或以冰鱼自称。值得一提的是，周刊的一些作者，其文章署名时，也是名、字并用，钱南扬（名）和钱肇基（字，后通行绍箕为字）即其例。顾颉刚 1927 年 1 月发表的《孟姜女故事研究》中云:“这一件故事仅仅断续地研究了一年多，所得的材料亦仅由同志钱南扬（肇基）、钟

---

① 《日记》在 1921 年已开始使用郑孝观指代郑宾于，是否为名，不得而知，尚有待考索。可以肯定的是，《日记》在正式出版前，流传不广，早于《日记》出版的《鲁迅在广州》一书中的说法，应该另有所本。

② 《江南风俗一零》作于 1924 年 11 月 30 日，发表于《歌谣》十三年十二月七日第七一号上；《雷峰塔与保叔塔》完成于 1924 年 12 月 18 日，结尾有 12 月 20 日所写的一段附言，刊《京报副刊》民国十三年十二月二十四日上。《江南风俗一零》一文，熊飞宇两文均未涉及。《江南风俗一零》，收入《大成老旧刊全文数据库》，但用“郑孝观”搜索作者项，没有结果。1924 年 5 月北京大学方言研究会成立时，郑宾于亦参与其事，姓名似乎用的就是郑孝观。笔者未见到这方面的直接记载，可参见张紫晨《〈歌谣〉周刊始末》的相关记载，载《中国现代文艺资料丛刊》第 8 辑（上海文艺出版社，1984 年，第 94 页）。

③ 该文作于 1924 年 4 月 23 日，载于北京大学歌谣研究会出版之《歌谣》十三年六月一日第五十七号“婚姻专号”上。

敬文、刘半农、郑鹤声、郑宾于（孝观）、常维钧（惠）诸先生供给。”① 肇基为钱南扬之名，常惠字维钧，若以此推断，则孝观无疑是郑宾于之字了。但若考虑到刘半农为字，这样的判断就显得有些勉强了。可以肯定的是，一段时期内，郑宾于和郑孝观并行，郑宾于使用在先，但二者何为名，何为字，还有待于新资料的发现和进一步的考订。

百度百科“北京师大毕业”的说法也明显错误。《考略》中引用资料云：“郑宾于毕业于成都高师，又在北京大学研究所国学门就读。”未曾提及时间。1925 年 5 月，郑宾于在《歌谣周刊》发表了《在保定刘守真庙会中得的一首唱歌》，此时郑已经开始在保定育德中学任教，依此推测，研究所国学门的毕业时间应为上年秋季或稍前。1923 年 5 月 14 日，北京大学研究所国学门成立风俗调查会，郑宾于曾经是会员之一；再联系郑宾于首次投稿给《歌谣》的时间，则其进入国学门的时间应在 1922 年秋季或此前。1916 年 5 月，四川高等学校与四川高等师范学校合并为国立成都高等师范学校（简称“成都高师”）。据此，考郑宾于与吴虞的交往，最迟应在 1921 年或此前，《日记》一九二一年十月六日记载：“复郑孝观信。”② 仔细分析吴虞所记的内容，此时郑宾于已在北京，已从成都高师毕业。综上所述，可以推断，郑宾于在成都高师求学应在 1916 年秋季至 1921 年秋季之间。

1924 年 11 月 30 日前，郑宾于曾有一次南京之行，赴宁目的及具体时间，是否有人同行，呆了多长时间等等，因资料阙失，已难以考索。有关这次行程，在郑氏笔下只留下了如下简单的一

① 顾颉刚：《孟姜女故事研究》，顾颉刚编著《孟姜女故事研究》，上海古籍出版社 1984 年版，第 66 页。

② 中国革命博物馆整理：《吴虞日记》（上），四川人民出版社 1984 年版，第 651 页。

笔："我也曾到过金陵一次。"①

此后，郑氏的行踪，《考略》《补正》多有涉及。略可补充的是，1925年年初，郑宾于尚在北京，见《日记》一九二五年一月二十七日的相关记载。大约此后不久，郑宾于即赴保定育德中学任国文教师。1927年离开福建协和大学后的一段时间，郑宾于忙于《中国文学流变史》的修改、润色、出版事宜。1930年后，曾先后任教于成都大学和四川大学。有一点颇为研究者所忽略，因学术观点相异②和国立四川大学成立过程中的一些人事纠葛，郑宾于似乎陷入纷繁的派系纠纷中，颇受排挤，处境颇为窘迫，《日

---

① 郑宾于：《江南风俗一零》，《歌谣周刊》1924年第71号，第5版。

② 郑宾于《中国文学流变史》（第三册）中有以下一段文字："成都黄毓荃兄，特自四川大学文学院中致函云：尊作一出，不啻与某某等公（按：此系指成都之'斗方名士'以为言）之大著一致命伤；诚学术界之幸，学子之福，而腐朽之厄也。（民国二十年五月九日函）"（见该书"序"第4页，上海北新书局1933年版）。黄毓荃的信件，所谓的"成都之'斗方名士'"看到应在郑书出版之后。因不满成都学界以尊经崇儒著称的林山腴等耆宿，郑宾于曾表现出较为明显的不满。《吴虞日记》（下）一九三一年九月二十一记："晚郑宾于来，云女师文学史已不用林思进（按：林思进字山腴）本，成都公学亦主张换文学史教本及教员。"（第578页）《中国文学流变史》第三册出版后，吴虞与郑宾于的交往，据笔者的考察，就不复继续了，《日记》中不再有这方面的记载。当然，这也许与吴虞1933年7月被四川大学解聘，日渐隐遁有关。但书的出版，作为颇受吴虞赏识的黄毓荃（《日记》中，1933后还有吴虞与其交往的记载），肯定受到影响，这也许也是吴虞疏远郑宾于的一个原因。吴虞引郑宾于为同道，同样不满林山腴等，但也许考虑到二人早年的交情以及自身的处境，尽管对林山腴（也许还有龚道耕）所编《文学史》在各校广泛使用以及《日记》中所谓"林系"势力之强颇有微词，吴虞甚至当面向向宗鲁要求代课时数与林山腴相同，但本着对事不对人的原则，表面上吴虞对林山腴等人的态度还是颇为克制的，平日交往也算正常，这在《日记》中也有所反映，如一九三二年二月二十四载："林山腴送所刻《刘申叔诗》一册。"（见《日记》（下），第616页。）对于郑宾于在处理与林山腴等人关系过程中的鲁莽之举，一九三二年一月十七号的《日记》中曾有所流露："北荣辞职，而培甫重来，石帚且为中文系主任。诸人党羽深固，未可忽也。郑宾于不可靠。不可因宾于与诸人龃龉，而予亦与诸人为敌也。"（见《日记》（下），第606页。）其中提到的人名，北荣指刘北荣，培甫系李植之字，石帚为庞石帚。刘北荣此前任成都大学中文系主任，其继任者即为庞石帚。李植与林山腴私交甚好，庞石帚早年任教成都华阳中学即因林山腴的举荐。有关四川新旧学派的冲突，程千帆《劳生志略》讲了文学史家刘大杰的遭遇，对理解郑宾于三四十年代在成都的遭遇也许有所帮助（见程氏著《桑榆忆往》第25页，上海古籍出版社，2000年）。当然，郑宾于的遭遇是否与此有关，吴虞的看法是否有偏颇之处，颇值得探讨，此非本文重点，不赘。

记》一九三一年三月四号有以下记载："姚勤如来，请七号命题考插班生，云郑宾于讲学术论著，浅陋无发明，学生不欢迎。云非吴先生引证讲释，我们全不了解也。"① 姚勤如时为成都建国中学校长，由此可知，郑宾于任教成都大学的同时，亦在建国中学兼课，讲授课程为高中理科部的学术论著。《日记》中，吴虞叙述自己在建国中学的春季课程安排曰："高理：学术论著两种。郑宾于上期止讲了《天下篇》，予即讲《非十二子篇》。"② 姚勤如反映的事实，自然影响到郑宾于在建国中学的续聘，《日记》三月十二号云："郑宾于来，云建中未聘，本期唯法大、女师。宾萌有二钟，尚未下聘。每周不过二十钟矣。又云明年拟出省，或赴南洋。"③ 成都建国中学为川籍军阀刘文辉创办的私立中学，当年很有名气。"法大"，指成都法政学堂；"女师"，指成都女子师范学校；"宾萌"，指宾萌公学。"拟出省""赴南洋"云云，间接透露出郑宾于此时的处境颇艰，人生设计欲有所突破。尽管对郑宾于的一些言行不太首肯，但吴虞还是没有忘记在危难之中施以援手。时郑宾于有出游的打算，《日记》一九三二年六月七号载："郑宾于来谈，云阳历七月当出游平沪。"④ 因此之故，吴虞作函与朋辈，欲介绍郑宾于到北京任教职："为郑宾于介绍，作与杨遇夫一函、王悦之一函，令人与宾于送去。"⑤（《日记》一九三二年七月

① 中国革命博物馆整理：《吴虞日记》（下），四川人民出版社1986年版，第548页。
② 同上，第550页。
③ 同上，第549页。
④ 同上，第628页。
⑤ 同上，第635页。

六号）杨遇夫即杨树达，时任清华大学中文系教授[1]；王悦之任私立京华美专校长和私立北平美术学院院长。杨、王二人，是吴虞学术发展和传播过程中有过贡献的人物，特别是杨树达，在吴虞1926年离开北京以后，与吴虞还有书信和学术交往，这在《日记》中也多有反映。

《补正》引录《论我国民族文化之“不长进与线装书”》编者按的一段话：“该文的‘绪论和结语，都是专对建中毕业生说话’”。文章是为“建国中学第四届毕业生同学录”而作的，成都建国中学1930年由刘文辉创办，第四届毕业生恰好毕业于1936年6月。因此可知，1936年前后，此时，郑宾于又任教于成都建国中学。

此后，其行踪资料缺失，可以确定的是1944年郑宾于曾居四川雅安，“抗战时郑宾于家住华西坝，其往来密切者均系出名的艺术家，如庞薰琹、吴作人、叶浅予、戴爱莲、李有行、沈福文、马思聪等。”[2] 此时作者编有小册子《中国文学史大纲》，其详情引用如下：“我手中的《中国文学史大纲》是作者的一个自留校改本——即书出后作者自行修订，以便下次重版时拿出来订正的作者自留本——满本是作者红笔的校正和添加，连“叙论”写竟的日子‘1933年3月29日’都是红笔添加上去的。”[3] 冉文又提及：“此书是为浦澄中学所编的讲义——浦澄中学即为军阀刘湘所办，

---

① 吴虞之所以将郑宾于推荐给杨树达，可能是出于误记或消息闭塞的原因，误认为杨树达时任清华中文系主任。《日记》（下）一九二九年十月十号记有：“杨遇夫在清华，为中文系主任。”（第475页）事实上，1928年至1930年清华中文系主任为文学院院长杨振声（今甫）兼任。吴虞为郑宾于作函给杨树达时，杨振声业已离任。

② 冉云飞：《物理学家撰写的文学史》，冉云飞的博客，2013-07-16。

③ 同上。

如建国中学为邓锡侯所办一样。”[1] 其中所言，有失误之处。“浦澄中学”应作“甫澄中学”，“甫澄”为四川军阀刘湘之字。其中所言“浦澄中学即为军阀刘湘所办”有误，甫澄中学并非刘湘所创办。刘湘1938年1月去世，该校系1939年春天为纪念刘而创办的，有以下记载可证：“开办于1939年春的私立成都甫澄中学从开办起就相当重视体育教育。”[2] 《刘文彩真相》中亦有以下记录：“刘湘病故后，当局遵从遗族之意，在‘甫澄纪念公园’侧近创办‘甫澄中学’这两所中学在当年很有名气。”[3] 笔者颇疑冉文“1933年3月29日”所记的年份有误，应为1945年（民国三十三年）。民国书写年份，有两种格式，一为西历纪年，一为民国纪年。用民国纪年，有时年份前加民国二字（较正式），有时则省略民国二字。省去民国二字纪年，郑宾于在早期撰写的论文中亦曾使用过。《中国文学史大纲》笔者未曾寓目[4]，此处只是大胆的假设。据此推测，1945年3月时，郑宾于曾任教于该校，是兼职还是专职，任教时间等等，因为资料缺失，已无法了解详细情况了。

1949年以后，郑宾于曾在成都列五中学任教，以下为网友提

① 建国中学为四川军阀刘文辉创办，非邓锡侯。《华西医科大学校史（1910—1985）》（四川教育出版社，1990年版）中有以下记载：“在校外，通过刘文辉的儿子刘元彦做了不少工作。刘元彦是华大学生……1949年，刘元彦又按党的安排主持其父所办的成都建国中学。”（第147页）

② 四川省地方志编纂委员会编：《四川省志·体育志》，四川科学技术出版社1998年版，第278页。

③ 笑蜀：《刘文彩真相》，陕西师范大学出版社1999年版，第304页。

④ 冉云飞著《吴虞和他生活的民国时代》有《中国文学史大纲》的书影，有以下说明：“此为川大工科教授、彼时常与吴虞用留声机听京戏的郑宾于所著的《中国文学史大纲》书影。”见该书第82页，山东人民出版社，2002年。顺便一提的是，《考略》第51页所言“郑宾于此时（按：指1931年2月前后）卸任川大的工科教授”，其说法应该来自于《吴虞和他生活的民国时代》的记载。

供的一段网络资料："据我所知，1949年成都解放后，郑宾于老师在成都列五中学教语文，1953年我高中毕业时，他曾送我两幅字，一幅写的是他自撰诗，一幅是抄写的前人词作，事隔五十九年，我还珍藏着它。从两幅字来看，1944年他在雅安，1949年成都解放后，他在成都列五中学教书。"①

上世纪五十年代以后，修改旧作的风气颇盛，约在1957年初，郑宾于亦开始对其成名作《中国文学流变史》加以修改："郑宾于老先生，已经开始修改过去出版社的巨著《中国文学流变史》。"②

前文引百度百科资料中言郑宾于"1959年入四川省文史研究馆"。前引李累一文中"还有文史馆和其他方面的老先生"③后，列举了张默生、陈新、郑宾于等人，郑氏此时是否跻身省文史馆馆员之列，不得而知。结合上述两条资料，可以得出结论，在1958年前后，郑宾于进入四川省文史馆。上世纪五十年代以后，郑宾于的行止，在笔者检讨的范围内，就不见任何记载了。郑氏的卒年，《补正》有以下推测："1980年代，郑氏似乎还健在。"此推论很有道理，与百度百科提供的信息吻合。

二

郑宾于作品的搜罗考订，《考略》《补正》已颇得其详，资料丰富，考证富于逻辑。以下对郑氏作品的考述，在《考略》《补正》的基础上，补充熊文未曾提及的有关作品，进行简要的考述。

---

① 文档"郑宾于11"，道客巴巴网 http://www.doc88.com/p-181636848012.html.

② 李累：《我们的文学创作——在四川省文学创作会议上的报告》，《草地》1957年第1期，第22页。

③ 同上。

经过考索，熊文中未曾提及的作品有以下五篇：

1.《雷峰塔与保叔塔》，署名及发表情况见前文。

该文是郑宾于读了《语丝》第一号上鲁迅的《论雷峰塔的倒掉》一文后有感而作，作文缘起是："读鲁迅先生附记孙伏园先生的话，我心里就颇致不满，继以为我自己知道的是对的，所以竟敢仓促中写成此文。"颇致不满的缘由见鲁迅1924年11月3日发表于《语丝》上《论雷峰塔的倒掉》一文"附记"所记内容："今天孙伏园来，我便将草稿给他看。他说，雷峰塔并非就是保俶塔。那么，大约是我记错的了，然而我却确乎早知道雷峰塔下并无白娘娘。现在既经记者先生指点，知道这一节并非得于所看之书，则当时何以知之，也就莫名其妙。特此声明，并且更正。"① 其中详细考订了雷峰塔及保俶塔得名的由来、演变和二者的关系，认为二者是同物异名。其中征引翔实，论证严谨。文后附孙伏园的"伏园敬案"，其中的文字很有意思，一方面，孙伏园表示："郑先生所举证据非常确凿，我不但我不想来推翻并且也无法来推翻。不过我的话也不是'毫无依据'。"另一方面却说："现在弄明白了，雷峰塔是雷峰塔，保叔塔是宝石塔之讹。……我在末了恭恭敬敬的向鲁郑二先生道歉。"郑文刊载后，鲁迅后来写了抬头"孝观先生"的信给郑宾于，其中感叹："我的无聊的小文，竟引出一篇大作，至于将记者（按：指孙伏园）打退，使其先'敬案'而后'道歉'，感甚，佩甚。"② 此后，鲁迅1925年2月5日又完成《再论雷峰塔的倒掉》一文，载《语丝》周刊1925年2月23日第15期上。

① 鲁迅：《鲁迅全集》（第7卷），人民文学出版社2006年版，第244页。

② 同上，第243页。

2.《中秋日故事的传说》，署名冰鱼，1925年11月12日作于保定，刊于《周刊》第二卷第十三期。

其中谈到了中秋节来历的两种说法："月饼""月神"。"月饼"传说认为中秋节的来历与元末明初的著名文人刘伯温有关，月饼是传达反对元朝统治者情绪的中介。"月神"的传说有三个分支，其中之一是与月中的玉兔有关，第二个源于所谓的天狗吃月亮的故事，另一种传说则与民间秋日农事的预测有关。

3.《江南风俗一零》。

其中首叙作文的起因，然后引用北宋欧阳修、南宋陆务观（游）《老学庵记》（按：原文如此，应作《老学庵笔记》）、彭乘《续墨客挥麈》的不同说法，提出问题，接着引用《梦樵诗话》中的相关记载，得出以下结论："金陵姑苏一带，确有'半夜钟声'矣。陆氏时间之说，恐不足信，但是，恐怕别的地方，与别的时代，亦有同样的情形，也未可必。"尽管有以上结论，作者对自己所言依然抱着审慎的态度："我也曾到过金陵一次，于时殊未留意及此。不识现在尚有夜半钟声否？上来所说，全是得之基本故书堆中，窃未敢据为实然也，倘对于这个问题有留意的，请便叙述将来，使这七个字的疑窦，得一个正确的解答，庶使不至于胡猜也。问题虽小，关系却大。"

文后附有庄严、魏建功及顾颉刚（此三人皆为《歌谣周刊》的编辑）回应郑文的文字。庄文作于十二月二日，文中认为，"寺院夜半的钟声，乃是佛门型典"，而对其理解之所以引起争议，"全因不从佛教的制度，仪发上考究"。其为文宗旨分以下三项：（1）凡是佛教的寺庙打钟是夜间应有之事。（2）不限于姑苏。（3）不限于唐代。而佛家"三学"的"定""慧""戒"，正是为了"要免除人的昏沉，散乱"；僧人为了实现此等目标，采用了如“坐禅”“减食”“食时”（原注:“每日仅于午时吃一次饭”）等方式，与此相应，“不睡”也是其中的“方法”或“手段”之一。并进而认为:“试把《高僧传》翻看，言夜间作工夫的和尚，不可胜计。”并引《百丈清规》卷九“钟”条下的一段文字支持全文宗旨（1）中所言:“晓击则破长夜，惊睡眠；暮鸣则觉昏衢，疏冥昧。”

魏建功的回应作于十二月五日，其中谈及自己在南京的一段经历，涉及鸡鸣寺的钟声，所言验证庄严对佛家三学功能的界定。文章短小，对问题的阐释却很有帮助，全文引录如下:“今年夏天在南京鸡鸣山下住了将近两月。兵事正起的时候，旅次非常凄凉，睡在我朋友（按：应加‘家’）中只有终夜彷徨！大街行人断绝，我的朋友又回了故乡；这时候骄阳肆威，白日里只听得轰隆隆的炮车推行之声，增人无限的烦恼！夜里的老鼠横行，够讨厌了！然而惟有鸡鸣寺的钟声不分昼夜的响着，把胸中郁垒被他消得不少。见郑、庄二君文，特书数语，证明南京还有鸡鸣寺的钟成日成夜响的。”

顾颉刚的观点则独辟蹊径，他表示“我是苏州人，全不知有夜半打钟的事，或唐朝现在有此风俗而现在没有了。”在他看来，“恐怕张继实在写的是晨景，只因要使末句更凄凉些，故意写作夜半，亦未可知。”在解释第一句时，顾氏还不失时机地讥讽了一下胡先骕:“前数年，胡先骕先生做一首词，内有‘繁霜飞舞’一语，传为笑柄。”

4.《论淫书》，署名郑宾于，原载上海《新文化》月刊第一卷第二期（1927 年 2 月出版），是针对有人控告张竞生出版著作为“淫书”而作。后收入《张竞生文集》，文后署“1926 年 10 月 14

日于福州大学”①。

此文《考略》中曾简单提及，所以从严格意义上讲，将该文的考述放在此处，似乎有所不妥。不过，考虑到《考略》的作者很大程度上未曾阅读原文（证据是其中引录原文，转引自散木发表在《书屋》2005 年第 6 期上的《还有吴曙天》一文），笔者这样的安排想来也未尝不可。原文的最早记载，笔者亦未能找到，下文引录来自《张竞生文集》。《新文化》月刊流传非常稀少，除散木文章外，郭汾阳《〈情书一束〉的女主人公》（收入《女界旧踪》）亦曾引录《论淫书》的有关内容。

该文的撰作，其具体背景是，1926 年 4 月，近代著名哲学家、美学家、性学家张竞生的《性史（第一辑）》一书出版后，在社会上引起轩然大波，特别是南开大学校长张伯苓，“首先在南开查禁此书。不久，他又说服警察局在天津查禁《性史》《情书一束》《女性爱》《夫妻之性生活》及《涤明篇》等五种‘淫书’。对此，南开的学生们很气愤，骂张伯苓是‘秦始皇’。而在文坛，周作人首先出来说话，他认为查禁《性史》等书根本无必要，同时，他还直言以查禁此书最为起劲的南开的张伯苓于禁书之余在‘性教育方面实在也没有什么建树’，骂他和章士钊之流同属一丘之貉。”② 张伯苓的作为，绝非个案。张竞生的同批留法同学宋子文，在南京教育会议上，公开点名斥责张倡导“乱爱”和“淫乱”；梁实秋撰写《张竞生丑态毕露》《性学博士》等一系列文章，大声疾呼取缔张竞生出版的书以及他主办的《新文化》月刊。特别令人感到意外的是，翻译过英人蔼理斯《性心理学》的优生学

① 张竞生：《张竞生文集》（下），广州出版社 1998 年版，第 458 页。
② 杨群：《张竞生传》，花城出版社 1999 年版，第 101 页。

家潘光旦，也对张竞生冷言嘲讽。《性史》的出版，迫使张竞生离开了任教的国立北京大学而远赴上海，开办了美的书店，创办《新文化》月刊。郑宾于的文章，颇有声援张竞生的意思。文后有“冰鱼附记”：“这一篇文章本来是我的文艺琐谈之一，所以颇多关于文艺的说话，今以其内容有些与新文化接近，故特抄付张竞生先生。”①

二人的交往，始于北京大学风俗调查会时期，对于张竞生有关美和爱情的看法，郑宾于此前（1924 年）即表示过赞同之意：“但是从这两首歌谣中可以知道他们俩‘不安于位’‘见异思迁’，原来是狠合着张竞生先生的《美的人生观》和《爱情定则》呢。”② 在《论淫书》中，郑宾于认为：“描写性欲的书不必就是‘淫书’，要看作者的态度究竟如何？”③ 可谓抓住了问题的实质。而将《情书一束》《性史》《结婚的爱》神经质地视作“淫书”的原因，在于“懂得真的人生的意义而用文艺写出来的作品太少了，有好些作品，而且也实在不是文艺。”④ 那种“仅见到表面的文字便妄下评判，这未免显得浅薄而无聊。”1927 年 2 月，蔡元培与郑宾于的对联“高文落笔妙天下，清论挥犀服坐中”为人常常引用，只是无法搞清是在什么情况下写就的，联系对联的撰作和《论淫书》的发表时间，二者也许有某种联系。当然，这只是笔者的大胆推测，尚需可考的资料证据。

5.《我和鲁迅先生的一段文字因缘》，署名郑宾于，收入四川省文联《草地》编委会编《草地》“纪念鲁迅逝世二十周年专

---

① 张竞生：《张竞生文集》（下），广州出版社 1998 年版，第 458 页。

② 郑宾于：《歌谣中的婚姻观》，娄子匡编《婚姻歌谣与婚俗》（中国民俗学会国立北京大学民俗丛书之一），台北东方文化书局 1973 年版，第 65 页。

③ 张竞生：《张竞生文集》（下），广州出版社 1998 年版，第 456 页。

④ 同上，第 457 页。

辑”，四川文艺出版社 1956 年版。[①]

此书笔者无缘一睹，书中收入的其他作品尚有《毛主席著作中谈的鲁迅》（摘要）、陈炜谟遗作《萌芽的发展》、林如稷《怀念鲁迅先生》（诗）等。

6.《中国文学史大纲》。

其大致情况已见前引冉文的有关记载。

余　论

行文至此，似乎该收束了，然而，笔者仍沉浸在意犹未尽的感觉中。因时间所限，该搜寻的资料尚待检索，该细读的资料也许只是囫囵吞枣而过，特别是对于郑宾于成名作《中国文学流变史》的一些思考，文中虽做了一些粗浅的检讨，但诸如成书过程，其撰作显示的方法论意义等，尚未涉及。另外，除了《考略》《补正》以及笔者在拙文第二部分列举的作品以外，郑宾于是否还有其他的作品，以及如何更好地利用《吴虞日记》中的有关郑宾于生平活动的相关记载等问题，都是一些值得进一步去探究的领域，有待于今后更多资料的发掘和研究领域的进一步拓展。

① 纪维周等编：《鲁迅研究书录》，书目文献出版社 1987 年版，第 709 页。

《漫话酉州·人物篇》中的词条“郑宾于”

郑宾于（1898—1986）又名孝观，酉阳自治县人。早年毕业于成都高师，后来在北京大学研究所国学门就读。蔡元培曾集欧阳修句赠他：“高文落笔妙天下，清论挥犀服坐中。”在北大就读期间，他的主要活动是参加风俗调查会，先后撰写并发表《歌谣中的婚姻观》《在刘守真庙得的一首唱歌》《刘爷与刘爷庙》《保定莲花池六幢考》等文章，成为中国现代民俗学界的中坚人物。大学毕业后，曾任中俄大学、福州协和大学教授，成都师大、四川大学、成都大学教师。1928年由他领衔，旅沪川人杨富民、程愚等11人联名向南京国民大学院（教育部）呈文，沥陈四川各高校现状、问题、困难，要求加以整顿，另组国立四川大学。8月，大学院以训令280号核转四川省教育厅，认为郑等建议可行，要求教育厅“即便从速筹划，呈候核办”。著作有1933年出版的《中国文学史大纲》和1936年出版《中国文学流变史》，颇具代表性。①

① 黎洪主编《漫话酉州》（上），巴蜀书社2013年8月版，第146页。据本书目录，该词条为王明友、彭清玉编。

研究所国学门通告[①]

在本学门报名研究之郑孝观，已经本学门委员会审查合格，兹将其籍贯、资格及研究题目宣布如下：

郑孝观　四川酉阳人

本校国文系二年级旁听生

题　目　说文解字羡异考

一三年五月十九日

① 原载《北京大学日刊》（*The University Daily*）第1474号，“中华民国十三年五月二十日”（星期二），第一版。原文无标点。

郑宾于的一篇应时之作

1958 年 3 月 22 日，毛泽东在成都会议讲话中指出，中国诗的出路，第一条民歌，第二条古典，在这个基础上产生出新诗来，形式是民歌的，内容是现实主义和浪漫主义的对立统一。经此提倡，新民歌运动以“大跃进”为背景，在各级党委政府的组织、发动下，得以如火如荼地开展起来。是年 5 月 10 日，郑宾于作文予以响应，题名《民间歌谣与诗歌文学的关系》，全文如下：

我是万分热忱地拥护中共四川省委关于搜集民歌民谣底通知的。在这大跃进的开始时期，省委就有计划地号召各地从事民间歌谣的搜集、整理、出版，以示提倡鼓励，实在是非常及时而且必需的；这个办法，确实是一个丰富社会主义现实主义诗歌文学最为有效的良好办法。现在，我仅就民间歌谣与诗歌文学的关系这一点来简单地谈一下：

从历史的角度上看，民歌民谣是诗歌文学的丰富宝藏，为历代的文人诗作所借鉴和效法。

这个事例，不仅从三百篇到楚辞皆是如此，就是西汉时候，也还“采诗夜诵，有赵、代、秦、楚之讴”；后魏时候，也要“奏燕、赵、秦、吴之音，五方殊俗之曲”。甚而至于唐朝的大诗人们如象李白的战城南、蜀道难、将进酒……杜甫的大麦行、丽人行、前后出塞……以及刘禹锡、白居易等人所写的竹枝、杨柳枝等类，既是爱国主义的，现实主义的，而又带有一些浪漫主义色彩的一切长短诗作，都是曾经受到古昔或者当代民间歌谣的影响和启示的。

还有一个历史事实是：古代流传下来的民歌，直到今天，都是脍炙人口、光焰万丈、永远被人学习的。远的姑且不必讲，就拿众所熟知的《孔雀东南飞》和《木兰辞》两诗来说：难道前者不是汉末、魏、晋、宋、齐、梁初等几个时代大江南北民间所流行着的诗歌么？难道后者不是自南北朝迄于中唐时期代魏、陕西、湖广、河北、河南、安徽一带所流传着的民间诗歌么？然而，这两篇民间诗歌自从十四五世纪以来，既把故事数次改编为戏剧，又把诗辞几经改制成歌曲。很多的人，既能熟悉那两个故事（封建家庭的悲剧和女子爱国从军的故事）的梗概，也都可以口头说出那两篇诗歌的辞句；它的普及程度，竟然远驾《琵琶行》和《关关雎鸠》等篇什而上之；则其影响所及，除了文人的诗歌作品而外，并且还广泛地进入到戏剧、音乐等艺术世界里面去为广大的劳动人民群众服务去了。

新的民歌民谣，是在伟大的共产党、毛主席领导的社会主义建设的大跃进时代所歌唱出来的。我们千千万万走上生产、建设战线上的劳动英雄们，无论在工业、农业、交通等专业方面所创造出来的一切成绩，都是亘古未有、震惊世界，一日千里、美丽雄壮的奇迹！我们的劳动英雄们在亲手创造这些惊天动地、罄竹难书的奇迹时，还用语言文字把它表达歌唱出来，成为富于创造、目空前古、正在大跃进中的杰出创作；这些歌颂社会主义的杰出的创作——民歌民谣，事实上就是压倒西风的东风，是共产党、毛主席领导祖国人民进行社会主义建设时期的新国风；这些新国风，就是社会主义现实主义和革命的浪漫主义结合起来的新诗篇！

今天，为了要繁荣我们社会主义祖国的诗歌文学，为了要发扬祖国诗歌文学的固有民族风格，我们就更应该象屈、宋、李、杜、刘、白和明、清以来那些先进的诗歌文学创作前辈们一样，特别要重视学习新的民歌、民谣，一定要从那里面得到滋补、启示之后，才能创造出更好、更新的社会主义现实主义的诗歌文学等作品出来；比之前此任何时期的成绩，都要高出千千倍、或者万万倍！

前一些时代的文人们说：“《诗经》、楚辞是历代的辞章文学之祖”。从今天起，我们出版了、学习了这些富于共产主义风格的新诗——民间歌谣选辑之后，我深切地相信：将来作为诗歌文学典范的集子，定不再是什么《诗经》、楚辞，而是我们今天的作家们所共同编辑、创作出来的若干部新诗选集了！

——人们说的这句老话，看看就要被我们的工、农作者和人民作家们把它抛弃在历史时代底后面的。

文章载于《草地》1958年第6期（第5—6页）。该期设专辑“大跃进中谈诗风”，所发文章计有：缪钺《创作新诗应向民歌学习》，李劼人《对搜集整理民歌的意见》，向楚《对民歌和新诗的看法》，郑宾于《民间歌谣与诗歌文学的关系》，席明真《读诗随记》，刘开扬《读〈跃进诗歌遍全川〉想到新诗》，于庸《学诗小记》。

北京海音书局刊行《长短句》[①]

沈文冲

郑宾于著的《长短句》（尺寸：20 厘米×14 厘米），北京沙滩32 号海音书局 1926 年 6 月付印，8 月出版，32 开，竖排，道林纸毛边本，三眼线订，共 120 页。封面重磅道林纸白底，书名、著者名分别以大小不等的紫色魏碑体竖书于封面居中位置，显得极为简洁，扉页仍为紫色印刷竖排，著者名与书名分别以四号和二号宋体排印，而“海音丛书之一”六字则以小五号宋体字竖排在左下方。

著者郑宾于字孝观，系四川酉阳人，北京大学国文系研究生毕业。后在北京中俄大学、福建协和大学教授中国文学史。鲁迅曾经写有《论雷峰塔的倒掉》发表于《京报副刊》，其中说到杭州西湖边的雷峰塔也就是保叔塔，但时任《京报副刊》编辑的孙伏园认为“雷峰塔并非就是保俶塔”。不久，郑宾于写了一篇《雷峰塔与保叔塔》的文章，也刊在《京报副刊》（1924 年 12 月 24 日）上，文章据《涌幢小品》等书，证明雷峰塔即为保俶塔。孙伏园在刊登郑文时附按语说：“郑先生所举证据非常确凿，我不但不想来推翻并且也无法来推翻”，并表示“恭恭敬敬的向鲁郑二先生道歉”。但他又引《西湖指南》《游杭纪略》的记载，证明他旧有的观点“雷峰塔并非保俶塔”。至为有趣！

本书是郑宾于所著《中国文学流变史》（分上、中、下三册，

① 据《民国书刊鉴藏录》（沈文冲著，上海远东出版社，2007 年版），第 139—142 页。

北新书局1930—1933年陆续出版）当中的一篇，著者在长达十页的《刊登单篇长短句自序》中说：

> 在我的初意，原没有打算把它先期出版；而且它也没有先与世人见面之必要。然而有许多朋友读了此篇，都极端地怂恿我先期刊印单行本，使社会上多生了一点东西，出版界增添一种出版物。……在我的《文学流变史》中，我看出有两个时期是文学演进最重要的时期，而为从来研究《中国文学史》的人们所未曾知道的；这两个时期，一便是南北朝，二便是五季。《长短句》即得力于南北朝人们最大的一种产物。

一般人以为，词即长短句，长短句即词。著者以为：严格说起来，应当是诗变为长短句，长短句变为词，词变为曲。长短句是诗变到词去的一种过渡形式——一种间隔物，或者说是与诗并行的一种新创造。

书前尚有潘梓年1926年5月22日作于北京银闸大楼的"序"，其中说到："作者自福州来信，要我做篇序文，当时因为太高兴了竟贸然答应了下来。现在一想，始知太鲁莽了；自己素无研究，焉有说话的份儿？但书已付印，书店老板来催过了几次；无已，就把我对于长短句的一点儿意见附在这里吧。"[①] 他认为长短句是文学史上的一个新发现，从中可以清楚地见到文学发展的明显形迹。

本书内文版式疏朗宽阔，全书用四号宋体字竖排，每页9行，

① 引文与原文的字句略有不同。

每行20字，上有波浪线的通栏肩题，即书名；下有居中所标的页码。整个版心所留空白几乎与版心相等，令人赏心悦目，怡然乐观之也！①

① 该文尚有两段，因虑及与本书关系不大，故移入注释："80年间本书书中毫无一点印记留下，唯一的是书中夹有一张1959年2月28日开出的南京古旧书店旧书门市部的发票，其地址在南京中山东路196号，书价三角。//因爱毛边书，是书封面虽有污损，仍邮购入藏之。"

《长短句》序①

潘梓年②

宾于这《长短句》，确是我们文学史上一个很重要的新发现。这里不宜忽视的，我觉得止少有下面这两点。第一，我们的文学，在纯文学一方面统系很是不明，现在拈出这长短句来，就见得文学进展的行迹显然，自古至今都是一线到底。第二，这里供给了许多“得未曾有”的好材料。

作者自福州来信，要我做篇序文，当时因为太高兴了竟冒然答应了下来。现在一想，始知太鲁莽了；自己素无研究，也有说话的分儿？但书已付印，书店老班来催过了几次；无已，就把我对于长短句的一点儿意见附在这里吧。

从长短句上，我们可以清楚地看出一个文学本质，即“表出底自由”。文学原是“人情”受不起其他各种压束因而爆发在，至少是流露在，笔尖上的一种东西，所以在文字上再也不能受什么束缚，以致不得畅发。文学上的一切形式，如格律声调等，都只是这爆发、流露的偶然结果，不是先定的条件。自来大文豪，真文学，都是不落恒蹊，独创新格的。这不是有心立异，实在是无法强同。自从出了一班心有余而力不足的文学家以后，他们很

① 《长短句》，“郑宾于箸”，海音书局 1926 年版，第 1—6 页。

② 潘梓年（1893—1972），又名宰木、定思。江苏宜兴人。新闻斗士、哲学家、逻辑学家。1923 年毕业于北京大学哲学系，后赴保定中学任教。创办《新华日报》并任第一任社长，有“中共第一报人”之称。著有《物质与精神的关系》《大家来学点哲学》《逻辑与逻辑学》《文学概论》《辩证法是哲学的核心》等。其报刊文字收入《潘梓年文集》。

想爆发出一点什么却又爆发不出什么，没有法子，只可以虚张声势说，如此这般的叫做诗，如彼那般的叫做词，把文学的形式定得无微不至。指定鞋样长足跟，结果，文学里平白添出许多“行尸走肉”。自来文学史上每一新体产生，止有首创此体的人的作品是生气洋溢，“诗味”盎然，一经学舌，就少佳作，正是这个道理。这种捉住形式求文学的企谋，实在是违反文学的本质，为大文豪，真文学所不能忍受的。大家知道从诗变到词，从词变到曲是文学力求解放的那种趋势的大表现。其实，这种趋势无时不在求表现，长短句就是这个表现。什么叫诗、词、歌、曲，长短句？只是一种情形的自然流露罢了。如果没有那种“刻舟求剑”的文学家，从文学的大流里捉住一个偶成的形式，说这是诗，这是词，我们要做诗就这样做吧等等，那就所谓诗词，不过是长短句中的一种形式而已。这样，我们与其把长短句看做各种文学形式之一，毋宁看做不惯束缚的那种文学本质的奔放。这样，这一路的文学只有长短句而已，所谓诗，词，歌，曲，不过是笨人从中人为地划出的几部分。

宾于这部《长短句》在文学史上的贡献，读者读完了本书后自然会得领受，无须我来多嘴；我这里，只说一说自己的私见罢了。

一五，五，二一，潘梓年于北京银闸大楼。

《中国文学流变史》提要[1]

陈玉堂

郑宾于（孝观，四川酉阳人）著，北新书局印行，上、中、下三册；1930年10月出版上册，次年再版，1936年8月三版；1931年出版中册，1936年8月再版；1933年11月出版下册，1936年8月再版。24开本，三册共1296页，约六十七万余字。列为“文学丛书之一”。

本书上、中两册，偏重于战国两汉之间的秦、六朝及五代。曾先后以此讲义在北京中俄大学和福建协和大学讲课。下册着重于词。全书分八大章，二十三节，若干段落，颇详。上册三章：荀屈以前的诗，论诗赋之消长，诗的再造时期。中册三章：诗的拓展事情，诗的垒变[2]与翻新，诗之隆替时期。下册二章：词的创始时期，词的光大及衰歇（按：下册实是一本词史专著）。全书写到南宋，作者曾说“欲分四册出版”，但以后未见出书。

目次[3]：

第一章，荀屈以前的诗。

第一节，谣辞与逸诗：一、谣辞、二、论逸诗。

第二节，诗三百：一、论颂诗、二、论雅诗、三、论国风、

① 据陈玉堂《中国文学史旧版书目提要》（上海社会科学院出版社1985年版）第50—54页，题目系编者自拟。

② “垒变”当为“叠变”。

③ 此“目次”与原本相校，只取其大者，且文字、标点均略有不同。

四、总论三百篇、五、诗经中的赋、比、兴、六、三百篇的入乐问题、七、三百篇的用韵和其辞句底形式、八、附论此时其他的韵文。

第二章，论诗赋之消长。

第一节，北派的诗与赋：一、论荀卿、二、论李斯。

第二节，南派的赋和诗：一、楚辞名称的讨论及其渊源、二、屈原及其作品、三、宋玉景差唐勒。附录一、论三百篇的风诗问题、附录二、读诗辨说。

第三章，诗的再造时期。

第一节，两汉的徒歌：一、论三至七言诗之产出底先后、二、论三至七言诗的继起①、三、古诗十九首（附兰若生春阳一首）、四、其它的古诗、五、两汉的歌谣与时俗。

第二节，两汉的乐歌：一、乐府之成立、二、乐府之类别。

第四章，诗的拓展时期。

第一节，建安黄初和正始——曹操与曹丕：一、建安体与黄初体、二、正始体，三、吴蜀的诗人和三国的谣辞。

第二节，两晋的诗坛：一、两晋的太康体——三张两陆②两潘一左、二、刘琨郭璞与陶潜（东晋）、三、魏晋的女诗人和谣辞。

第三节，魏晋的乐歌：一、演秦③的乐府、二、形式的乐府。

第五章，诗的叠变与翻新。

第一节，北朝诗系：一、北魏宗室的诗尚，二、北齐的邢魏及其他诗人，三、北周的诗人王褒庾信。

---

① 此两节的标题与原本有异，“三至七言诗”原本作“三言四言五言六言七言诗”。

② “两陆”原本作“二陆”。

③ “演秦”当为“演奏”。

第二节，南朝诗系：一、宋代的元嘉体、二、齐梁的永明体与宫体、三、陈隋宫体之变本加历和其起伏之状态。

第三节，南北朝及隋的乐府：一、郊庙歌词、二、燕射歌辞、三、鼓吹曲辞、四、横吹曲辞、五、相和歌辞、六、清商曲辞、七、舞曲歌辞、八、杂歌谣辞。

第六章，诗之隆替时期：一、唐诗兴盛的原因、二、四唐与三唐。

第一节，唐的初期诗派：一、六朝的余势、二、四杰的当时体、三、上官体与沈宋的诗律、四、所谓珠英学士与陈子昂。

第二节，盛唐诗业的郁茂：一、三个古董诗人——张说苏颋张九龄、二、集大成的李白杜甫、三、盛唐的北方诗人。

第三节，大历元和的诗人：一、矫古的诗人——论沈千运等①、二、后期的田园诗人、三、大历十才子的台阁体，四、诗的白话化。

第四节，晚唐诗的终了——诗到晚唐所以终了的原因②：一、浅近作家的诗风、二、香奁体的作者和格律诗人、三、温李与许郑。

第五节，乐府歌与木兰诗：一、古诗与乐府、二、唐诗与乐府、三、木兰诗——木兰是否果有其人？和木兰诗的时代底决定。

第七章，词的创始时期。

第一节，词的胚胎：一、什么是词？二、词与诗的区别、三、词的起源、四、六朝时代③的长短句、五、唐词的演化及其长大。

第二节，词的酝酿与进展：一、晚唐五代之词观、二、北方

① “论沈千运等”为“矫古的诗人”之“引”。

② “诗到晚唐所以终了的原由”为该节的“小论”。

③ “六朝时代”原本作“六朝时”。

的中原（总五代言之）、三、西方的西蜀（前蜀后蜀）、四、东南的闽越、五、中部的荆南、六、南方的淮南（吴暨南唐，此为南方之一）、七、南方的楚与南汉（南方之二）。

第八章，词的光大及衰歇。

第一节，总论：一、宋词大盛[1]的原因、二、宋词发达的普遍现象、三、两宋词与唐末五代词的区别、四、宋词时代区分的讨论。

第二节，宋北派词之豪放及其流行[2]——北派豪放词的价值[3]：一、北宋时期、二、南宋时期。

第三节，宋南派词之婉约及其流行——南派婉约词之评价[4]：一、北宋时期、二、南宋时期。

第四节，论宋词所以亡：一、由于“寿词”之流行、二、由于歌法之失传、三、由于音律之牵拘、四、由于词调之“有题”、五、由于铸就了型范之弊、六、由于曲调之代兴。

---

① “大盛”原本作“大成”。
② “流行”原本作“流衍”。
③ “北派豪放词的价值”为该节“引论”。
④ “流行”和“南派婉约词之评价”与上同。

郑宾于著《中国文学流变史》[1]

罗根泽[2]

上海北新书局印行。上册三二二页，实价一元三角，一九三一年五月再版；中册四八四页，实价一元七角，一九三一年五月初版；下册四九〇页，实价一元六角，一九三三年十一月初版。

一　编文学史的三个时期

中国之有文学史的编著，还是最近二十年来的事，过去是没有的。在这短短的二十年间，治文学史者之态度与观点，一向是随着社会的急变而急变。自从鸦片战争以后，我们这个“天不变道不变”的古国，虽已屡受打击，而旧势力的挣扎蠢动，直至“五四”才逐渐衰灭。五四以后，因为欧战关系，中国的国民经济，在一时期偶得转机，于是醉心于欧化的人，便想在这垂危的“礼教之邦”，另建一种可以图存的资本主义。奈因外受帝国主义的压迫，内患大小军阀的混战，资本主义的目的未达，而农村先已破产。近数年来，欧美各资本主义国家，经济都感恐慌，而苏俄的革命建设，却有相当成绩，于是一大部分的青年，又憧憬于

① 原载《图书评论》1934年第2卷第10期，第25—29页。

② 罗根泽（1900—1960），字雨亭，直隶深县（今河北深州市）人。毕业于清华大学研究院国学门及燕京大学国学研究所，导师梁启超。与顾颉刚主编《古史辨》第四、六册。著有《乐府文学史》《中国古典文学论集、《隋唐文学批评史》《魏晋六朝文学批评史》《晚唐五代文学批评史》《中国文学批评史》（3册）、《罗根泽古典文学论文集》、《孟子传论》、《管子探源》、《诸子考索》等。

社会主义。故就大体而言，五四以前的社会意识是传统的封建意识，五四以后的是那由希望而至于失望的资本主义意识，最后发生的是社会主义意识。传统的封建意识，当然尊崇万世不灭的礼教道德。把它打倒的资本主义意识，则在有希望时提倡其所谓自由平等，以及人权保障之说，无希望时就不免要从浪漫而流于颓废。至于社会主义意识，则把所有的心思，完全放在阶级斗争上面。由是而影响于文学史者，五四以前泰半是用观念论的退化史观与载道的文学观来从事著述，例如谢无量的《中国大文学史》和曾毅的《中国文学史》；五四以后则泰半是用观念论的进化史观与缘情的文学观来从事著述，例如陆侃如和冯沅君合编的《中国诗史》，郑振铎的《插图本中国文学史》，以及本书。最近大出风头的是辩证的唯物史观与普罗文学观，本此以写成的有贺凯的《中国文学史纲要》和谭洪的《中国文学史纲》。

二　为什么从本书评起

文学史的编著，已经有了二十多年的历史，而有系统的介绍和批评，尚未见到。这不能不算是学术界的一件憾事。为欲补苴这个遗憾起见，我想试对已出诸书，逐一检点。而今初次的尝试，就评本书。这原因非常简单：借用一句成语来说，便是想要“索瘢西子之面”。

勒美脱尔（Jules Lemaitre）说：“我们对于凡够得上批评的作家，都应该用一种同情和爱的精神去接近他。”（见《近世文学批评》）但批评异于介绍，持论不免求全，所谓“同情和爱”，往往不容易在字面上表现。因此，我愿很郑重地敬告读者，凡下文所指出的，也许真是瘢点，但这瘢点是在“西子之面”。

三　中国文学的起源

本书中有值得表彰的几点：如在编制方面之采用纪事本末体和归纳方法，叙述方面之注重文学的源流与派别。再有就是五四以后一般的文学史所共有的特点——打倒传统的退化史观，改用进化史观。既采用了进化史观，则在眼前的首要问题，就是三皇五帝文学之推翻，以及文学起源之重探。关于前者，钱玄同和顾颉刚等早已完成了他们的破除迷信之大业。关于后者，五四以后的一般作者，多假定以周代的《诗经》为起点；而本书中述古代文学，却以商代的“诗谣”为开端（《题语》中谓“叙述古代的诗歌始于殷商，盖因为自那时才有信史”）。唯其如此，他的“古代”的起迄，乃约当于“商汤元年至秦二世三年”。

假使殷商的诗歌，真有一部分见于“信史”，那末，著者的见解，应是可钦佩的。惟在本书里面，关于这时代的诗歌之叙述，只有一段：

> 相传殷商的谣辞有：《礼记·大学》所载之《汤盘铭》，《国语》所载之《商铭》，《荀子》所载之《桑林祷》，《史记》所载之《箕子操》和伯夷、叔齐的《采薇歌》，《尚书大传》所载微子的《伤殷操》等……然而大部都属膺品①，颇多依托，仅可备为传说，绝不可信为实录也（上册页三—四）。

固然，著者的按语，说得尚圆。所谓“大部”与“颇多”，义不等于“全部”和“尽是”。但既有了“仅可备为传说，绝不可信

① “膺品”当作“赝品”。

为实录”之铁一般的全称否定语句，则虽上文留有余地，也不能表示他对“相传殷商的谣辞”，不是根本怀疑。这个怀疑，别人可以，惟欲“叙述古代的诗歌始于殷商”者不可以。因为后者的怀疑，断非其所站定的立场所许。

本来，《诗经》上的诗歌，确是很进步的，其前应有较幼稚的。所以较幼稚的诗歌，依理推测，应在《诗经》之前，可惜著者没有新的发现，而于“相传”的“赝品”，又不敢信。在这两重观念之下，他就矛盾。

我是同意于古代诗歌的叙述始于殷商的，惟不思向那些“相传”的谣辞乞怜，而欲取证于历史的事实。这里所谓“历史的事实”，盖指易卦爻辞而言。其中有一部分，确是歌谣无疑。试申论之：

（一）《卦爻辞》在古代，本称为“繇”。如《左传》僖公十六年：“晋献公筮嫁伯姬于秦，遇《归妹》之《睽》……其繇曰：‘士刲羊，亦无衁也；女承筐，亦无贶也’”。其所谓“繇”，就是《归妹》上六的《爻辞》。又襄公二十五年：“齐棠公之妻，东郭偃之姊也。东郭偃臣崔武子；棠公死，偃御武子以吊焉，见棠妻而美之，使偃取之。……筮之，遇《困》之《大过》……其繇曰：‘困于石，据于蒺藜，入于其宫，不见其妻’”。其所谓“繇”，就是《困》六三《爻辞》。这都是名《爻辞》为“繇”的。至名《卦辞》为“繇”的，则如《左传》昭公七年：“孔成子筮……其繇曰：‘利建侯’”。其所谓“繇”，就是《屯卦辞》。《国语·晋语》：“晋公子重耳筮返国……其繇曰：‘元亨利贞，勿用有攸往，利建侯’”，也就是《屯卦辞》。

（二）用歌谣来占断吉凶祸福，本是古时的通习（今尚流行）。如《左传》所载，已是不胜枚举。其原因在歌谣的产生，非一人一手所成，极自然而又莫知其起源。先民对之，由是发生一种迷信，以为是天神对于吉凶祸福的预言。《左传》庄公五年杜预注说:“童龀之子，未有念虑之感，而会成嬉戏之言，似或有凭者。其言或中或否，博览之士，能惧思之人，兼而志之，以为鉴戒，以为将来之验，有益于世教”。《晋书·天文志》更说:“凡五星盈缩失位，其精降于地为人，荧惑降为儿童，歌谣游戏，吉凶之应，随其众告”。《易》既是占验书，则其所用以占验者为歌谣，毫不足异。

（三）歌谣有一种特征，就是“母题”(motif）同而歌词不同。《易·屯卦》六二《卦辞》说:“屯如，邅如，白马班如。匪寇，婚媾”。《贲卦》六四《卦辞》说:“贲如，皤如，白马翰如。匪寇，婚媾”。《睽卦》上九《卦辞》说:“见豕负塗，载鬼一车，先张之弧，后税之弧。匪寇，婚媾”。三首之母题——“匪寇，婚媾”——全同，而字句不同。这与歌谣的特征相同，可知其为歌谣无疑。

（四）不用考证，只凭直观，也可知道《易卦·爻辞》中有一部分是歌谣。如上所举及《中孚》九二《卦辞》“鸣鹤在阴，其子和之；我有好爵，吾与尔靡之”，与《渐》初六“鸿渐于天①，小子厉有言”，六二“鸿渐于磐，饮食衎衎”，九三“鸿渐于陆，夫征不复，妇孕不育”，九四“鸿渐于木，或得其桷”，九五“鸿渐于陵，妇三岁不孕，终莫之胜”，上九“鸿渐于陆（疑为陂)，其羽可用为仪”之类，当然是歌谣。而且“鸿渐于干”，“鸿渐于磐”，“小子厉有言”与“饮食衎衎”等等，只是谐韵，绝没有意义上的关系，完全是所谓赋比兴的兴体，也是歌谣之最

① “天”当为“干”。

普通的体例。

至其产生的年代，虽难确定（歌谣往往如此），但《卦爻辞》的编为《周易》，现代学者如顾颉刚（《周易卦爻辞中的故事》、见《古史辨》第三册）、余永梁（《易卦爻辞的时代及其作者》、亦见前书）、郭沫若（《中国古代社会研究》）等，既一致的认为出于西周初年，则其采集与产生，当更早于西周初年，其中必有一部分是殷商时代的作品。

这一段话，或许可供参考。著者以为如何？

四　以淫荡为正经

过去的学者，大多数戴上一副卫道的眼镜，所以曲解情歌（例如《关雎》）为“载道”之诗。五四以后的学者，矫枉过正，换上了一副只见性爱的浪漫眼镜，乃视淫荡为正经，到处可以牵连到“性”。听说有人讲到李易安的《凤凰台上忆吹箫》时，对于“被翻红浪”之“红浪”二字，想入非非，深合学生之意！本书是在五四以后写的，而且所采的是这一时代的观点，当然也有许多地方能得青年学子之赞许。例如著者之解《邶风·静女》说：

“静女”是指尚未破瓜，天真烂漫，而且沉默的女子说的，又与“闺女”“处女”等意义相同，若是解作幽静，便为“增”字的解释，连幽字也使人不懂了，岂不是成为二重的难关！

“娈”的意义颇多，也有解作“顺”的，也有解作“好”的，“美”的，也有解作“思”的，“慕”的，老实说来，都不恰当：此处的“娈”字即现在最流行之恋爱之“恋”字。籀文作“孌”，大篆作“女亂”，小篆作“戀”，其实只是一字也（上册页四〇）。

再如页三六说：

《汉广》确是孔子诱惑处子，调戏处子的唯一证据了；而况又有一个长于言语的子贡来作他的“撮合山”呢？

所谓“唯一证据”，系指《畿辅丛书》本《韩诗外传》所载的一段故事而言。这故事的开始说：

孔子南游适楚，至于阿谷之隧，有处子佩瑱而浣者；孔子曰：“彼妇人其可与言矣乎”？抽觞以授子贡曰：“善为之辞，以观其语”！

而子贡“善为之辞”的结果，妇人不受。孔子乃“抽琴去其轸，以授子贡”，再使“善为之辞”，而妇人答以“五音不知”。孔子乃“抽絺纮五两以授子贡”，三使“善为之辞”，而妇人曰：“子不早去，今窃有狂夫守之者矣”！于是“子贡以告”，孔子曰：

丘知之矣！斯妇人达于人情而知礼。

姑不论此事之可否信据，即依著者自言，这段风流故事的描写，亦仅见于引此以释《汉广》的《韩诗外传》，如何可说“《汉广》确是孔子诱惑处子，调戏处子的唯一证据”？尤可怪者，著者又于下文大发其议论，说：

这一段故事到了汉时的鲁人孔鲋，便要极力为他的先祖孔丘洗污了（他们以为是污，其实不特不是污，而且很是正经）。

大概圣人不该做错，所以古人为之洗，今人为之辩。洗者委过于他人，故曰："阿谷之言，起于近世，是殆假其类以行其心者之所为也。"辩者懂得"真实性情"（上册页三三），乃以"调路头"为正经。这都是所谓"时代思潮"的产物，我们对于任何个人，不必苛责。须知人是不能跳出时代的。一切的时代错误，非但不能避免，而且不易明辨。改正的机会，须待时过境迁。著者于下册出版之时，已在"逡附"内声明"想将第一册再行修改"，可见他对上述诸点，或不一定固执成见，我们拭目以俟修正本之出版可也。

廿三，四，十五，北平。

致郑孝观、陆侃如[1]

郑孝观、陆侃如兄鉴：

属书联对，已就。刻送收发课转交，请即往取可也。

十三年一月二十五日 马夷初[2]

① 原载《北京大学日刊》（*The University Daily*）第1396号，“中华民国十三年一月二十六日”（星期六），第四版。标题和标点原文无，系编者自加。陆侃如（1903—1978），原名侃，字衍庐，笔名小璧。祖籍江苏太仓，生于江苏海门。1922年考入北京大学。据《国立北京大学研究所国学门报告》（民国十三年一月一日至十三年五月三十一日）中“关于研究生之事务报告”之“（三）未研究完毕者九人（即未满其自定缴成绩之日期者）”：“宋玉研究，陆侃如，自定十三年十月八日缴成绩。”

② 马夷初，即马叙伦（1885—1970），现代学者、书法家。字彝初，更字夷初，号石翁、寒香，晚号石屋老人。浙江杭县（今余杭）人。1917年，聘任北京大学哲学系教授。1922年夏，出任浙江省立第一师范学校校长，浙江省教育厅厅长。此后，曾任北洋政府、国民党政府教育部部长。1929年冬辞职，次年回北大任教。学术著作主要有《六书解例》《说文解字六书疏证》《说文解字研究法》《庄子义证》《老子校诂》等。

答郑君宾于问[1]

陈伯弢[2]

问：朱浮《与彭宠书》“匹夫媵母，尚能致命一餐”，《文选李善注》，“媵母”未详。《后汉书》同。《文选理学权舆》《文选旁证》等，皆云“未详”。

答：以“媵”字推之，似是《列女传·周主忠妾》事。（事本《战国·燕策》）［继］思《毛诗·小雅疏》有云：“媵”之名不专施妾，“母”之字又与“妈”通，则“媵母”不过庶妇通名。朱叔元此文二句，当如《吴越春秋》所云，渔父持麦饭饷伍子胥，自沉于江水中。子胥又乞一餐于击绵女子，已餐而去，女子自投于濑水，故“致命一餐”上。总言“匹夫媵母”，以反形彭宠始恩终仇，意甚精切。李善、李贤二注，但以“匹夫”之字，寻《左传》灵辄、《国策》中山二人以当之，宜其不能详“媵母”字矣。

又问：公孙龙对楚王“弹弓”之喻，忆见于《吕氏春秋》，此时翻阅一次，竟无有也。

答：《说苑·善说篇》。客谓梁王曰：“惠子之言事也善譬，王

---

① 原载《北京大学日刊》（*The University Daily*）第 1568 号，“中华民国十三年十一月十三日”（星期四），第一版，“杂录”。原文有句读而无标点。

② 陈伯弢，即陈汉章（1864—1938），谱名得闻，字云从，别号倬云，晚号伯弢。浙江象山人。清末民国史学家、经学家。举人出身，与章炳麟同学，俞樾学生。宣统元年（1909年），应聘任教京师大学堂。后任北京大学国文、哲学、史学系教授。民国十七年（1928年），出任南京国立中央大学教授，兼史学系主任。有《缀学堂初稿》2 册，《缀学堂丛稿初集》10 种。主要著作：《十三经疏中疏》《论语征知录》《周易杂说》《诗学发微》等。

使无譬，则不能言矣”。王见惠子曰：“愿先生直言”。惠子曰：“今有人不知弹者，曰：‘弹之状何若？’应之曰：‘弹之状如弹’。则谕乎？”王曰：“未谕也。”“于是更应曰：‘弹之状如弓，而以竹为弦’。则知乎？”王曰：“可知矣。”惠子曰：“今王曰无譬，则不可矣。”王曰：“善。”盖非公孙龙对楚王语。

蔡元培赠郑宾于联

（1927 年 2 月）

宾于仁兄同学正

高文落笔妙天下，

清论挥犀服坐中。

蔡元培

（原件为郑宾于收藏，此据四川《龙门阵》1984 年第 5 期刊影印件）①

赏析：

此联写于 1927 年间。郑宾于为蔡元培的学生。1927 年在厦门时，蔡元培应郑宾于之请书联以赠。这是一副摘句联，摘自宋代诗人欧阳修《送前巫山宰吴殿丞》的诗句。

上联中，高文，高超的文章。落笔，下笔、挥毫。杜甫《八哀诗赠左仆射郑国公严公武》："阅书百氏尽，落笔四座惊。" 此句意谓，落笔写成高文让天下人均为之称妙。

下联中，清论，清谈高论、清雅的言谈议论。《三国志 · 魏书 · 刘劭传》："臣数听其清谈，览其笃论，渐渍历年，服膺弥久，实为朝廷奇其器量。" 挥犀，犹言挥麈，挥动麈尾。晋朝人清谈

① 据《蔡元培全集》第 18 卷 "续编"（中国蔡元培研究会编，浙江教育出版社 1998 年版），第 443 页。

时，每执麈尾挥动以助谈兴。这里是说，挥动麈尾清谈高论使满座之人均为之叹服。

此联摘引前人成句以勉励自己的学生，可谓语重心长。[①]

① “赏析”据丁茂远编著《中国现当代著名人士对联赏析辞典》（商务印书馆国际有限公司，2012年版），第1493页。

鲁迅笔下的郑宾于

《集外集拾遗》：

致郑孝观[①]

孝观先生：

我的无聊的小文，竟引出一篇大作，至于将记者先生打退[②]，使其先“敬案”而后“道歉”，感甚，佩甚。

我幼时并没有见过《涌幢小品》[③]；回想起来，所见的似乎是《西湖游览志》及《志馀》[④]，明嘉靖中田汝成作。可惜这书我现在没有了，所以无从复案。我想，在那里面，或者还可以得到一点关于雷峰塔的材料罢。

鲁迅，二十四日。

案：我在《论雷峰塔的倒掉》中，说这就是保叔塔，而

① 《鲁迅全集》（第7卷），人民文学出版社2005年版，第243—244页。原注：“本篇最初发表于1924年12月27日北京《京报副刊》。现据鲁迅重抄稿校订。”“郑孝观（1898—?），后改名宾于，四川酉阳（今属重庆）人。北京大学研究所国学门毕业，曾任北京中俄大学讲师。”

② 原注：“记者先生”，指孙伏园，当时《京报副刊》的编辑。《论雷峰塔的倒掉》发表时，鲁迅在篇末加有如下附记：“今天孙伏园来，我便将草稿给他看。他说，雷峰塔并非就是保俶塔。那么，大约是我记错的了，然而我却确乎早知道雷峰塔下并无白娘娘。现在既经前记者先生指点，知道这一节并非得于所看之书，则当时何以知之，也就莫名其妙矣。特此声明，并且更正。”后孙伏园在发表郑孝观的《雷峰塔与保叔塔》时附有“伏园敬案”，说：“郑先生所举证据非常确凿，我不但不想来推翻并且也无法来推翻”，并表示“恭恭敬敬的向鲁郑二先生道歉”。但他又引用《西湖指南》和《游杭纪略》的记载，证明雷峰塔并非保俶塔。

③ 原注：“《涌幢小品》”，明代朱国桢著，共三十二卷。内容多是明代典章制度以及史实考证。该书卷十四有关于保俶塔的简单记载。

④ 原注：“《西湖游览志》”，二十四卷，又《志馀》二十六卷，记述西湖名胜古迹、民间传说、掌故轶闻等。“田汝成”，字叔禾，浙江钱塘（今杭州）人，明代文学家。

伏园以为不然。郑孝观先生遂作《雷峰塔与保叔塔》一文，据《涌幢小品》等书，证明以这为保叔塔者盖近是。文载二十四日副刊中，甚长，不能具引。

一九三五年二月十三日，补记。

《鲁迅日记》：

1927年1月10日："昙。上午寄照象二张至京寓。得郑孝观信，六日福州发，午后复。下午同真吾、方仁往厦门市买箱子一个，五元。中山表一个，二元。《徐庾集》合印一部五本，《唐四名家集》一部四本，《五唐人诗集》一部五本，共泉四元四角。在别有天夜餐讫乘船归。夜心田及矛尘来并赠绰古辣两包、酒一瓶、烟卷二合、柑子十枚。"①

1927年2月24日："雨。上午得伏园信，十八日塘村发。赴文科教授会。下午叶少泉来。得郑宾于信。得矛尘信，二十日发。

① 《鲁迅日记》（二），人民文学出版社2006年版，第2页。

晚张秀哲、张死光、郭德金来。”①

---

① 《鲁迅日记》（二），人民文学出版社2006年版，第9页。熊融《〈鲁迅日记〉涉及人物生卒年份、籍贯和生平注释补正（续二）——一九八一年版〈鲁迅全集〉补注》（载《鲁迅研究月刊》1983年第10期，第23页）之70“郑孝观（第15卷第488页，第7卷第233页 缺生年，读书和教书学校名称有误）”，“〔按〕据郑于1983年8月25日复笔者函称：“其生于戊戌政变那年的正月中旬，即1898年2月。其就读于北京大学研究所国学门研究生，不是‘国文系’。在北京时任教于国立中俄大学，不是‘中法大学’。1927年1、2月与鲁迅通信时，其在福州协和大学任教，通信内容是关于教书的问题，原信早已遗失。”今查，该版第15卷第488页的注释为：“郑孝观，又名宾于，四川酉阳人。曾为北京大学国文系研究生。”第7卷第233页的注释为：“郑孝观，后改名宾于，四川酉阳人。北京大学研究所国学门毕业，曾任北京中法大学讲师。”“熊融”为陈梦熊笔名，上海著名现代文学史料专家、鲁迅研究专家。著有《〈鲁迅全集〉中的人与事》（又名《鲁迅佚文佚事考释》）等。在此基础上，2005年版《鲁迅全集》的注释有所更正：“郑孝观（1898—?），后改名宾于，四川酉阳（今属重庆）人。北京大学研究所国学门毕业，曾任北京中俄大学讲师”（第7卷，第243—244页）。又“郑孝观（1898—?），又名宾于，四川酉阳人。曾为北京大学研究所国学门研究生。1927年在福州协和大学任教”（第17卷，第163页）。2009年12月，《鲁迅大辞典》由人民文学出版社出版，其中云：“郑孝观（1898—?）又名郑宾于，四川酉阳人。北京大学研究所国学门研究生。1924年鲁迅在《京报副刊》发表《论雷峰塔的倒掉》一文，其中说雷峰塔就是保俶塔。当时《京报》编辑孙伏园认为此说不确。鲁迅为慎重起见，将孙伏园的意见写成附记，置于文末。郑孝观读后，据明代朱国桢的《涌幢小品》等书，写成《雷峰塔与保叔塔》一文，认为鲁迅的意见是正确的。《京报副刊》刊出此文时，编者孙伏园在按语中，亦认为‘郑先生所举证据非常确凿’，实则非是。1927年在福州协和大学任教时，曾两次致函鲁迅，鲁迅于同年1月10日复信一封，内容不详。”这段文字，可商榷者甚多。首先，《论雷峰塔的倒掉》不是发表于《京报副刊》；其次，《雷峰塔与保叔塔》也非郑文原题；至于“实则非是”，则难以知其所指。

《吴虞日记》中的郑宾于[1]

1921年11月“五号 星期六 十月初六日 晴[2] 道玄夫人来信，九月二十日寄。言九月初三日亲下乡卖谷，每石银五元六角，龚家碾折完，龙桥尚未折。又言道华不守规矩。予当作复，言卖租银有余，可存聚兴诚。家中雇一老仆、二女仆。道华可令其改适，以符予一夫一妻之主张。君毅来信，九月二十号自伦敦寄。四川留学北京高师同学会，约明日上午九时在高师西北大楼史地研究室开会欢迎予，实不敢当也。复郑孝观信，交选举贺之才、张大椿票去，温宗禹不在此，故未选举之”[3]。

1925年“正月初四日 星期二 一月二十七日 晴[4]邱仲字儒宗自南京半边街公八十号支那内院来信，请作谭侠序。立三来信，请本日午后六时过渠便饭。复邱儒宗信。阅《三国志》。燕生来拜年，给洋贰元。郑孝观来。胡政之寄来《国闻周报》第三期二册。若膺来信，托彭道南送来火肘一支、茶叶二盒、饼干二盒。

---

① 此处辑录，虽逐日搜检，但未必殆尽。考察吴虞与郑宾于的交往，需要注意的是现在刊行的《吴虞日记》并非全本。“《吴虞日记》现存有60册，其中内分：《虞山日记》（1911. 10. 10—1912. 7. 15）一册，《爱智日记》（1912. 7. 16—1919. 12. 23）二十二册，《师今室日记》（1919. 12. 24—1925. 5. 17）十七册，《宜隐堂日记》（1927. 3. 30—1945. 4. 6）二十册”。其中“《爱智日记》另缺二册。（1912. 11. 4—1913. 4. 9）（1916. 8. 16—1916. 12. 1）”，“《宜隐堂日记》另缺（1933. 12. 10—1937. 4. 22），册数不详”。或许，关于郑宾于此一时期的部分情况，并非吴虞不载，而是日记不存。

② 此处日记为先写阳历，后写阴历。

③ 中国革命博物馆整理，荣孟源审校：《吴虞日记》（上册），四川人民出版社，1984年5月版，第651页。

④ 此后日记先写阴历，后写阳历。

寄若膺信。六时过力山，同座谢无量、康白情、张梦九、周建侯、薛晋贤、张重民、都伯约、君毅及予也。"①

1929年"七月二十二日 星期一 八月二十六号 阴 蟋蟀鸣庭，大有秋趣。晨起着一绵。成大榜已发。取新生三百四十余人。郑宾于来，住夏斧厶处，云鲁迅与顾劼刚大反对，至极不相容②。新诗寿终，既无人看，亦无人买。郁达夫包办《大众文艺》，一百二十元，仍窘。赵景深，宜宾人，亦窘。张荣福在上海教书。钱玄同、周作人均仍在北大。定《国民公报》一月，大洋一元。阅《无垢称经疏》，太繁。检《蜀中名胜记》'峨眉山引《悲华经》'条，考辞典，《悲华经》即《华严经》异名。"③

1929年"七月二十八日 星期 九月一号 阴 拟题，写明日用题三纸。廖学章来久谈。此足见推扬人之效。因日前予曾称其在外专时财政公开，授课不取薪也。过张表方，晤罗勉难、杨浚明，云节前可发薪。予介绍郑宾于，表方言有地位时再议。马啸尘往重庆大学，然系请假，未明言去也。少顷勉难、浚明过予小坐而去。美人床送来，开价三十元，付去力钱二千。将近窗睡椅高矮几移出，安美人床恰合。"④

1929年"十月十八日 星期一 十一月十八号 阴 张仲文来九、十两月房租大洋三十二元。换大洋十五元，钱价十二千四百文。

---

① 中国革命博物馆整理，荣孟源审校：《吴虞日记》（下册），四川人民出版社，1986年8月版，第236页。

② "厶"，《日记》多作"私"。"劼"当作"颉"。

③ 《吴虞日记》（下），第468页。

④ 同上，第469页。

晚饭后步访郑宾于。阅其藏书及讲义，颇可观①。夜阅《读书志》，启发人不少。”②

1930年“二月十二日 星期二 三月十一号 阴 郑宾于来，借去《学术论著集要》五册，云以渠所有《词人姓氏录》送予。又云李炳英，李亚衡、培甫颇排之。今年已不在师大、成都公学。而亚衡之子李家宝，公然在成都公学教历史，未免骇人听闻也。其历史，闻系用祝屺怀所编本。”③

1930年“二月十四日 星期四 三月十三号 阴 郑宾于来函，言蔡孑民住上海慕尔鸣路升平街二四三号。今日成大教员上课者殊少。山腴《文选》、《文心雕龙》已停讲矣。彬如二太太、周太太、吴棱来，香祖夫人冥诞也。”④

1930年“四月二十四日 星期四 五月二十二号 晴 晤郑宾于，约其明日来小酌。四年级陈鸣西交来《道家理想国》论文卷一本，此题予所命也。帅净民来，以所作《宾萌公学同学录序》请看。平常。”⑤

1930年“四月二十五日 星期五 五月二十三号 晴 至肃园买桔树一株，大洋三元，力钱一千六百文，因石榴倒后即枯死，故买

---

① 由此观之，郑宾于也并非不学之人。目前网上有其旧藏《词余讲义》（吴梅著，北大学院出版部，1923年）、《顾曲麈谈》上册（吴梅，商务印书馆，出版时间不详）见售。

② 《吴虞日记》（下），第482页。

③ 同上，第497—498页。

④ 同上，第498页。

⑤ 同上，第505—506页。

桔树补种其处。饭后令人往成大请假。午刻张重民来谈。午后三时，高虞卿、叶秉诚、曾叔异、李劼人、郑宾于均来，五时后散。肇海来，言移居窄巷子二十号蒲泽东公馆，明日入宅。予嘱肇海与买桂花二株栽新宅。”①

1930 年“六月十九日 星期一 七月十四号 大晴 午后郑宾于来，言夏斧厶请会五千元，买东门外薛涛坟侧田，每亩大洋一百五十元。又言北大曾有通电，请旧日教授回校。”②

1930 年七月“初一日 星期③八月二十四号 阴雨略止 井水将满矣。

处暑。少顷，大雨如注。阅建国中校公函，本期高中部国文科讲席暨入学考试委员均屈予担任。高中文科招收男女生五十名，以初中或前期师范毕业，年在十五岁以上十八岁以下者为合格。程度不甚高也。十二时到建中校。到者杨逸子、任瑶仙、杨浚明、郑宾于、罗品三夫妇。张绍尹任校务。学生报名者八百余人。此外如张敬熙、周儒海、张华阁、郭季容等亦在。聘请教员有龚向农、林山腴，均未至。席散即归。出考试题令人送去。与俞虎臣函，约初五日用洋三百四十元。”④

1930 年“七月十三日 星期五 九月五号 雨 饭后过成大取薪二百二十元，借与吴君毅一百五十元，君毅早取，予取大洋七十元

---

① 《吴虞日记》（下），第 506 页。

② 同上，第 513 页。原有注：“请会，四川民间流行的一种带有互助性质的借钱筹款的办法”。

③ 原文如此。据万年历，此日为星期日。吴虞日记中“星期日”多作“星期”。下同。

④ 同上，第 517 页。

耳，共借与君毅大洋三百元。晤吴君毅、晓岩，嘱郑宾于事而归。中国文学院来帖请明日十二钟。圈《国策》。四川公学教务主任陈皞叔，名远熙，予省一中学生也，同申君来，请予任课。婉辞之。"①

1931年"冬月二十三日 星期 一月十一号 雪积二寸，尚纷纷未已。补记生日用款：羊市街丽珍园海参席二桌，大洋二十四元，外给酒资贰②元。又买菜、买酒、买炭各物大洋十五元待佃客酒席在内。予之生日，予自送水朱砂梅花二株，景宋本《尔雅疏》一部，可谓雅韵，而又实在受用者。比于俗物纷纷，不大强人意乎！一笑。正午过宾于。今日为星六社票唱，予所识者何光玖、周晓和、夏斧私、林君墨、洪范民。此外多不相识。席为斧私提调，成都公学厨子也。六时归。又晤杨子寿、何小轩。和利工业社送所做车来，用去大洋二十元。夜雪已止。"③

1931年"冬月二十七日 星期四 一月十五号 有霜旋晴 今日报载，杨杏佛与其妻赵志道离婚。已结婚十二余年矣。又载聊城海源阁藏书，日本人以二十万元买之，国府已明令扣留保存，不许出售。未知何如？十二时后至成大，知本一免考，于是将本二试题发后，学生略问无事，予即归。二时至建中，三至四时下课，晤郑宾于，示容元昭信。

容元昭　广州侨商街四号三楼六号

① 《吴虞日记》（下），第519页。"晓岩"，即熊晓岩，又作熊小岩。

② "贰"，原书作"弍"。

③ 同上，第536页。

《全唐文》，毫洋六十二元。”①

1931年“正月初一日 星期二 二月二十七号 阴 食汤元，予与曼君各食六枚。皮怀白、郑宾于来片拜年。燕生、小保、小虎、大女、二女、四姪来拜年，五女、曹寿昌来拜年。十一时同曼君、柚、植过公园大光明电影院，包厢每人十五千，五女买票。所演为中国片《黄金之路》。午后四时归。三姪来。晚饭后令柚、植过君毅拜年，礼尚往来也。”②

1931年“正月初八日 星期二 二月二十四号 阴 晨起见大门外引路城砖被窃去四匹。因本街张重民买城砖，而予遂被窃。此引路民国十一年修，已近十年矣。止得命人将所有城砖、石条，起放家中，另宰三合泥。闻郑宾于同女生陈俊修来访，即往宾于处，听留声梅兰芳《祭塔》、程艳秋《玉堂春》、徐碧云《女起解》三折。陈俊修约初九日在康公庙二十三号，听星六社票友演剧。龙桥邓、吴、叶佃来，胡二哥之子来，龚家碾张、刁佃来，连木匠共来十一人。夜阅文廷式《云起轩词》，其自序甚佳。”③

1931年“正月初九日 星期三 二月二十五号 阴 晚饭后至康公庙街二十三号陈岳崧处，有周晓和、何小轩、郑宾于诸人。岳崧人甚和蔼。何光玖大吐，颇可笑。洪范民状貌可憎。予观票社诸人，习于游荡，雅士所弗屑。此后不必往也。”④

---

① 《吴虞日记》（下），第537—538页。

② 同上，第546页。

③ 同上，第546页。

④ 同上，第547页。

1931年“正月十三日 星期 三月一号 雨 中国文学院送课程表来。子学，星期六午前十时至十二时，三月二号为第一周开始。郑宾于来函，星六社十四日演戏，止演一天。午刻曹四勿同君毅来，言太原城中妇女，除阎锡山、赵载文二家，皆可叫出。大同妇女，小足颇多。阅胡小石《文学史》。”①

1931年“正月十六日 星期三 三月四号 晴 海源阁藏书中，宋刊世彩堂廖氏本《孟郊集》《孟浩然集》《柳柳州集》等十二种，在津以八万元售于日人。海源阁书现流落天津、保定、济南。善本多在津。姚勤如来，请七号命题考插班生，云郑宾于讲学术论著，浅陋无发明，学生不欢迎。云非吴先生引证讲释，我们全不了解也。理科高中，勤如请加讲二小时，允之。参考文学史，至齐孔稚珪止。”②

1931年“正月二十二日 星期二 三月十号 晴 饭后至成大，在图书馆取《骈体正宗》卷七一册、《章氏遗书》卷七一册，交出版部书五册，令抄印。今日仍无学生，未上课，遂归。参考旧院及马湘兰事迹。曼君出街买洋布，为予作汗衣。每尺洋三角三仙，凡三丈，共大洋七元。令人与成大出版部交去《骈文读本》二册。郑宾于来，云建中未聘，本期唯法大、女师。宾萌有二钟，尚未下聘。每周不过二十钟矣。又云明年拟出省，或往南洋。”③

---

① 《吴虞日记》（下），第548页。

② 同上，第548页。

③ 同上，第549—550页。

1931年“正月二十三日 星期三 三月十一号 晴 令人往中华书局取《公孙龙子悬解》一部。十二时至建中，同座有赖沄江、周鲁瞻、张绍尹、黄恺公、曾有恒、刘若泉、杨浚明、姚勤如诸人。予功课议定：

高文：荀子文二种。高理：学术论著文二种。郑宾于上期止讲了《天下篇》，予即讲《非十二子篇》。夜阅《公孙龙子悬解》，颇佳。”①

1931年“二月二十日 星期二 四月七号 阴 郑宾于来，送其所著《文学史》上卷一册，北新书局印，一元三角。言有黄毓荃②亦反对林系者。肇海来，言彦适为人虚伪，且吸鸦片，体育系课，已未上矣。表方今日回电，稍缓即来。”③

1931年“三月十八日 星期二 五月五号 晴 南京政府纪念日放假。陆香初来，在联中任课，云雷雨琴现任阆中县长。肇海云，现已认明，君毅宁牺牲肇海个人，以保其一己之利益。予证以君毅对徐炯父子之事，对吕子方、曾济实之事，皆但求保一己之利益，无同仇敌忾之概。则肇海之言固非诬也。在北京对于钱玄同之事亦然。在成都对于予介绍郑宾于不用，对于曹寿昌嫉视，又

---

① 《吴虞日记》（下），第550页。

② 据《吴虞日记》（下），1932年8月23日，“黄毓荃来，交稿一首，请作序”。24日，即一挥而就，末云：“黄君毓荃，东南大学毕业士，而郑宾于之友也。顷以所撰《屈原之人生观》一文示予。予读之，因为之序云。民国二十一年壬申七月成都吴虞又陵序”（第643—644页）。

③ 《吴虞日记》（下），第555—556页。关于成大的派系，吴虞1931年7月21日的日记有明确的划分：“成大熊锦帆系：熊晓岩、董庆伯、张重民、谢升庵、陈希虞、祝屺怀、夏斧私、赵少咸、向仙樵、李培甫、余苍一、萧中仑、张仲和、张仲明、吴念存、李炳英、吴君毅、罗玉涵、潘尊三”；“成大赵系：林山腴、李哲生、庞石帚、文百泉、陶世杰、赵尧生名熙”（第570—571页）。

可为排予之证。故其人颇难恃，邓守瑕当年即目以油滑，不虚矣。”①

1931年“六月二十九日 星期三 八月十二号 晴 夜郑宾于来，示唐纪鸿信，予《文录》渠愿意出版。”②

1931年“七月初三日 星期 八月十六号 晴 与胡悟厂题所画荷花，与郑宾于题《人间的批评》封面就，令人交去。”③

1931年“七月初十日 星期 八月二十三号 晴 晨过熊小岩，言进级及五年满休息事。经上全堂，问曹四勿，云往雅州数日矣。至廖学章处，询谷孙事，云照予前所说办理，事交范少先在办。归家用饭后，往四道街，则少先住惜字宫夏公馆，予乃往同先樵言之。旋至刘北荣处，托周裕冕事。归途访欧阳里东，则已返乐山，似不来矣。晚饭后郑宾于来，言康纪鸿愿印予《文录》及《骈文读本》等。约明日午后一钟在宾于处一晤。”④

1931年“七月十一日 星期一 八月二十四号 晴 饭后清理《文录》稿。午后一时过郑宾于处，康纪鸿亦至，议定《文续录》版税百分之十五，《国文撰录》五册、《骈文读本》四册、《杂言诗录》一册，版税百分之十。归家又与纪鸿检去《骈文读本》二册，以备校对也。晚饭后将《文续录》整理毕，与宾于交去。向

① 《吴虞日记》（下），第558—559页。

② 同上，第572页。“唐纪鸿”，如与后文“康纪鸿”同为一人，则误。

③ 同上，第572—573页。

④ 同上，第573页。

仙樵来，请讲周秦哲学史二小时。谈严谷孙家事过久，予颇觉烦热，汗出如水，头晕。仙樵去，急扯痧，胃上不适，睡久之方好。”①

1931年“七月十三日 星期三 八月二十六号 晴 昨日《成都晚报》《一生忙》有云：‘六十要为棺材忙。七十、八十忙不了，咳嗽喘气仍旧忙。’读之可当一服消毒剂也。饭后新繁田士超交所作诗来请阅。过郑宾于谈，交去像片二张，印《文续录》之前。”②

1931年“七月十四日 星期四 八月二十七号 晴 阅报，中历七月十二日陈逵九大鸿去世，年五十五耳。与郑宾于交去《宋元学案粹语》一册。邓守瑕来信，八月一号寄，严雁峰诗均收到。江叔海处亦寄去矣。五月二十六日，其次妻又举一男。《晚晴簃）清诗》出版，装印俱精好，百元亦非贵。《吴批史记》今年版权归文友堂，白纸本十二元。吴炯斋《晋书斠注》亦出书，价三十余元。周癸叔在北平谋事，尚无效也。杨益恒来信，七月二十六日寄，在北平崇文门内无量大人胡同四十四号发。寄守瑕信，托买《清诗》、《晋书》。晚饭后至四道街口看京鱼，买八尾，共大洋贰元，每尾二角五仙。”③

1931年“七月十五日 星期五 八月二十八号 阴 晨检阅旧稿，又得文六篇。刘绍禹来房租大洋三十元。晚饭后向仙乔送聘书来，每周四小时，荀子、韩非子文各二小时。过郑宾于，将文稿交去，

---

① 《吴虞日记》（下），第573页。

② 同上，第573—574页。

③ 同上，第574页。

计文共二十八篇，附文四篇，诗二十八首、词三首、附诗一首。夜阅《批评希腊哲学史》。”①

1931年“七月十六日 星期六 八月二十九号 晴 与郑宾于送去版权证，请交康纪鸿。夜阅《阅微笔记》。”②

1931年“八月初十日 星期一 九月二十一号 晴 饭后过成大取补十九年六月欠薪大洋贰百二十元正，至中国银行存大洋贰百元正，定期三个月，利息六厘。刘天顺还来去年借大洋叁拾元正。曾叔异来交颜辛士课表，云询明少学每月三元，幼学每月二元。予定八月十六日送柚、植去入学。晚郑宾于来，云女师文学史已不用林思进本，成都公学现亦主张换文学史教本及教员。山公之道渐衰矣。”③

1932年“全月初十日 星期 一月十七号 阴 北荣辞职，而培甫重来，石帚且为中文系主任矣。诸人党羽深固，未可忽也。郑宾于不可靠，不可因宾于而与诸人龃龉，而予亦与诸人为敌也。姚勤如请明日在建中讲演。”④

1932年“五月初四日 星期二 六月七号 晴 川大四年级生来见。八时半至川大，视四年级视中［国］文学史。十二时取五月薪大洋二百二十元归。一时至三时在专校上课。付专校小工节钱

① 《吴虞日记》(下)，第574页。
② 同上，第574页。
③ 同上，第577—578页。
④ 同上，第606页。

二元。付法学院小工萧绍卿厂洋五角。郑宾于来谈，云阳历七月当出游平沪。季青不去。请予为书条幅。”①

1932年“五月初八日 星期六 六月十一号 晴 饭后小睡，起为黄恺公书折扇一柄，为郑宾于书单条一幅。均令人送去。安万根来，取去单条一幅。闻向伯涛言，杨子惠，李其相、罗泽洲兵，昨日共取遂宁。遂宁知事已抵省。此后发生变化，川大恐不免受影响矣。”②

1932年“五月十九日 星期三 六月二十二号 微雨 陈金山来上工。一年级试题：

（一）梁惠王问何以利国，孟子答以‘何必曰利’。而《周易》言利天下之实证极多，能举之欤？（二）《尚书》自晁错受之伏生，以意属读者十二三。又有张霸、姚方兴、梅赜之伪，陆德明、孔颖达混今古真伪而一之，其可信为孔子所传之经欤？试详论之。（三）《尚书·禹贡》近人以三事证之，断为周人之作，试举其说。（四）司马迁谓孔子删诗，而自孔颖达以来，多不主其说，试言其得失。

饭后令人与刘子周交试题去，郑宾于、黄毓荃来久谈。

寄郑宾于：

① 《吴虞日记》（下），第628页。
② 同上，第629页。

六经糟粕运将终，扣角何须叹不逢。自负新情摧古萝①，尚余奇论②震诸聋。刺天已觉群飞苦，放眼方知举世空。应知湛冥蜀庄在，垂帘相对写清风。

题余笑佛小像：

颇觉君肥似退之，笑容犹是少年时。名园近日春多少，定有新词咏柳枝。

文字交游二十年，三毫添颊见神全。老来渐识形骸妄，一卷《楞伽》拜佛前。

出外剃头，付钱二千四百文。闻蜀舞台一夜止卖三百元，则折本矣。换大洋十元，钱价十八千。”③

1932年“五月三十日 星期 七月三号 雨 念傅沅叔一生辛勤，购求善本，书籍之多，值三十万。而以国家阽危，不克保藏，竟有出售之耗，斯言果诚，吾辈更当停止搜买矣。俯仰身世，为之怛然。饭后阅川大一年级试卷四十三本。午后二时至士威士颜剃后，始过聚丰。请客者为黄毓荃、许群立合请。到者向先乔、邓子纯、龙国祯、文藻卿、郑宾于，余不识矣。席间询国祯民法继承编，已实行，宗祧制已废除矣。群立言，《云南通志》载有苗人之音，多合于《楚辞》。席散即归。本月共用大洋二百五十

① “萝”一作“梦（夢）”。
② “奇论”一作“奇端”。
③ 《吴虞日记》（下），第631—632页。

余元。”①

1932年六月“初一日 星期一 七月四号 晴 饭后阅川大一年级试卷三十九本，共八十二本阅完。明日当阅专门部试卷矣。至商务馆晤穆伯勤，言二十四史必可印，宋元旧本书抢出五千余册，明缁宋本书，损失三千余册。工人业已复工。张菊生言，一息尚存，必当努力以顾信用。黄毓荃来，同往春熙舞台。今日系公安局募捐，堂坐一元，包厢二元，予与毓荃初买堂坐票，付大洋二元，以其太远，乃移入包厢，再付大洋二元。包厢中谢升厂，邓和笙、张翕洲、朱玉裁、王伯宜、陆锦亭皆在。郑宾于、许群立后来，已买票，非买票不许入门也。所见陈骐驎甚佳，王丽云次之，刘奎官最下。不待终，同宾于先出，予即坐车归。”②

1932年“六月初三日 星期三 七月六号 阴 饭后过郑宾于，谈久之，明日即舟行矣。归家，阅专门部试卷三十本。晚饭后，阅试卷十本。为郑宾于介绍，作与杨遇夫一函、王悦之一函，令人与宾于送去。阅《容斋随笔》二册，二十册今日阅完。黄毓荃交摺扇一柄请书。肇海交收拾电棒来，云昨南较场学生贴有戏目三折：（一）王丽荣《天女散花》。（二）吴金玉《宝蟾送酒》，拿手好戏。（三）蔡平庄、吴肇海全武行，《恶虎村》。”③

1932年“七月二十九日 星期二 八月三十号 晴 午后三时至建

① 《吴虞日记》（下），第634页。
② 同上，第634—635页。
③ 同上，第635页。原有注：“电棒即手电筒”。

中，将所选开明活页文选目交与李霁岚。以宾于信示勤如，询可否留钟点。勤如云，为时已晚，即有，恐不多。又询张昌均事，云额位已满。晤赖芸江、瞿永怡、张子钦、罗孝于、宋少奇、饶德滋、张翕洲、周晓和、周儒海、俞德安诸人，饭后即归。”①

1932年“八月十七日 星期六 九月十七号 阴 郑宾于来，不相值也。孟老幺归，乡间路烂，米不能来。

寿颜伯秦诗：

早悟逍遥是养生，万年少女善逢迎；难除湖海元龙气，不讳清狂杜牧名。乡号温柔容小稳，醉凭丝竹赋闲情。由来圣跖何分别，且对群芳倒玉觥。”②

1932年“八月十八日 星期 九月十八号 微雨 饭后，令人与颜伯秦送去和自寿诗一首。过郑宾于，交带书款大洋五十元，下欠二十四元。宾于言，《列朝诗集》琉璃厂止有二部，其一部书头损伤，唯此一部完好，且有布套。北平萧条，远非昔比，书铺唯富晋、开明二家生意赚钱。”③

1932年“八月二十七日 星期二 九月二十七号 晴 午刻玄英来信，九月三号寄。云南京百业萧条，曾去各处搜访，均无钱牧斋《列朝诗钞》。夏天炎热，亘四十余日，各地疫疾盛行。五、七女均各返家。今日孔子生日放假。寄玄英信，附去郑宾于买书信、二十九军与谢无量信。建中来一周至四周薪，大洋十二元。在交

① 《吴虞日记》（下），第646页。

② 同上，第649页。

③ 同上，第650页。

通公司买电池三个，大洋一元八角。孔子生日改在阳历，予今日谓放假，未上课也。”①

1932年“十月初九日 星期 十一月六号 晨微雨 加请吴选楼、郑宾于，俟席包定再定。闻法科教授永川黄大中，月薪二百八十元，每周授课止四点钟，全无学问，学生将逐之。过沈韶九看脉，请开一常服方。龟龄集终年可服，作补药服极好，作助阳药则无意义。如予每日可服二分。付脉礼大洋一元。”②

1932年“十月十四日 星期五 十一月十一号 阴 闻唐姓已于昨日移居陕西街，宋孝慕今日可迁。步至街口一看，行人零乱不整。早饭后，宋姓开始搬家。作字与川大，请假二小时。十二时出外颜剃。廖冰如、肇海、何式丞、钟端可来，将契纸加印。宋孝慕、孝持来立大契画押，并交老契。旋即偕孝持、肇海至祠堂街中行办事处，则已过时。又至中行总行，亦然。据云，市风甚紧，近日午后一钟即关门。乃转至九域珍，同蒋师爷往聚行，先取二千八百元，以又中行折据抵一千五百元，共四千三百元，凭蒋师爷交宋孝持手。孝持将孝慕亲笔全数四千八百元收清，收据交予。中行除用一千五百元，尚余一百七十余元。聚行经理约下星期一往取，予乃归。而端可、式丞、冰如已去。午座止吴选楼、郑宾于、刘协和、肇海及予。盖市风甚紧，皆欲早归也。午后四时，宋孝持交房，遂锁大门，此事完全办妥，但时局稍平，过税而已。

① 《吴虞日记》（下），第651页。

② 同上，第661页。关于此次请客，从其11月5号日记，可知大概："归，晤宋孝慕，言决定十四日腾空。因作字约肇海，午后来包席，下帖请客，交买宅大价及接收宅子。所请为宋孝慕、宋孝持，何式丞、钟端可、廖冰如、曾叔异，家肇海、主人共八人，十四日正午。""晚，肇海来，将请帖交与，代请诸人"（第661页）。

付玉珍园海参席一桌大洋十二元，厨人酒资大洋一元。夜令鄢少云，周治平看房，予因饮酒，睡不宁。”①

1933年“正月十五日 星期四 二月九号 晴 郑宾于交来康纪鸿信，云定阴历二月半出版，决不再误期。饭后五十八号伍姓来扫除房屋。午刻秦姓送楠木秧十一株来，颇佳，子根亦多，十四号宅栽十株，十五号宅栽一株，渠有香樟秧，予令送二株来，价洋共一元。并与高虞卿买楠木秧一株，十八日送来，均包栽，付去大洋四元，余十八日付清。秦姓老人，住土地堂雍佳渡百余年，专种楠木、香樟、杉、柏秧为业。梅喜过青羊场。换大洋十元，价钱二十千。”②

1933年“正月二十一日 星期三 二月十五号 大雾 马文德来，去年在荣县任承审员，正值战事。黄书云住城外，损失最重，年七十二。赵尧生住城内，损失较轻，年六十七。杨念兹来，去年腊在潼川。通、南、巴去年即失，乃民团迎红军入境也。人民移家至潼川者不绝。最近保宁恩阳河又失，保宁遂无屏障。田、孙二人虽在保宁扼守，而人民移往潼川者，汽车日夜往返不止。然田部兵欠饷太多，皆不愿作战。而军人私产，不肯丝毫捐出，剥削百姓，有加无已。非红军之力大，乃军人为之驱也。郑宾于《人间的批评》将出版，请予写封面。四姪交抄稿来，予即与宾于交去。”③

① 《吴虞日记》（下），第662页。

② 同上，第684—685页。

③ 同上，第686页。

1933 年“正月二十二日 星期四 二月十六号 晴 饭后过郑宾于，借《国学论文索引》三册，有予《明李卓吾别传》、《读荀子书后》二篇。至川大晤王弘实、刘新锐、张与九、杨辑五。弘实云，俟魏时珍至渝，款拨得电到，开学即可定期。此间刘自乾前所提之款，亦允分期拨还，大致三月内可望开学，与弘实言张昌均事。张与九云，仪陇红军窜入，甚为吃紧，渠已准备移家来省。川北田部收入捐税，大半不能收。闻田颂尧公馆有出售之说。向仙樵尚未到，遂往看煤山、后子门，由羊市街步行而归。”①

1933 年“正月二十八日 星期三 二月二十二号 晴 王弘实请午后三时聚丰园。彭云生来，交来杨遇夫所赠文稿一册。阅《寰宇记》，名胜之地，古人之诗，间亦登录，实开王象之《舆地纪胜》之先。郑宾于来，交来稿三篇，即令人与康纪鸿送去，有收信据。方六来，此人仍多言语，盖彬如家习惯也。”②

1933 年“二月初一日 星期五 二月二十四号 阴 令人与郑宾于还《国学论文索引》三本去。曼君过常太太，其生日也。”③

1933 年“三月十五日 星期 四月九号 晴 饭后与郑宾于交去文二篇，又《音学五书》十二册。”④

1933 年“闰五月初五日 星二⑤ 六月二十七号 晴 过王弘实

① 《吴虞日记》（下），第 686—687 页。
② 同上，第 688 页。
③ 同上，第 689 页。
④ 同上，第 696 页。
⑤ “星二”即“星期二”。此为吴虞日记的个人习惯。下同。

问薪，尚无着。君毅可谓劳而无功也。苏车夫今日满工，补付大洋一元，清账开除。因川大无款且已停课故也。与郑宾于送去《续文录》一本。彭云生来，与敖子鱼送去《续文录》一本。”①

1933年“闰五月十二日 星二 七月四号 雨 今日阅川大聘教授细则，续聘书以一年为限，第二次续聘书未送，则作为解约矣。肇海亦闻学生言今年未聘予，聘书未送。予在大学六年，今遂终了。亦可休养，将来再议也。曼君过刘太太。寄玄英信，述川大解约事。并托□南京教育及政界，可否有位置。街面拉夫甚急。商务馆经理张屏翰持丁彀音介绍信来见，又同往看五十八号房，满意欲租。曼君归，周身衣湿，予之心感痛。今年之运何其苦也。然丈夫当自厉。视刘鉴泉、王叔驹、潘尊三，则予之运不又佳乎。年逾花甲，应当休息，值此时世，何必更与人争闲气哉。茹古书局送来《中国文学书目》五本，与郑宾于交一本去，又交张屏翰《续文录》一本，令寄丁彀音。”②

① 《吴虞日记》（下），第702—703页。

② 同上，第703—704页。

后　记

“重庆无文化”的感叹，由来已久。这更多的是指向重庆的本土文化。

历史上的重庆，有过两次文化的辉煌。一是唐宋时期，无数文人墨客路经重庆，留下丰富的诗篇。而三峡地区正因为他们的到来，开始呈现出一种文化的姿态。二是抗战时期，重庆作为战时首都，由于文化机构的内迁，大批的知识分子也纷至沓来，一时间，重庆的文化，有了繁丽的怒放。然而，遗憾的是，这两次的爆发，都具有外来性和短时性，诚如鲜于煌所说：“他们来过，但只是过客。”

重庆文化基因之所以缺失，论者以为，有诸多因素。首先是客观条件的局限。重庆位于巴蜀文化圈和荆楚文化圈的交叉过渡地带，由于地处偏远，自然条件恶劣，重庆人一直在与自然斗争，为生存而奋斗。动荡的生存环境，难以提供文化发展所必需的闲暇和余裕。其次，性格使然。除却勤劳、耿直、热血的显著品质外，重庆人也形成急功近利的浮躁性格。这种品性，对于需要安静甚至寂寞的创作，很不相宜。再则是主观世界的狭隘。精神上的自信、自足，带来自我封闭，缺乏对外来文化的包容，更缺乏上下求索的努力①。

2011 年 10 月 13 日，“巴渝文库”工作会在重庆图书馆召开。会议决定，委托重庆图书馆特藏文献中心，着手总目的编纂。本

① 上述观点，取自蓝锡麟和王本朝两先生的说法。

人亦裹与其中。随着工作的推进，编者发现，多年来，重庆的地方文化史研究虽卓有成就，粲然可观，但仍有相当的遗漏与疏失，而郑宾于即为其一。

郑宾于（1898—1986），学名孝观。重庆酉阳人。曾以其学术活动与学术成果，在中国近现代学术史上，留下浓墨重彩的一笔，但由于种种原因，却又成为“失踪者”，即便在其桑梓之地，也少有人知晓。为总结和弘扬巴渝文化，首要之事，当充分发掘重庆本土的文化资源。如将包括郑宾于在内的重庆本籍文化名人的作品，进行搜集、汇编和研究，以实绩宣示世人，庶几可以改写“重庆无文化”的论调。

《郑宾于文存》就是在这种意图驱动下的成果。由于年代久远，有关郑宾于的文献资料或散佚或湮灭，搜求殊为不易。编者辗转于重庆图书馆、酉阳图书馆、四川大学档案馆、四川省图书馆、四川省文史研究馆之间，虽历两年时光，所得仍不免有限，故以“文存”名之。

此书的完成，曾承蒙多位亲友相助，谨向重庆图书馆顾乐进、张丁、唐伯友，重庆大学出版社姜凤，四川大学图书馆丁伟，陕西师范大学国际汉学院王作良，酉阳县委党史研究室黎洪，重庆师范大学文学院陆平，成都藏家吴永胜等朋友表示感谢。责编伍丽云、金晓燕女士也为本书浇注了大量心血，尤其是金晓燕女士的许多创意，更为本书增色不少。

最后，张全之院长慧眼识珠，玉成此书出版，编者的感激之情，自在不言之中。

熊飞宇

2013 年 7 月 17 日成都初稿，2014 年 2 月 11 日重庆修订。